山东

文化「两创」

实践案例

中共山东省委宣传部 编

山东人民出版社·济南

国家一级出版社 全国百佳图书出版单位

图书在版编目（CIP）数据

山东文化"两创"实践案例 / 中共山东省委宣传部编 .— 济南 : 山东人民出版社, 2023.11
ISBN 978-7-209-14824-5

Ⅰ . ①山… Ⅱ . ①中… Ⅲ. ①地方文化－文化事业－案例－山东 Ⅳ . ①G127.52

中国国家版本馆CIP数据核字（2023）第190172号

山东文化"两创"实践案例
SHANDONG WENHUA LIANGCHUANG SHIJIAN ANLI
中共山东省委宣传部　编

主管单位　山东出版传媒股份有限公司
出版发行　山东人民出版社
出 版 人　胡长青
社　　址　济南市市中区舜耕路517号
邮　　编　250003
电　　话　总编室（0531）82098914
　　　　　市场部（0531）82098027
网　　址　http://www.sd-book.com.cn
印　　装　山东新华印务有限公司
经　　销　新华书店

规　　格　16开（169mm×239mm）
印　　张　21.75
字　　数　280千字
版　　次　2023年11月第1版
印　　次　2023年11月第1次
ISBN 978-7-209-14824-5
定　　价　72.00元
如有印装质量问题，请与出版社总编室联系调换。

《山东文化"两创"实践案例》
编委会

前　言

　　中华文化延续着我们国家和民族的精神血脉，既需要薪火相传、代代守护，也需要与时俱进、推陈出新。党的十八大以来，习近平总书记以坚定的文化自觉、宏阔的历史视野、深远的战略考量，围绕新时代文化建设提出了一系列新思想新观点新论断，丰富和发展了马克思主义文化理论，形成了习近平文化思想，引领中华优秀传统文化创造性转化、创新性发展。

　　党的十八大以来，习近平总书记多次视察山东并作出重要指示，对山东传承弘扬中华优秀传统文化寄予厚望。2013年11月，习近平总书记在曲阜考察时发出"大力弘扬中华优秀传统文化"的号召，提出"四个讲清楚"的重大课题。2018年6月，习近平总书记再次对山东发挥传统文化资源优势提出殷切期望。2021年5月，习近平总书记在给《文史哲》编辑部全体编辑人员的回信中，又一次强调"在新的时代条件下推动中华优秀传统文化创造性转化、创新性发展"。

　　十年来，山东坚持以习近平新时代中国特色社会主义思想特别是习近平文化思想为指引，牢记习近平总书记嘱托，始终把文化"两创"工作摆在重要位置，以高度的政治责任感、使命感，深耕人文沃土，聚力守正创新，文化"两创"工作全面起势成势，各项成果出彩出新。为深入总结宣传山东文化"两创"的实践经验，中共山东省委宣传部组织编写了《山东文化"两创"实践案例》。全书包括研究探源篇、展示体验篇、赓续传承篇、文化赋能篇、传播交流篇5个主题，共收录60个具有创新性、典型性的文化"两创"优秀案例，从不同角度展示工作成效、提炼实践经验、推介先进做法，提炼形成一批可复制、可推广的实践模式，为在新的历史起点上继续深入推进文化"两创"，打造中华民族现代文明高地提供智慧力量。

目 录

展示体验篇

赓续传承篇

文化赋能篇

传播交流篇

研究探源篇

新时代儒学，从尼山再出发

摘要：尼山世界儒学中心是山东省委与教育部联合创办的世界性儒学研究机构，旨在于新时代推动中华优秀传统文化的主流——儒学薪火相传，迈向未来。尼山世界儒学中心实体化运行以来，锚定打造世界儒学研究高地、儒学人才集聚和培养高地、儒学普及推广高地、儒学国际交流传播高地"四个高地"的建设目标，学术研究、人才集聚、社会化育、文化传扬全面一体推进，在儒学发展中发挥着越来越重要的作用。

2019年8月25日，全球儒学研究传播实体平台——尼山世界儒学中心在山东曲阜正式成立。中心按照"一个中心、多个分中心、若干研究基地"的"1+N"模式不断拓展联合全球范围、各个领域的儒学研究与发展力量，以"四个高地"建设目标为具体抓手，努力为建立人类文明新形态贡献儒学智慧、中国方案。

一、守正创新，着力儒家思想研究阐释

尼山世界儒学中心将学术研究作为立业之根、看家之本，扎根基础理论研究，整合学术优势资源，不断提升学术引领力，培育儒学研究"头雁"效应。

研究探源篇

（一）高标准编撰系列成果

推出"尼山丛书"系列，出版《孔子文化奖学术精粹丛书》《四书解读》《尼山世界文明论坛论文集》等相关著述28部。编撰"尼山文库"系列，首批推出五位学术大家儒学研究专著，入选"十四五"国家重点出版物规划。资助出版《儒典》《儒藏》《中国儒学百科全书》《乾隆御定石经》等重要项目，稳步实施《曲阜儒家碑刻文献集成》《新编孟子正义》等国家社科基金重大项目。出版《孟子文献集成》240卷，成为《孟子》选本迄今最为全面的集成类丛书。

《儒典》在新书发布会上展示

（二）高规格办好"尼山期刊"

继续加强尼山世界儒学中心核心期刊、CSSCI期刊《孔子研究》办刊力量，建成由超百位不同专业方向学者组成的外审专家库，办刊质量、学界影响不断稳步提升，连续获得"山东省社科理论优秀成果奖"及经费支持。普及刊物《走进孔子》顺利复刊并创新推出中英双语版，入选《中国学术期刊网络出版总库》《中国学术期刊综合评价数据库》来源期刊，社会影响力不断扩大。

（三）高起点深化课题研究

发挥省部共建优势，在教育部人文社科研究项目中创设"中华优秀传统文化"专项课题，拟设重大项目30项、重点项目100项，面向全国传统文化研究者开放申报。2023年文化传承发展座谈会后，尼山世界儒学中心及时对应增设"中华民族现代文明的科学内涵与时代意义研究"重大课题。同时，中心充分发挥学术委员会的学术引领作用，以多种方式方法深入研究阐释中华优秀传统文化的历史渊源、发展脉络、未来走向，获山东省社科优秀成果一等奖等各级各类科研奖项20余项。

二、筑巢引凤，培养集聚多方人才资源

尼山世界儒学中心聚焦"引才、聚才、育才、用才"全过程，努力培养儒学人才，培育中华文化的传承者、弘扬者、践行者，全力构建中华优秀传统文化高端人才集聚地、儒学人才荟萃地。

（一）扎实建构学术团队

成立尼山世界儒学中心学术委员会、中国孔子基金会学术委员会、尼山世界文明论坛学术委员会，实施"尼山学者"人才工程。建立"一人一议"引才模式，以多种形式开展与"儒学大家"、"泰山学者"特聘专家、"尼山学者"特聘专家等高层次学术大家联合研究及人才培育模式。加强中心中青年人才队伍培养，先后引进专业技术人员110人。依托共建院校等机构在海内外成立分中心17家，建立中共山东省委党校（山东行政学院）、山东社会科学院、山东师范大学、曲阜师范大学4个研究基地，初步构建起各具特色的多平台协同发展格局。

（二）创设联合研究生院

在教育部支持下，与中共中央党校（国家行政学院）、北京大学

孔子诞生处尼山，儒学发源地

等16所国内一流院校共建共享，创新成立联合研究生院，累计招收培养中华优秀传统文化专项研究生1070余人。在山东组织系列集中研修，开展"面向世界的儒学""中华优秀传统文化新论"共同课等活动，资助联合研究生院设立奖助学金。建立健全博士后科研工作站制度，与中共中央党校（国家行政学院）联合培养博士后研究人员。

（三）加强海外人才培养

落实国家打造"留学中国"品牌建设要求，积极探索招收海外留学生。开展"青年汉学家培养计划"，培养知华友华青年汉学家。与国际儒联合作挂牌成立国际儒联曲阜研修基地，先后举办中外青年学者文明对话会、泰山文化体验营、孔子文化世界行·经典外译研讨会等活动。

三、以文化人，打造儒学传播普及矩阵

尼山世界儒学中心不断开拓儒学传播普及新方式方法，以生动活泼、通俗易懂的传播形式，推动儒学走进大众日常生活，让人民群众在

生活、学习、工作、娱乐中体会到中华优秀传统文化的独特魅力，形成无形的价值引领。

（一）建设全媒体传播矩阵

开通运营尼山世界文明论坛、联合研究生院官方网站，持续增进中国孔子网"中华传统文化第一网"的传播力，上线英、日、韩语多语种频道。深化与中央媒体合作，在中国网推出"儒学频道"，与中国广电山东网络有限公司合作开设《走进孔子》专题栏目。做强尼山世界儒学中心、尼山世界文明论坛公众号矩阵，网端微号累计访问量已突破3亿次，社会关注度屡创新高。

（二）打造交流传播系列品牌

推出公益公开课"尼山讲堂"，以"研习中华经典·弘扬中华美德"为主题，累计播出67期，在新华网、大众网等平台播放量合计超8000万次。与中央广播电视总台山东总站、央视频合作推出12期对话节目"尼山杏坛"，持续深入讨论学术热点问题与社会关切话题，在学习强国、央视频等各平台播放量达500万次。积极推进"孔子学堂"公益品牌规范化建设与运作，目前已设立近3000家，覆盖全国31个省（区、市），举办"孔子学堂万里行·齐鲁民族行"等广受欢迎的大型公益活动。

（三）开展特色展演活动

发挥孔子学院总部体验基地和孟苑研修基地研学优势，举办《大哉孔子》展、《论语》主题展、《衣冠大成——明代服饰文化展》等特色展览，打造"孔子密码"主题研学项目，推出"箫韶雅乐"展演活动，孔子博物馆获评为国家一级博物馆，参观人数突破150万人次。举办沿黄九省（区）青少年中华优秀传统文化经典诵读大会、"遇见孔子"与"人间孔子"直播活动、儒家经典跨语言诵读大会、海峡两岸孔子文化春会、"孔子文化"创意设计大赛、中国国际华服设计大赛、孟子故里（邹城）母亲文化节等活动，全方位推广普及儒家文化。

四、开放共赢，营建交流互鉴高端平台

尼山世界儒学中心立足"构建人类命运共同体"的视野，站在促进"人类文明交流互鉴"的高度，不断为儒学的"走出去"、世界文明的对话沟通探求新路、搭建舞台。

（一）积极参与承办"尼山世界文明论坛"

成功参与承办第七届、第八届尼山世界文明论坛。第八届论坛相关宣传报道全网阅读量破8亿，得到人民日报、新华社、央视《新闻联播》等重要媒体广泛报道。创新举办尼山世界儒商文化论坛，助力实现由学术论坛向人文综合论坛的转变升级。尼山世界文明论坛、《"一带一路"国家〈论语〉译介丛书》获评中宣部"优秀地方文化外宣品"。

（二）筹划举办系列高规格学术会议

每年11月下旬，中心举办纪念习近平总书记视察曲阜座谈会，举办承办文化自信与文化"两创"专家座谈会、社会科学视野下的儒家思想学术研讨会、全国儒学社团联席会议、中韩儒学交流大会等各类国内国际会议，为学术交流搭建高端平台。

（三）积极推动中国儒学"走出去"

在泰国格乐大学、南非德班理工大学、波黑莫斯塔尔大学设立3家海外分中心，在17个国家（地区）设立32家海外"孔子学堂"。2023年在维也纳联合国总部、意大利米兰等地举办4场"尼山世界文明论坛"海外分论坛。中心在中国驻希腊使馆协助下于雅典举办"孔子—亚里士多德21世纪伦理学术论坛"，世界各地150多位学者参会，并与联合国可持续发展解决方案网络、雅典科学院等五家主办方签署轮流主办框架协议。

五、思考与启示

第一，敢于担当是履行"两创"使命的前提。面对新时代文化建

设的需要，尼山世界儒学中心努力肩负起"中国在世界儒学研究和传播中始终保持充分话语权"的光荣使命，从研究阐释到传播宣扬，全方位深入推动儒学"两创"工作。建设文化强国，需要深入推动文化"两创"，充分发挥中华优秀传统文化的滋养浸润作用，儒学作为优秀传统文化的重要组成部分，必须以坚定的历史自信、文化自信，担当起推动中华优秀传统文化"两创"的重任，推动实现传统儒学的新生，为中华民族的伟大复兴贡献力量。

第二，善于创新是引领儒学发展的关键。尼山世界儒学中心坚持以实事求是的精神脚踏实地进行探索与践行，从省部共建的中心建设机制，到人才联合培养机制探索，再到"中华优秀传统文化"专项课题的创设，不断追求理论创新、方法创新、制度创新。这启示我们，推动文化"两创"，推动儒学的发展，没有现成的路径可循规蹈矩，没有现成的经验可简单复制，必须以现实需求、时代呼唤为导向，勇于走出前所未有的新路径。

第三，开放包容是形成发展合力的基础。尼山世界儒学中心在发展中坚持学术为上、民主管理、开放包容、共享共赢的运行原则，怀抱"功成不必在我，功成必定有我"之志，着力为学界与学术筑基搭台，为交流与互鉴助力服务。这启示我们，优秀传统文化的发展弘扬，儒学的传承与复兴，是关涉全民族的宏阔时代命题，必须突破"小我"放眼"天下"，最大范围地凝聚起共识与合力，才能更好推动实现中华优秀传统文化的创造性转化、创新性发展。

建设文化"两创"智库　助力文化强省建设

摘要：山东社会科学院坚持以服务山东文化"两创"、文化强省建设为重要目标，以建设优秀传统文化"两创"新型智库为抓手，专注于文化"两创"问题的跨学科、全链条研究阐释、宣传宣讲，整合哲学、史学、文学、儒学各相关学科研究力量，建成"中华优秀传统文化创造性转化、创新性发展研究基地"，打通中华优秀传统文化从传承、梳理、研究到阐释、实践、发展的"全链条"。

社科院系统作为我国哲学社会科学研究的"五路大军"之一，是地方党委、政府重要的思想库、智囊团，在助推地方经济社会发展中起着重要的理论和智力支持作用。山东社会科学院紧紧围绕山东省委、省政府的决策部署，在文化"两创"的研究阐释、政策解读、热点回应、规划编制、社科普及等各个环节贡献科研力量、智库力量。2022年4月，山东省公布首批39家"山东省社科理论重点研究基地"，山东社会科学院"中华优秀传统文化创造性转化、创新性发展研究基地"位列其中，并成为全省唯一一家直接专注于文化"两创"问题的重点研究基地。山东社会科学院进一步打破学科壁垒、部门限制，聚集国际儒学研究院、文化研究所、哲学研究所、历史研究所等各相关学科科研力量，合力推动当代文化"两创"发展，形成了一批富有深刻洞见、独特创见、战略远见的研究成果。

一、致力应用对策研究，服务"两创"发展大局

山东社会科学院牢牢把握地方党委、政府智库的角色定位和工作导向，紧紧围绕国家和地方重大决策需求，以前瞻性、战略性眼光聚焦将本地文化资源禀赋转化为文化转化创新发展优势，不断提升智库的贡献力与影响力。

近年来，持续扎实开展省情调研活动，结合科研优势、专业视角与我省经济社会发展实际、关键问题，广泛关注文化"两创"各方面、各环节，撰写高质量调研报告和呈阅件百余篇，产出一批富于现实针对性的对策建议类成果。2022年上报的《加快推进黄河国家文化公园建设打造黄河文化保护传承弘扬先行示范区》《打造山东黄河文化"两创"新标杆的几点建议》《网红经济赋能乡村振兴的几点建议》《山东省文化数字化行动计划》《关于数字赋能我省黄河文化高质量发展的建议》《关于加强济南新旧动能转换起步区地名命名工作的建议》等多项呈阅件与研究成果，获得省委主要领导肯定性批示或进入省委、省政府决策层面，在应用对策研究领域为全省文化"两创"发挥了重要理论支撑作用。

二、助力发展战略研究，为"两创"谋深谋远

山东社会科学院全面把握全省文化发展的现实基础和发展趋势，融入各级各类文化传承发展规划编制工作，为全省文化建设提供科学化、全局化、规范化、前瞻性的建议指导与科研助力。

近年来，高质量参与编制完成《山东省文化产业振兴规划》《山东省新闻出版业"十二五"发展规划》《山东省新闻出版业"十三五"发展规划》《山东省"十四五"文化和旅游发展规划》《山东省黄河文化保

护传承弘扬专项规划》《山东文化强省建设规划纲要》等省重大规划项目数十项，参与编制《济南"十二五"文化产业发展规划》《曲阜文化经济特区建设发展规划》《高密市文化旅游发展规划》《冠县乡村旅游发展总体规划》《东营市垦利区黄河金岸田园综合体规划》等市县乡村文化发展规划20余项。

对列入国家"十三五"规划纲要的曲阜中华优秀传统文化传承发展示范区，联合全省有关单位研究力量，组建"中华优秀传统文化传承发展曲阜模式研究"重大课题项目组。历时三年，对以曲阜、邹城、泗水为核心区域的文化"两创"经验做法进行系统调研与总结反思，在曲阜、衢州、济南等地召开多场座谈会、研讨会、汇报会、论证会，提炼概括出以融合与创新为内核的可复制、能推广的"曲阜模式"这一重要概念，成为山东推进文化"两创"、打造"两创"新标杆的重要成果。

三、深化基础理论研究，为"两创"厚植根基

山东社会科学院不断夯实学术"基本功"，扎稳科研"老营盘"，全面发挥基础理论研究对应用对策研究、发展战略研究的支撑引领作用，真正为新型智库建设提供坚实长远有效的发展基底，使得成果更加经得起时间与实践的检验。

近五年来，发表CSSCI来源期刊论文70余篇，在《光明日报》《经济日报》《学习时报》等省级以上主流媒体发表理论文章110篇，在中国社会科学出版社等国家级出版社出版著作25部。主持完成国家社科基金相关项目11项，"中西伦理学比较视阈中的儒家责任伦理思想研究"等项目结项获得"优秀"等次，主持完成省社科规划项目等省级项目27项。

努力推动学术交流、扩大对外影响，作为主办方打响"中韩儒学交流大会"品牌，积极为尼山世界文明论坛及其分论坛、学术预热活动

尼山世界儒学高峰论坛召开

等贡献科研力量与业务支持，着力打造泰山文明论坛、泰山智库论坛等学术交流品牌，举办中华优秀传统文化与中国式现代化学术研讨会、山东区域历史文化论坛等全国性学术会议，主办的期刊《中国文化论衡》《国际儒学论丛》学术影响力不断提升，连续入选"CNI名录集刊"目录。

四、思考与启示

一是新型智库建设需要重视跨学科研究。 山东社会科学院以研究阐释文化"两创"这一核心问题为旨归组建智库团队，务求打破学科的藩篱。当前，研究团队专业结构上涵括马克思主义理论、儒学、史学理论、哲学等各领域，又有经济学、管理学、农业农村问题等相关学科强力支撑，打造了一支结构合理的专业智库人才队伍。这启示我们，文化"两创"的发展实践要求我们在新型智库建设中必须从跨学科、综合性的视野出发，以现实问题与需求为导向，突破学科区隔的视野限制，才能真正为经济社会发展提供智力支撑。

二是新型智库建设需要谋求全链条推进。山东社会科学院以文化"两创"为抓手，在智库建设中注意打通中华优秀传统文化在当代社会由挖掘、梳理、研究到阐释、实践、发展的"全链条"，多角度关注、全方位发力。这启示我们，文化"两创"建设是全民性课题，新型智库建设既要做好文化理论研究阐释等基础工作，也要注重以理论推进实践的应用对策研究工作，更好搭建起上连天线、下接地气的桥梁和纽带。

三是新型智库建设需要实现新思路拓展。山东社会科学院在基础研究、战略研究、应用研究中服务文化发展大局的同时，还积极参与各级各类文化工程项目主题策划，编写文化简明普及读本，探求作用发挥的新途径。这启示我们，文化"两创"新型智库建设应当不断拓宽新的发展思路，真正发掘出新方法、总结出新路径、体现出新特质，使典籍里的中华优秀传统文化不只停留于学术界的口头、笔端，真正重新复归当代国人的生活日用。

搭学术平台 育"两创"英才

——山东社科论坛以论促研推动文化"两创"

摘要： 山东省社科联充分发挥山东社科论坛高层次学术交流平台优势，坚持用学术话语讲好文化"两创"故事，在引导广大社科工作者做好"两创"研究阐释和宣传普及上持续用力，培育推出一批人才新秀，不断深化理论思考和实践探索，以求真务实之风推动文化"两创"不断走深走实。

山东省社科联把推动文化"两创"作为重大任务，依托山东社科论坛高频次举办理论研讨会，在主题策划、选题分类、研讨设计、专家参与、成果转化等方面积极创新方式方法，高质量做好挖掘、研究、阐发、弘扬工作，在繁荣学术研究、推动学科建设、服务改革发展等方面发挥了积极作用。

一、主要做法

（一）深化理论研究，提供深厚学理支撑

山东社科论坛紧跟理论创新步伐，把准理论武装节奏，重点围绕党的创新理论、国家重大战略、文化传承创新以及构建中国特色、齐鲁风格哲学社会科学等策划选题、设计"答卷"，加强对文化"两创"的

学理研究、内涵解读、观点阐释，推动哲学社会科学繁荣发展。山东省社科联加强学术体系构建，将文化"两创"作为工作主线之一，组织举办中华优秀传统文化"两创"的理论探索与山东实践研讨会、马克思主义与中国精神研讨会等系列优秀传统文化传承创新研讨会，围绕"马克思主义与中华优秀传统文化""中华文化与中国式现代化""新文明形态构建与文化'两创'"等主题，深入研究阐发中华优秀传统文化丰富的哲学内涵、人文精神、价值理念、道德精髓，加强中华优秀传统文化与马克思主义、习近平新时代中国特色社会主义思想、社会主义核心价值体系等逻辑关系的专题研究，丰富和拓展了文化"两创"的学术研究体系。加强地域文化研究阐释，组织举办地方文化与区域发展学术研讨会、东夷文化研讨会、新时代泰山文化传承创新研讨会、运河文化保护与开发研讨会、黄河三角洲文化与地方文献研究研讨会等，围绕"齐鲁文化资源优势""齐鲁优秀传统文化传承创新""山东人文沃土耕作"等主题，深入开展山东地域性文化研究，挖掘阐发齐鲁优秀传统文化的内涵特质、具体体现和时代价值，为推动文化资源优势向发展优势转变奠定学术基础。

（二）创新研讨模式，增强普及交流效应

不断推动山东社科论坛转型升级，积极探索新的运行机制，逐步形成大型论坛带动，专题论坛、学科论坛、专家茶座补充支撑的研讨机制。抓住重大时间节点，聚焦"两创"主题，策划举办了一批具有全国影响的高端研讨会，吸引名家大家共聚齐鲁、"比武论剑"，在学术研讨中聚智慧、见真知、出成果。组织举办传统文化与美德山东建设研讨会、儒学与当代诚信体系建设研讨会、儒学与社会治理研讨会、齐鲁文化与营商环境研讨会等，结合文化变迁和民俗流变，围绕"传统文化与公民道德建设""传统美德的当代价值""鲁商精神和信用传统"等主题，探索优秀传统文化与社会主义精神文明建设的结合点，丰富"美

沂蒙精神赋能新时代社会主义现代化强省建设研讨会

德山东""文明山东""诚信山东"建设的内涵，夯实社会主义思想道德建设根基。组织举办胶东文化与东方海上丝绸之路高端论坛、世界名山学术研讨会、中国传统文化与对外传播研讨会、齐文化与中华文明研讨会等，深化文明交流互鉴，做好中华优秀传统文化传播交流文章，向世界讲好中国故事山东篇，增强齐鲁文化的对外影响力。

（三）解答时代课题，助推实践落地见效

紧紧围绕习近平新时代中国特色社会主义思想、党和国家重大理论和实践问题、省委省政府中心工作、哲学社会科学发展前沿问题和关系人民群众切身利益问题，全面把握社科界热点动态，关注民生实事、观照人民生活、表达人民心声，将理论研究构架在实地调查研究的基础之上，不断增强理论研究的针对性和实效性，以"两创"研究赋能地方经济社会发展，研讨成效显著。加强重大社会问题研究，紧扣"中华优秀传统文化的现代性阐释""儒学的现代重构"等现实需求与时代呼唤，组织举办儒学与社会治理、胶东红色基因传承的时代价值等8场大型专题论坛，对中华优秀传统文化的重大意义、历史作用和时代价值深入探讨。服务地方经济发展，举办互联网+山东文化创意产业发展战略研讨会、中国乡村社会治理与文化建设研讨会等，围绕"新时代推动文化'两创'着力点""非遗文化传承保护"等主题，深入探讨文化"两创"的重点领域、存在问题、解决路径，凝练提升打造优秀传统文化"两创"标杆的山东经验。聚焦同主题持续深化与拓展，把深入研究宣传和弘扬沂蒙精神作为推进文化强省建设的重大工程，深化理论阐释、赓续红色基因、加强普及推进，使沂蒙精神在新时代不断发扬光大。

二、主要成效

（一）推出文化"两创"高水平成果

聚焦思想与学术前沿，成功举办研讨活动360余场，共收到论文2万余篇次，依据研讨成果编报的《山东社科成果专报》得到历任省领导批示150余次。历年择优结集出版《山东社会科学研究》系列文集，被省内高校作为CSSCI来源期刊对待。大量研讨成果在《学习与实践》《文学遗产》《东岳论丛》等期刊发表，获《新华文摘》、人大复印资料等转载，2项成果获山东省社会科学优秀成果奖一等奖。《光明日报》《中国社会科学报》等以"弘扬中华优秀文化 凝聚向善道德力量""挖掘儒学诚信资源 建设当代诚信体系"等为题专版刊发相关论坛观点。关于构建齐长城遗产廊道、曲阜文化经济特区历史文化资源保护与利用、弘扬沂蒙精神、发展黄河文化、加快我省海洋文化产业发展等论坛研讨成果，总结呈报相关部门参阅，助力我省文化"两创"发展。

（二）培育壮大文化"两创"人才队伍

采取征文、约稿、设立课题等多种形式，广泛邀请省内学术名家参会，带动学界踊跃参与，同时紧扣主题、细化专题、精准对接，遴选省外知名专家与党政机关工作者参与，有效实现高水平专家与高质量成果相结合、学术探讨与实践总结相结合、名家带动与培养新人相结合。推动形成了文化人才"传、帮、带"共促发展的良好局面，相关论坛青年学者发言500多人次，培育带动了一大批文化研究相关领域学术新秀脱颖而出，有力推动了我省"两创"学术人才成长、队伍成型。

（三）助力文化"两创"研究走向深入

建立起常年研讨、梯次推进、覆盖广泛的研讨机制，组织动员全省社科界聚焦聚力文化"两创"深化研究。合作承办方呈现出参与广、实力强、专业精的特点，涵盖了北京大学、山东大学等80多所高校和社科研究机构，光明日报社、大众报业集团、山东广播电视台等10余家重要新闻媒体，省市县党政部门、基层社科联、企业、村镇等50多家相关单位，营造了携手推进文化"两创"研讨的良好氛围，形成了此起彼伏、高潮不断的矩阵宣传效应。人民网、光明网、新华网等媒体广泛宣传报道，有的场次被媒体报道50多次，8场论坛观点综述被《中国社会科学报》刊发。论坛积极适应信息化、大数据时代发展要求，不断强化研讨氛围营造，通过倒计时海报、媒体预告、线上会议、全程直播等方式，有效扩大受众面，有的场次参与人数达到3.7万人次。

三、思考与启示

一是社科论坛应精准聚焦重点选题，把牢正确方向。立时代之潮头、通古今之变化、发思想之先声，这是时代赋予社科工作者的光荣使命。山东社科论坛精准把握文化"两创"理论前沿和实践重点，建立常态化重大研讨选题备选机制，建立可供参考的研讨咨询选题库，彰显了参与广、专业强、接地气、务实效的特点。社科论坛应积极适应新形势新要求，紧紧围绕哲学社会科学发展前沿问题和关系人民群众切身利益问题，全面把握社科界热点动态，议题设置突出问题意识与现实指向，通过细化主题、精准对接、广泛征文，引导文化"两创"研究阐释多点开花，同时应加强论坛意识形态风险防控，构建全员、全方位的监督机制，确保学术研讨沿正确轨道健康发展。

二是社科论坛应创新研讨交流模式，提质增效扩面。发言层次和质量是论坛举办之要，群贤聚智论道，谈古道今，有助于繁荣学术，凝聚共识，服务大局。山东社科论坛探索形成了"高端专家主旨报告＋知名专家专题发言＋分组研讨交流＋学术沙龙＋实地考察探究"的研讨模式，有效地深化了研讨效果。创新社科论坛的研讨交流模式，要在主题策划、选题分类、研讨设计、专家参与、成果转化等方面积极创新方式方法，着力在专家层次、论文质量、发言精度、人员规模等环节下大功夫，强调对中华优秀传统文化的研究成系列、成体系、成热点，以求真务实之风拓展文化"两创"研究深度和广度。

三是社科论坛应拓宽成果转化渠道，放大论坛效应。成果转化是研讨的重要目的。山东社科论坛采取即时报道、刊发专家发言摘要和会议综述、出版优秀论文集等方式，不断提高宣传推介和成果转化力度，赋能新时代社会主义现代化强省建设发展大局。社科论坛应聚焦文化"两创"理论前沿和实践重点，全面把握社科界热点动态，对应用性强的成果编辑整理，针对性地报送省领导及有关部门参阅，对研讨中发现的文化"两创"范例样板、有深化研究价值的相关问题，采取后期资助等形式支持进一步开拓研究，推动文化"两创"不断走深走实。

打造文化"两创"传播交流的理论阵地

摘要:《大众日报》理论版作为学习宣传习近平新时代中国特色社会主义思想的重要理论阵地,围绕学习、研究、阐释习近平总书记关于中华优秀传统文化"两创"相关论述,精心策划选题,组织各领域学者专家解读传统文化内涵,阐释传统文化与现代生活的连接点,讲好"两创"的山东故事,努力探索年轻化、跨圈层传播途径,有效助力全省文化"两创"工作。

《大众日报》理论版着眼于努力承担党的创新理论传播者、"两创"成果助推者、时代发展记录者的时代角色,扎实宣传普及习近平文化思想最新成果,努力为讲好文化"两创"山东故事作出新的贡献。

一、挖掘传统文化内涵,探索古今生活连接点

为贯彻落实习近平总书记关于弘扬中华优秀传统文化的重要指示,《大众日报》理论版充分利用平台优势,多方延请省内外相关领域知名专家学者,结合理论热点问题,精心策划中华优秀传统文化相关理论文章,阐发党的最新文化领域相关思想成果。推出《治国理政的重要方针——学习习近平总书记关于弘扬中华优秀传统文化的论述》《坚持把马克思主义同中华优秀传统文化相结合》《有力推动"两个结合""两

研究探源篇

《大众日报》的《"两创"漫谈》专栏

创"互融共进》等文章，引导社会各界读者充分认识中华优秀传统文化的重要价值和"两创"的重要意义。

推出《文化同构基础上的相融共生——论马克思主义与中国传统文化的结合》《弘扬优秀传统文化要念好"三字经"》《传统文化中的四种精神》等文章，以时代新要求新呼唤为指向，深度挖掘中华优秀传统文化内涵，寻找传统文化和现代生活的连接点，为读者理清楚、讲明白中华传统文化所内蕴的诸种当代价值，为推动"两创"工作落地生根打牢坚实的思想基础。

为进一步在聚焦问题的同时开阔思路，2021年起特别开辟《"两创"漫谈》专栏，以"两创"为中心话题，不限题材、不设要求，面向全社会征集有关文化"两创"的学术感悟、思想随笔、工作体会等各类文章。栏目开设以来，刊发代表性作品《"以文化人"与"以理服人"》《道不离人伦日用》《从"孔子的时代"到"时代的孔子"》等，既有严谨扎实的学术随笔，亦有趣味可读的文化相关评论；作者既有省内学术理论大家，也有基层一线的宣传文化工作者，从各自的研究领域和工作实践出发，畅谈对文化"两创"的认识与看法，以丰富的视角、多元的题材、多样化的写作风格，成为理论版的又一新亮点。

二、用好齐鲁文化资源，讲好"两创"山东故事

山东历史悠久，文脉绵长，是中华文明的重要发祥地、儒家思想的发源地。《大众日报》理论版始终注意立足山东实际，密切关注山东实践，以理论阐释与文化宣传的本职工作记录与见证山东文化"两创"实践中的优秀典型，总结归纳具有普遍意义的成功经验，着力讲好"两创"山东故事。

《深耕人文沃土 打造"两创"高地》全景式展示了山东全省上下在新时代文化"两创"方面做出的多方位、多层次的积极探索与取得的成绩。《讲好新时代"黄河故事" 传播文化山东新形象》聚焦黄河这一文化大范畴，讲述从作为"母亲河"的黄河到宜居、宜业、宜游的黄河，再到如今蓬勃发展中的"超级IP"、拥抱虚拟现实技术等新时代特性的"文化黄河"，使读者惊异于黄河文化的古老与常新。非物质文化遗产与传统工艺经历世代相传，着眼体现先民的生活智慧、精神追求、审美取向，刊发《山东手造：老手艺如何撬动发展新动力》，详尽展现"山东手造"推进工程，以产品化、产业化的经济形式将非物质文化遗产、传统工艺紧密融入现代生活，为山东打造新的文化名片。

一篇篇结合理论高度、学术视角、实地调研的文稿，或点或面，或微观或宏观，记录了山东在文化"两创"实践上的坚实脚步，为"两创"山东故事、山东经验的总结、推广与进一步应用实践作出了贡献。

三、探索年轻态表达，推动内容"破圈"传播

探索融媒建设、提高理论传播的影响力是《大众日报》理论版工作的目标。《大众日报》理论版从内容上入手，在选题策划和内容生产上发力，积极探索理论文章破圈传播的新路径，努力打破文化"两创"传播的圈层壁垒。

党的十八大以来，文化类电视节目方面不断涌现亮点，与社会上的传统文化热共同促成了一波"国风"热潮。《大众日报》理论版紧跟社会热点、当代青年关切点，努力以理论文章的方式解读阐释"国风热"现象。

策划推出《"没看够"的启示》《"国风热"何以出圈》等理论文章，注重由青年编辑组织策划、青年作者创作完成，以年轻化视角、年轻化表述重塑周刊整体内容生产过程，并通过微信公众号、客户端等方式与报纸同步推出，实现了报端微一体化传播，在线上线下形成了良好的传播效果。推动理论文章以短小精炼的篇幅、新颖活泼的文风吸引越来越多年轻读者的眼球，形成了一个个"热点""亮点"，达到了"小"中见"大"、以"小"搏"大"的传播效果。

四、思考与启示

文化"两创"是全社会共同的事业，《大众日报》理论版立足自身定位与特长，在报刊如何肩负"两创"时代使命与担当上进行了积极有益的探索。

一是做好创新理论的传播者。报刊肩负宣传推广、传播交流的重要文化使命。为更好发挥这一作用，我们必须将对中华优秀传统文化的学习研究、对党的创新理论的学习研究摆到更重要位置，跟进学习党中央的最新精神，把握好工作的方向与导向。充分了解社会大众的文化需

求，因势利导，吸引人们主动接触、了解、学习、讨论中华优秀传统文化，助力传统文化融入精神生活，始终践行"党的立场，群众的报纸"的办报宗旨。

二是做好"两创"成果的助推者。报刊是人民群众乃至国际社会了解我省发展情况的主要窗口，也是展示我省文化软实力、文化"两创"经验的重要平台。为更好发挥这一作用，我们应当充分利用好本土优势与特长，彰显齐鲁特色，将先进做法、成功经验、优秀事迹挖掘出来、宣传开来、推广出去，为传承、弘扬中华优秀传统文化提供源源不竭的力量。

三是做好时代发展的记录者。时代在发展，人民群众的文化需求在变化，传统文化也在与时俱进，焕发新的光彩。为进一步做好"两创"传播工作，我们需要紧跟时代实现革新，在内容上需要寻找带有新鲜感、时代感的新表达方式，让报纸话题融入日常生活，让中华优秀传统文化融入日常生活；在形式上突破传统路径限制，丰富传播方式和表现形式，以媒体融合创新引领内容生产，让传统文化的魅力更加具体可感、触手可及。

赓续齐鲁悠长文脉　立起山东"文化泰山"

——编纂出版《齐鲁文库》的实践探索

摘要： 山东是中华文明的重要发祥地、儒家思想的发源地，文脉悠长，典藏丰富，在中华民族的发展史上占有重要地位。作为"山东文脉"工程建设的重点任务，《齐鲁文库》全面研究、保护、辑录和整理出版山东历代传世文献，助力中华优秀传统文化研究阐释，助推文化强省建设发展。

作为齐鲁文化最丰富、最完备、最立体的集大成之作，《齐鲁文库》计划用10年左右时间完成编纂出版，同步建成齐鲁文献数据库和新媒体传播平台，是山东文化"两创"具有里程碑意义的重大工程。

一、主要做法

（一）"团队组建+摸底调研"，夯实文库编纂基础

邀请25位知名专家学者组建学术委员会，以及典籍编、红色文献编、史志编作者团队，深入做好考察调研、调查论证等工作。联合省内11家图书出版单位，对编辑营销队伍、内容资源、作者资源等进行摸底。赴江苏、浙江、福建、江西等省域文库实施省份，考察调研《江苏文库》《浙江文丛》《八闽文库》等的编纂情况，汲取其运作经

验，了解数字化建设情况，为《齐鲁文库》确定编纂体例和工作思路提供有益借鉴。

（二）"总体谋划＋配套工程"，丰富文库编纂外延

多次召开专家论证会、座谈会、推进会、审稿会，制定和优化总体工作方案，确定《齐鲁文库》分为典籍、研究、史志、人物、文物、文学艺术、山水、科技、红色文献等九编。拟制《齐鲁文库》分年度编纂出版计划，明确2023年9月底推出第一批出版成果、五年内力争完成主体部分70%的出版任务的工作要求。围绕《齐鲁文库》编纂出版，配套典籍文献研究宣传阐释方案和文献文物普查方案，摸清山东文献文物家底，开展相关学术研究，提高《齐鲁文库》的学术价值。加强《齐鲁文库》文化创意策划，充分挖掘、提取具有代表性的齐鲁文化元素，打造一批蕴含齐鲁气派、展示山东形象的文创产品、IP衍生品。制定《〈齐鲁文库〉数字化项目建设方案》，推进文献典籍的数字化保护、呈现、管理和应用，提升《齐鲁文库》的利用率和综合价值。

（三）"形象标识＋装帧设计"，彰显文库主题特色

通过竞争性评审的方式确定《齐鲁文库》形象标识设计主体，邀请业内著名设计师提交方案，组织专家从主题呈现、创意设计、视觉美感等方面对设计作品进行综合评审，选取最优方案。邀请著名书籍装帧设计师带领生活·读书·新知三联书店美术编辑团队设计书籍封面、版式，多方案比对设计效果，广泛征求专家意见并制作样书。

（四）"文献普查＋整理出版"，提升文库编纂实效

将馆藏文献普查作为编辑《齐鲁文库》的基础性、支撑性工作，整合山东省档案馆、山东省图书馆、山东博物馆、山东大学图书馆、济南市图书馆、青岛市图书馆、中共山东省委党校图书和文化馆等省内重点馆藏单位资源，进行书目核查、落实馆藏、版本鉴定等工作，全面普查现有文献资源。按照《齐鲁文库》编制标准，筛选整理普查文献，编制

文库书目，与馆藏单位签订版权使用协议，集中人力进行底本获取、扫描影印、整理校勘、残本补全、装帧出版等工作。

二、工作成效

（一）整理推出版本目录学精品著作

在进行前期文献摸排整理过程中，山东省图书馆、山东大学文学院团队，在清宣统《山东通志·艺文志》、徐泳《山东通志艺文志订补》、王绍曾《山东文献书目》、沙嘉孙《山东文献书目续编》等成果的基础上，完成了《山东文献传本书目》初稿的编撰工作。初步摸查了先秦至晚清山东先贤现存传世文献书目，总计约12000种，著录内容包括书名卷数、著者人名、著述方式、著者所属地区、版本、馆藏单位等，在为《齐鲁文库》的编纂出版提供书目资料支撑的同时，更为全面辑录山东历代文献的浩瀚工程写下浓墨重彩的一笔。

（二）重磅发布开篇之作和首批成果

作为《齐鲁文库》的首部系统文献的中华儒学经典著作集成《儒典》，于2022年9月在第八届尼山世界文明论坛上正式发布，是历代儒学传世文献系统性整理出版的最新成果，包含经解、义理、志传三个分典共1816册，集中体现儒学形成和发展的主脉络。《儒典》一经问世就广受业界和社会好评，作为重点项目纳入《2021—2035年国家古籍工作规划》，在"奋进新

大型文脉工程《齐鲁文库》首批成果发布

时代"主题成就展上展览，并登上央视《新闻联播》，成为国家级重大文化工程和山东文化新名片。以典籍编、红色文献编、史志编为代表的《齐鲁文库》2023年第一批150册标志性成果，于第九届尼山世界文明论坛期间正式推出，并同步呈现展示了数字化建设成果。

（三）锻造淬炼专业过硬的古籍保护研究人才队伍

依托山东大学、山东师范大学、中共山东省委党校（山东行政学院）、山东省委党史研究院（山东省地方史志研究院）、山东省图书馆、山东博物馆等高校、研究机构和馆藏单位，打造了一支古籍整理研究、古籍保护修复的专家队伍。山东出版集团等单位通过"老中青"人才结构搭配，选配了一支能够承担大型编辑出版项目的复合型编辑人才队伍，为山东古籍保护研究工作奠定了坚实的人才基础。

三、思考与启示

第一，融合古今是彰显古籍价值的重要途径。《齐鲁文库》以整理出版山东古籍文献为主，同时兼顾今人研究成果，融合传统文献整理与现代学术研究，全景呈现出生动丰富、包罗万象的山东文脉。这启示我们，要尽可能完整保护修复古籍，做好文献文物的保护、整理、注释，同时以辑录出版、研究阐释激活古籍的时代价值，深入挖掘古代文献蕴含的哲学思想、人文精神、价值理念，传承文化薪火，讲好中国故事。

第二，数字化是古籍保护利用的有效手段。《齐鲁文库》在集纳典籍文献、保护馆藏珍品的同时，同步开展数字化整理，让古籍走上"云端"、走进大众，提升传统文化的影响力。这启示我们，加强古籍保护利用，要发挥大数据、云计算及人工智能等前沿信息技术的作用，对古籍纸质内容进行全面、深度数字化加工，打造文献数据库和新媒体传播平台，搭建百科式的文化资源聚合、展示、学习、研究和交流的综合数字化服务平台，兼顾古籍的"藏"与"用"。

第三，活化利用是扩大古籍影响的有力举措。围绕编辑出版《齐鲁文库》，开展的古籍文献普查、学术研究、文创产品打造、人才培养等工作，赋予了古籍文献更多的生命力，真正让古籍"活"起来。这启示我们，要以古籍文献为核心，推动古籍从保护到整理、从研究到出版、从人才培养到大众普及等的全面发展，不断促进古籍成果转化利用，让古籍重焕活力、永葆魅力。

探知字里乾坤 展现中国精神

——《中国字 中国人》由汉字走进中华优秀传统文化

　　摘要：汉字是中华文明独特而重要的精神标识，沉淀着中华民族从远古一步步走来的漫长文明进程，蕴藏着一代代中国人的世界观、价值观、道德观。山东省委宣传部组织编写、山东友谊出版社出版的《中国字 中国人》，以"中国字"为叙述对象，勾勒出"中国字"里的"中国人"的精神面貌，引导读者重新发现、认识、传承中国人的志气、骨气与底气，帮助外国朋友更加直观地品味中国字的特性、体味中国文化的精髓。

　　《中国字 中国人》以中国字为切入点，通过阐述其字形、内涵的演变以及蕴含的价值理念，从汉字的小处、传统学问的"小学"中映照中华文化的大千与大观，让读者了解中国字体现的中华民族价值观精髓。

一、主要做法

（一）科学设计，讲述汉字背后的人文精神

　　站在推动中华优秀传统文化"两创"和新时代美德山东建设的高度，按照中国人立身处世、美德建设的不同层面，分为自律助人、孝老爱亲、服务利他、节俭绿色、共建共享、和合大同六个部分，每个部分

选取17—18个汉字为代表，每个汉字用一篇2000字左右的国学散文对本字加以具体阐释。该书反映了中华民族的生产、生活、思想、审美和情感，展现了国人传统的学养、胸襟、气度、人格，让读者在品读中国文字中探寻中国精神。

（二）匠心雕琢，打造传统文化普及精品

针对"大家"写"小书"常有的窠臼——风格偏学术，趣味性、普及性不足，编写人员一改常见叙述方式，增加趣味故事，减少过长的理论阐释，使知识性、逻辑性、文字性相统一。以"孝老爱亲"篇为例，编写人员以"孝悌友，老少敬，爱养亲、敦慕尊，谏戒让，家顺昌"三字句的歌诀形式，将107个汉字编联起来，形成一首文气调畅、音韵合辙、朗朗上口的"百字歌"，实现知识性与趣味性相结合，使得该书成为结构严谨清晰、语言精准优美的大众精品书。

（三）创新形式，多渠道传播中华文化

加强美工设计，《中国字 中国人》封面以白色为底色，以"百字歌"为点睛之笔，以简净清爽的红、黑两色为文字装饰，整体风格庄重大气、典雅脱俗。内文方面凸显重点文句，目录页借鉴古籍的"旋风装"样式，将六章目录分列六页，通过改变各章目录页面的大小和文字位置，使读者翻到"目录"便可对各章标题一目了然。篇首放置二维码，读者可以随时随地收听书中内容。《中国

《中国字 中国人》中英文版书影

字 中国人》开发了英文版，在确保翻译准确性的基础上，对书中的相关传统文化概念进行更通俗的英文阐释，方便海外读者更好地理解中国文化与中国人。

二、工作成效

作为2022年度山东省重大理论与实践问题研究重点课题，《中国字 中国人》一经出版，便引来澎湃新闻、《中国新闻出版广电报》等几十家媒体争相报道，先后入选中宣部2022年主题出版重点出版物选题、2022年度"中国好书"、第六届全国党员教育培训优秀读物、2022年向全国老年人推荐优秀出版物等。2022年9月，《中国字 中国人》（中英文）正式亮相第八届尼山世界文明论坛，并被作为第十七届联合国教科文组织孔子教育奖获奖代表的礼品赠送给中外学生代表。山东广播电视台齐鲁频道开辟的"苏小妹说中国字""孟夫子说中国字 | Meng Weilong on Chinese Characters"相关中英文短视频专栏，开播以来广受好评。

三、思考与启示

《中国字 中国人》内容新颖、自成一格，不仅增强了读者对中华优秀传统文化的认同感和自豪感，而且助力中华优秀传统文化走出国门，让世界更好地了解中国字、感受中华文化，有效提升中华优秀传统文化的传播力和影响力，是中华优秀传统文化"两创"工作的一次有益探索。

一是注重在激发传统文化活力上用力。中华优秀传统文化是中国几千年来传承下来的宝贵遗产，如何让其焕发时代光彩、跟上时代步伐，是文化"两创"工作的一大课题。《中国字 中国人》以汉字这一文化瑰宝为原点，在搜集研究甲骨、竹简、木牍等图片资料，查阅《尚书》《周易》《说文解字》等古代文献的同时，深入研究国内外论著、新闻、报告等时新资料,挖掘汉字背后的独特精神内蕴,用开阔的视野诠释出汉字的时代意义,展示出中国字背后中国人的高尚精神内核。传统文化从"故纸堆"中来,但我们又不能局限于"故纸堆",而是应该贯通古今中西、回望历史、立足当下、放眼未来,捕捉符合新时代发展要求的文化内涵,探索新角度、新观点、新呈现,激发其新的强大活力。

二是注重在创新文化表达方式上用力。推动文化"两创",根本上就是要用合宜的话语体系和表达方式,针对时代要求和群众需求,来回答时代之问、社会之问、发展之问、人民之问。《中国字 中国人》通过巧妙构思,在用简练文字承载深邃文化内涵的同时,努力实现内容的生活化、通俗化,结构的清晰化、严谨化,语言的大众化、流畅化,从而达到言简意赅、雅俗共赏、贴近生活的效果。打造文化"两创"精品,必须在创新表现形式上用情用力,既要注重文化底蕴深厚,又要让群众喜闻乐见,赋予传统文化现代韵味,增强其生命活力。

三是注重在深化展现形式融合上用力。随着技术的不断创新,人们接受内容的方式在不断升级、更为多元,文化产品出版也需要与时俱

围绕《中国字 中国人》图书持续开展多种形式的展览展示

进，大胆创新合作共赢的融合出版模式。《中国字 中国人》项目组与报社、电视台、自媒体平台等合作，在发布书评、书讯、编辑手记等传统方式宣传的同时，探索融媒体发展路径，将"中国字""中国人"与图像、视频、声音等有机融合，制作出一系列精美短视频，举办汉字主题空间展览，将内容更为简明直观地呈现在观众面前。

四是注重在加强文化对外传播上用力。中华优秀传统文化走出国门，引导外国友人了解熟悉中国文化，需要以世界眼光推动文化"两创"工作，创作出更易为外国友人接受的文化产品。《中国字 中国人》根据外国人的阅读和接受习惯，先后开发多语种版本，邀请国外知名汉学家用母语讲述自己心中的"中国字""中国人"，并录制视频在自媒体平台发布，把中国字背后的人文精神更通俗地传递给世界。推动中华优秀传统文化"走出去"，就要用好外国友人喜爱的方式，请外国友人讲解中华文化，润物无声地传播价值理念，推动中外文化的交流互鉴。

保存历史　见证文明

——山东大学启动实施全球汉籍合璧工程

摘要：山东大学响应国家战略，顺应学界倡议，牵头启动全球汉籍合璧工程，立足多元文化交流互鉴视角，运用传统学术方法，探索研究新范式，调研摸清全部境外所藏中华古籍情况，为人文学术研究提供新资料、注入新活力，努力完善具有中国特色的学术体系。

山东大学基于国家社科基金重大委托项目"《子海》整理与研究"的成功经验，启动全球汉籍合璧工程（简称"合璧工程"），以完善中华古籍的版本和存藏体系为目标，调查、收集、整理中国大陆以外的国家和地区所藏汉籍，将流布在境外的汉籍与中国大陆所藏汉籍形成"合璧"，推动中华文化价值的现代转化和世界多元文化的交汇繁荣。

一、主要做法

（一）集聚新合力，搭建国际化合作平台

山东推动全球汉籍合璧工程作为国家重点文化工程列入"中华古籍保护计划"，通过《全球汉籍合璧工程实施方案》，成立国际汉学研究中心，将经史子集四部汉籍等所有具备重要文献价值和学术价值的资

全球汉籍合璧工程与俄罗斯国立图书馆签署合作框架协议

源纳入汉籍合璧工程。由山东大学牵头、全球多家知名汉学研究机构共同发起成立全球汉学联盟，吸纳耶鲁大学、剑桥大学、东京大学、成均馆大学，以及中国台湾大学和香港大学等国际知名高校加盟。集合海内外著名古籍研究学者，在全球范围内组建合璧工程暨汉学合作研究团队，联系境内15个大学或科研文化单位组建74个项目团队，与境外30多个国家的187个汉籍存藏馆建立联系、签署战略合作协议，搭建起多元开放合作平台。

（二）构建新体系，全面收集整理海外汉籍资源

组织对境外中华古籍进行调查编目，调查摸底境外中华古籍主要存藏机构的存藏情况，以存藏机构为单位编纂境外汉籍版本目录，并结合国内古籍普查情况形成联合目录。开展境外中华古籍复制影印工作，比对遴选中国大陆缺藏的珍贵典籍，通过标点、校勘等形式整理回引境外中华古籍精华，努力构建完善的中华古籍版本体系。

（三）开辟新路径，深化海外汉学研究

联合省内高校和图书馆，以招标、委托、后期资助等形式协力进行境外汉籍调查研究，共同开展境外中华古籍存藏、流布、影响等相关学术研究。进行中华古籍中外文互译，翻译出版中华优秀传统古籍及国际汉学研究成果。建设国际汉学研究网站，定期发行学术期刊，及时发布合璧工程学术成果，为全球汉学家学术研究提供支持和帮助。

（四）赋能新科技，建设海外汉籍数据库

利用域外汉籍数字化回归合作平台，以缩微复制、摄影扫描等数字化方式实现中国大陆缺藏汉籍珍本的再生性回归。成立"人文数据库建设工作小组"，在中国社科院《域外汉籍电子文库》等基础上，建设"汉籍合璧数据库"，包括全球汉籍目录数据库、境外中华古籍珍本全文图像数据库、全球汉籍与汉学研究论著数据库等三个子数据库，分别收录合璧工程调查编目、复制影印、整理研究的成果，形成面向社会公众开放的古代文献资源检索系统。

二、工作成效

（一）境外中华古籍调查整理全面展开

对95个国家的1988家藏书机构进行了汉籍存藏调查，基本掌握境外汉籍存藏情况，与其中1173家藏书机构建立合作联系，达成420项合作协议或合作意向。初步完成30万部境外汉籍的编目工作，从中遴选

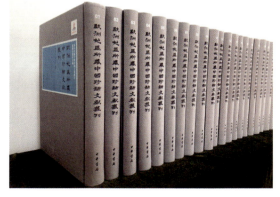

全球汉籍合璧工程复制回归成果之一《欧洲地区所藏中国珍稀文献丛刊》

并复制回归稀缺汉籍1600余种，其中260种已出版。联合学界对134部具有重要学术价值的境外汉籍进行点校整理，已完成55部的点校整理。

（二）海内外学术合作开创新局面

组建250个团队开展国际联合课题研究，面向国内外完成古籍版本目录学培训2000余人次，定期推出系列主题展览、学术讲座等。以汉籍调查编目为契机组织文化沙龙，吸引大批国外志愿者加入合璧工程，面向不同群体创新传播中国优秀传统文化路径，激发国外人士对中国古典学术和传统文化的浓厚兴趣。

（三）汉籍和汉学研究成果斐然

目前共出版432册重要成果，其中包含1129种汉籍及相关著述，并编撰出版"全球汉籍合璧研究编"。创刊《汉籍与汉学》，入选CSSCI（2021—2022）收录集刊，累计发表高质量学术论文133篇，其中海外作者占比30%左右，获得北方十五省、市、自治区哲学社会科学优秀图书奖。

三、思考与启示

第一，国际合作是古籍保护利用的有效路径。合璧工程面向全球搭建国际汉学研究平台，调动境内外力量开展汉籍整理与研究，极大推动了海外汉籍的回归和中外交流。这启示我们，深化古籍保护利用，要整合国际资源，加强国际间交流合作，共同制定保护政策，进行课题研究，组织人才交流，开展跨国界古籍保护工程，推动经典古籍对外传播和海外汉学成果的对内译介，让古籍在中外文明互鉴中绽放异彩。

第二，体系化整理是古籍整理出版的科学思路。合璧工程系统整理出版海内外典籍，致力于构建完整的中华古籍的版本和存藏体系。这启示我们，做好古籍整理出版，要根据不同类型古籍的具体情况，打破单本古籍整理出版的局面，加强古籍文献系统性整理出版和通代断代集成性整理出版，防止不同主体间低水平重复，完善我国古籍整理研究和出版范式，构建古籍整理出版理论研究体系。

第三，数字化建设是古籍资源转化利用的重要手段。合璧工程建成"汉籍合璧数据库"并向学界和公众开放，通过数字化拓展了古籍回归、整理、展示的路径。这启示我们，促进古籍资源转化利用，要统筹好古籍文物属性与文献属性的关系，推进古籍专业数据库开发与利用，将古籍数字化工程与国家文化大数据体系积极对接，加强古籍数据流通和活化利用，实现古籍数字化资源汇聚共享。

讲好普通人的黄河故事

——黄河下游百位工匠口述记忆库项目

　　摘要：黄河文化尤其是黄河乡土文化的传承，因长期缺乏文字记录，更多依靠口耳相传以及默会知识的代际传播得以延续。这个传承的特质，致使蕴藏其中的营建技艺的生态智慧和民间文化记忆大量流失。怎么讲好黄河工匠故事，探索黄河话语建设，山东建筑大学建筑口述史研究中心以黄河下游百余位工匠口述访谈的方法，为此进行了有益探索。

　　五千年的黄河史是一部治黄史，也是一部中华农耕文明史。黄河流域的农耕文化遗产、水文化遗产、交通遗迹等濒危遗产遗迹遗存，以及其中的非物质文化遗产亟待抢救性保护。山东建筑大学建筑口述史研究中心创新文化传承发展方式，以普通的日常生活、朴素的哲学观念、有人情味的口语表达、有温度的个人史述，打造"黄河故事共同体"，全面、真实、立体地向国际社会讲述黄河故事。

一、抢救与建库

（一）抢救：黄河下游百位工匠口述史采集

　　山东建筑大学建筑口述史研究中心以黄河水文划定范围为基础研

项目组成员对济南市济阳区曲堤乔家工匠进行集体访谈

究范围，综合考虑地形地貌特征与行政区划影响，确定了黄河下游的 15 市 45 县（市、区）为主要研究取样范围。对范围内覆盖的 28 个极具地方性特色的传统村落、9 种类型典型民居、22 个匠种的 100 余位营造技艺工匠，运用历史学的口述史研究方法展开访谈与研究。访谈与采录的主要内容与基本框架涵括"匠技""匠忆""匠情""匠意"四个方面内容。其中"匠技"主要包含传统建筑设计、构造知识、施工技能、营造材料与工具应用，"匠忆"主要包含与传统营造技艺相关的营造民俗、匠谚口诀以及制度等建筑文化和建筑记忆，"匠情"主要包含工匠在营造环境中感知的人文情怀、社会环境与自然环境，"匠意"主要包含建筑遗产、历史建筑等相关信息。访谈采录过程突出以"营造技艺"为经验记录主体、以"社会记忆"为文化记录本体，充分发挥口述史研究方法的特质特长。

（二）建库：百位工匠口述记忆库建设与开发

发挥口述史学的"个人记忆库"与"主体性意识觉醒"功能，与遗产保护、古村落保护相关研究相结合，对采集的口述史料、音频影像、图片等多维资料进行全面整理、归纳、分析、评价，用口述影像的形式对工匠的"技艺"与"记忆"进行活态再呈现，建立完成黄河百位工匠口述记忆库。口述记忆库包括文字稿 2285713 字，录音 16259 分钟，视频 27685 分钟，拍摄照片 28241 张，老照片原片 169 张，共形成访谈录

354份。口述记忆库的建立，实现了对现有档案的处理、档案保存和公共呈现形式的重组与丰富，为建立相关专门网站提供了数码档案、访谈录音、访谈摘

项目组成员考订乡村族谱

要、受访者捐赠图片等基础素材，为相关部门进一步研究提供了珍贵的第一手资料。

二、活化与传承

（一）发力短视频平台，实现裂变式传播

利用具备草根效应、新式社交属性的平台，采集剪辑短视频上传至各平台，透过小切口的讲述、展演、方言俚语普及等具有地域特色的文化共鸣，通过一段段情感相通的风俗往事，生动展现黄河下游营造技艺传承人的生产生活。相关短视频以个人化视角、情感化叙事的特殊角度，在日常生活场景中将个体的悲喜情感和真切体验、历史记忆嵌入其中，以新时代传播方式重新进入现代人的生活视野，让曾经"脱域"的工匠营造技艺与集体记忆"再嵌入"当代生活。

（二）着力子库建设，放大科技文化效能

着眼拓展口述记忆库功能，建立完成相关营造技艺的技术模型库，利用3Dmax、BIM、激光切割、3D打印等技术制作典型民居模型，翔实复原营造技艺的每一步流程，使得采录的黄河下游典型民居以最生动

的形态再现于当代大众视野。将采录走访过程中搜集的工匠迁建路线、原有居住地点与现有居住地点对照等多类动态信息，借助地理信息系统、辅助数字技术集中处理编辑，开发"记忆地图"APP，起到了抢救乡土文化遗产、填补相关档案记录空白的重要作用，为相关教育教学、科研科普工作提供了极大便利。

（三）借力高校主体，以青年带动青年

开展"传薪计划"系列讲座，已举办两届共29场，与《建筑师》《新建筑》《城市空间设计》等业界知名杂志期刊合作，汇聚全国9所高校知名专家29人，惠及全国38所高等院校，线上各平台直播观看量超12万人次。鼓励"Z世代"青年亲身参与黄河故事的保护传承与宣传策划，全面利用口述记忆库资源和线上自媒体预告预热等各种形式，打造"家—校—社区"三位一体的宣传格局。青年宣讲团以高校为基础阵地，定期举办黄河精神宣讲、实践活动，以特色文化课程等形式为幼儿园、中小学生讲述鲜活生动的黄河故事，以黄河博物馆为平台为社会大众呈现博物馆文物、标本、模型、图标背后蕴含的文化故事，以青年力量带动更多年轻人投身于黄河文化的保护传承。

（四）探索新的运营方式，实现"自我造血"

探索实现了文化传承"自我造血"新模式，一方面依托学校主体，接受崔永元口述历史中心、校友反哺、知名企业、行业协会公益捐赠，实现了项目前期的顺利开展；另一方面，通过"记忆地图"APP、短视频等平台运营、举办研学营、文创收益等多种方式，实现了部分流量变现，为相关文化传承类项目的自我循环与可持续发展探索了新路。

三、思考与启示

一是为讲好"黄河故事"提供新素材。把黄河下游流域典型工匠的营造工艺和工匠生命个体的生活史作为研究的本体和主体，既拓展了

口述历史研究的范围，又记录了口述资料中"活"的历史和工匠的口传记忆、日常生活、技艺技术、生活智慧、情感体验等内容，以及由其所反映出的黄河下游流域工匠群体的价值认同、文化记忆，为研究传统的"匠人"精神提供了丰富的"个人记忆库"，为讲好命运共同体语境下的"黄河故事"提供鲜活的素材。

二是为讲好"黄河故事"寻找新方法。小切口与大背景、小人物与大主题、小细节与大情感，以人类共通的情感，"用世界能懂的语言"，穿透历史与现代、种族与国家、意识形态与语言文化的藩篱，成为新时代讲好"黄河故事"的题中之义。而口述史以其观照个体的平民性人文取向、注重日常生活实践的微观视角、基于声音及影像采集整理成立的记忆库，在全球信息流动的平台技术赋权下，成为新时代讲好"黄河故事"的破题之钥。

三是为讲好"黄河故事"构建新话语。"黄河故事"如何从宏大叙事中解放出来，"转化成外国人能够听懂的、能够理解的国际语言"，"黄河工匠口述记忆库"以普通人的悲喜故事和可触可感的"记忆"为此提供了可能性。口述史不仅为黄河文化传播提供了新的叙事策略、拓展故事内容的边界，而且在平台技术加持下，通过幽默的方言俚语、特色的黄河文化、相通的风俗人情、共通的集体记忆，在全球信息流动的诸多文化背景的碰撞与交流中，活化存续，绵延不绝。

铸就泰山文化创新发展里程碑

——《中华泰山文库》全方位展示泰山文化精义

摘要：泰山文化是中华优秀传统文化的重要组成部分，是民族文化的绚烂瑰宝。泰安市高度重视泰山文化的传承发展，在全国率先实施山岳文化传承工程，编纂大型系列文献丛书《中华泰山文库》，通过系统整理泰山文化各领域研究成果，拓展、汇集古籍、著述、口述影像、外文等四大书系图书120种，集中展示泰山文化的资源优势和独特价值优势，在新时代铸就泰山文化创新发展的里程碑。

盛世修文，存史启智。泰安市启动《中华泰山文库》编纂出版项目，搭建起泰山文化创新发展的崭新平台，必将进一步推动泰山文化焕发出新的时代光彩，也将有助于全面深入了解中华文明的历史。

一、主要做法

（一）深入调研，充分酝酿谋划

2016年4月大型系列文献丛书《中华泰山文库》专家论证会召开，标志着这一项目正式启动。北京大学美学教授杨辛先生为丛书作序，以"立岱宗之弘毅"寄语丛书。泰山景区组建团队成立文库工作室，对泰

北京大学美学教授、百岁老人杨辛先生题词

山研究现状进行全面系统地搜集整理，先后派人员赴中国国家图书馆、中国第二历史档案馆等处查阅泰山文献档案资料，与国家图书馆签订合作协议，引入泰山志书古籍文献20余种；购置有关泰山书籍近千册，搜集整理中外期刊硕士博士论文150余篇。口述历史组编撰人员短时间内走访近百位"泰山申遗""泰山绿化""泰山挑山工"等亲历者，收集整理了大量鲜活真实的原始数据。翔实的资料和数据为后期专家学者决策提供了科学依据。2017年4月，来自国内外的20位知名专家学者就《中华泰山文库》的规划框架、书系编纂、组稿计划、约稿意向、数据库建设等进行了广泛深入的研讨，拟定文库基本框架为古籍、著述、外文、口述影像四大书系共120种，洋洋五千万言，计划10年内完成。

（二）科学立项，坚持专家导向

编纂《中华泰山文库》丛书是一项浩繁的文化系统工程，编写工作自立项之初即树立精品意识，成立丛书学术委员会，由来自中国社会科学院、清华大学等全国知名研究机构及高校的各领域专家学者担任委员，负责各学科的学术把关。学术委员会每年举行两次专家论证会，一次为"开题"论证会，确定入选立项书目；另一次为编辑出版论证会，

《中华泰山文库》专家评审会

考核是否已达到出版标准。课题立项后，为每一位课题承担者分配一名专家委员作为学术指导。

（三）专设机构，规范编纂出版

为保证规范出版事项，编纂方与出版方通力合作，严守学术质量、出版质量。泰山景区成立《中华泰山文库》编委会，由主要负责人担任总编纂，主编由编纂方、出版方双方共同聘请。山东人民出版社成立出版委员会，主要领导担任主任，成立文库专项编辑室，每卷的出版均由责任编辑及特约编审把关。文库工作室依据国家相应出版规范要求，制定各书系的写作规范，编纂方和出版方严格遵循约稿、"开题"评审、"三清"审稿、出版社专业专项评审、三校、印刷出版等工作流程，有效确保出版质量。

二、主要成效

《中华泰山文库》编纂出版项目是开展泰山世界遗产保护与发展工程的重大举措。该项目全面研究、保护、辑录和整理出版泰山历代传世文献及当代研究成果，打造出泰山文化迄今为止最为丰富完备的集大成之作，同时培养储备了一批相关专业人才，传播更多承载泰山文化、中华精神的价值符号和文化产品。

（一）全面汇集泰山文化之大成

泰山的价值是多元的，除重要的文化资源外，还包括地质、鸟类、动植物等各类相关自然资源。通过挖掘整理，汇集几乎所有泰山的文献资料，依托科学分类，补齐了当前研究领域的短板。特别是优选《岱览》《泰山志》等典藏古籍版本进行点校出版，成为对古代传统志书典籍的最好保护和传承。2017年12月，在中国世界自然遗产保护与发展大会暨中国申遗成功30周年研讨会举办期间，大型文献丛书《中华泰山文库》首发式同步举行，首批9本样书隆重亮相。截至2022年底，文库已出版书籍28种31卷。

（二）全面整合泰山文化研究平台

通过《中华泰山文库》编纂出版项目的实施，泰山文化各研究机构、有关高校凝聚成一个学术共同体，先后与清华大学、北京师范大学、山东大学、台湾东吴大学、香港中文大学以及日本京都大学等知名

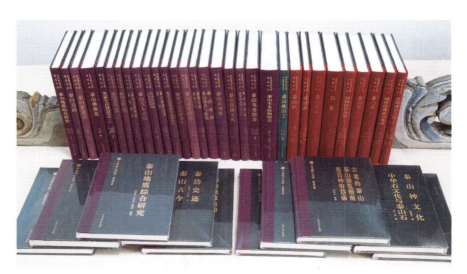

《中华泰山文库》已出版图书

院校订立合作意向，向德国海德堡大学、美国普林斯顿大学东亚文化研究中心的学者专家提供相关资料素材，吸引吸纳国内外文化学者。举办泰山文化与泰山文献高级研修班，招募全国高校在读博士、博士后研究泰山问题，为泰山文化传承创新培育、储备高水平人才。

（三）全面促进泰山文化深度传播

《中华泰山文库》项目一经推出即引起文化研究、图书出版等相关领域的关注，已出版图书获得广泛好评，促进泰山文化的深度传播。其中，《泰山挑山工》荣获第三十三届华东地区优秀哲学社会科学图书一等奖。《泰山佛教史》《泰山石刻史》，荣获第三十四届华东地区优秀哲学社会科学图书一等奖。《泰山佛教史》《泰山石刻史》《泰山宗教研究 泰山庙会》，荣获第三十届北方十五省、市、自治区哲学社会科学优秀图书奖。

三、思考与启示

第一，**专家引领是实施文化传承项目的必要保障。**《中华泰山文库》项目内容浩繁，涉及领域广博，其启动实施离不开汇聚众多专家学者的智慧。这启示我们，实施重点文化丛书编撰，必须紧紧依靠专家学者的力量，与国内外相关院校和研究机构建立联系，通过研讨会、论证会、论坛等形式广泛征询吸纳专家学者的意见建议，并有针对性地、耐心细致地分解落实，唯有如此才能"去粗存精"，成就文化精品工程。

第二，**拓展平台是实施文化传承项目的有效支撑。**实施《中华泰山文库》编纂出版项目的一个重要目的，在于搭建平台、辐射内外，通过挖掘、总结、提升泰山文化价值，进一步激发其生机与活力。项目运行过程中，依托《中华泰山文库》，打造《泰山小百科》系列丛书项目，成为深受青少年喜爱的科普读物，有效拓展了丛书的展现平台。这就启示我们，实施重点文化丛书编撰，要在追求文化的深度和广度的同时，也要在拓展平台、创新文化表达上下功夫，提升项目的效益和影响力。

第三，守正创新是实施文化传承项目的必由之路。《中华泰山文库》丛书有目的、有计划、有系统地广泛征集、融汇泰山文献资料，通过编纂外文文献、整理"口述历史"等举措，成为泰山文化创新发展的里程碑。研究挖掘阐释中华优秀传统文化，应当紧跟时代步伐，运用新思维、开创新办法，持续吸纳充实内容，探索新的传播手段，更好地服务于当今时代。

泰山数字藏品助力文物活化利用

摘要：泰安市紧跟文化数字化发展趋势，盘活泰山文物资源，创新性打造"数字藏品"项目，全链条做好数字文物挖掘整理、策划设计、宣传推广、风险把控等工作，积极推进文物数字化产业发展，探索文化数字化发展新路径。

泰山以其特殊的历史、文化、美学和科学价值，被联合国教科文组织批准列为中国第一个世界文化与自然双重遗产。近年来，泰山景区以打造泰山文化传承发展示范区为牵引，创新实施"数字藏品"项目，为泰山实体文物插上"数字翅膀"。

一、主要做法

（一）系统梳理泰山文物资源

开展文化数字化调查，全方位梳理景区可用资源，整理文物藏品20848件（其中一级文物139件、二级文物473件）、碑碣1239块、摩崖石刻1800余处、古建筑群35处、古遗址128处和非物质文化遗产20余项等，打造泰山系列数字藏品资源储备库，为泰山文物藏品数字化提供大量优质原型资源。

（二）设计打造精品数字藏品

邀请专家对数字藏品资源进行重新排列组合、挖掘打磨，完成数字藏品资源的筛选、梳理，设计打造独具泰山特色的系列藏品素材目录清单。精选出200余件产品素材制定梯次开发规划，策划泰山石刻、泰山碑刻、泰山牌坊、泰山奇观、泰山壁画、泰山封禅、泰山祭器等7个系列数字藏品。利用数字化技术对文物等实物进行三维扫描，制作五岳独尊、风月无边、"虎"字石刻，发行泰山四大奇观、泰山神启跸图、泰山四大名坊——四神兽、泰山春夏秋冬等系列高品质数字藏品，受到广大数字藏品消费者的喜爱和抢购。

泰山·五岳独尊石　　　　　　　泰山四大名坊——虎啸中天门

（三）打造数字藏品宣传推广矩阵

强化与各级各类传统媒体、新媒体及数字藏品发行平台沟通合作，实施全方位强势宣传营销和顾客引流。尤其是在数字藏品发行前进行宣传造势，使用新媒体矩阵全方位推介将要发行的数字藏品，持续加大对数字藏品历史、文化、艺术等价值的挖掘报道，讲述数字藏品原型文物背后的故事，让数字藏品在大众心里提前"种草"。首期数字藏品发行后，获得新华社、光明网、大众日报、山东卫视等各大媒体的跟踪报道。

（四）多措并举确保数字藏品安全

树牢底线思维，聘请法律顾问进行授权协议、合作合同的合法性审核，把牢正确的意识形态导向，超前防控风险，并提前做好相关侵权诉讼和负面舆情的应对准备。认真研究有关法律法规和政策规定，建立权责清晰、程序规范、统筹有力的制度机制，有效确保文物信息安全和藏品发行秩序。

二、工作成效

（一）打造文化产业新业态

数字藏品用数字化方式呈现泰山文化，用科技手段让文物"活"起来、"火"下去，为文化爱好者提供数字化的全新体验，让游客更全面地感受泰山世界遗产的魅力。借助区块链技术发行数字文创产品，对泰山遗产资源开展数字化、艺术化、时尚化创作，用当代人特别是年轻人感兴趣的手段、方法、语言、形式讲好泰山故事，为泰山文化保护传承增添了新的元素。泰山成为山东省第一家借助区块链技术发行虚拟产品的重点旅游景区。

（二）培育拓展增收新极点

作为山东省首家在支付宝旗下"鲸探"平台率先推出四款数字藏品的重点旅游景区，单价25元的32000份泰山首期数字藏品上线即秒光，实现销售收入80万元。打通线上线下购物体验，泰山景区与"欢乐指数"推出联名数字文创和优惠打折卡。截至目前，泰山景区共发行7期24款数字藏品，实现营收300余万元，取得了较好的经济效益，培育了新的营收增长点。

（三）铸就文旅营销新利器

数字藏品突破了时间、空间限制，向更多线上消费者宣传推介景区文化，培育铁杆粉丝，挖掘潜在客源，引爆景区营销热点，泰山景区游客量屡创新高。2022年3月以来，全网刊发转载泰山数字藏品相关信息3600余条，浏览量超过1225万次。其中，新华社推出报道《泰山景区推出系列数字藏品》，大众日报、齐鲁晚报、山东商报等媒体对泰山数字藏品进行整版重磅报道。截至2023年10月21日，泰山景区本年度累计接待进山游客800万人次，同比增长280.91%，比2019年同期增长121.96%，再次刷新历史最高纪录。

三、思考与启示

第一，科技赋能是创新文物保护利用的重要手段。泰山景区创新性运用区块链、三维扫描等信息技术，实现文物数字化，让文物"活"起来。这启示我们，要发挥科技在推动文物保护利用提质升级中的重要作用，开展文物资源调查，加强文物资源大数据应用，推进相关文物信息高清数据采集和展示利用，发展线上数字化体验产品，为文物保护利用拓展空间。

第二，链条式发展是推进文物数字化的有效路径。泰山景区加强统筹谋划和顶层设计，全链条推进数字藏品资源挖掘、设计制作、发行推广等环节，擦亮泰山数字藏品名片。这启示我们，推动文物数字化，要加强统筹设计，梳理整合资源，强化设计开发，加强宣传推介，依托头部数字藏品平台进行发行推广，打造线上线下融合互动、立体覆盖的文化数字化服务供给体系。

第三，风险管控是发展数字文物产业的底线要求。发展文物数字藏品，安全是前提和基础。泰山景区坚持底线思维，加强风险研判，确保了文物安全。这启示我们，在发展数字文物产业的过程中，要以确保文物资源安全为核心，将风险管控贯穿始终，加大文物数据保护力度，守牢文物信息安全底线，引导消费者选择合理合法、健康有序的收藏方式，切实做到合理、合法、合规。

展示体验篇

打造黄河文化靓丽名片

——黄河国家文化公园（山东段）建设实践探索

摘要：山东将黄河国家文化公园（山东段）建设作为落实黄河重大国家战略、推动中华优秀传统文化"两创"、促进文旅融合发展的重要举措，以"一廊一带四区多点"的规划为牵引，坚守生态保护红线底线，挖掘黄河文化精华，推动文旅融合发展，讲好新时代黄河故事。

建设黄河国家文化公园，是党中央、国务院作出的重要决策部署，是国家推进实施的重大文化工程。山东坚持"地处黄河下游、工作力争上游"的指导方针，发挥在黄河流域生态保护和高质量发展中龙头地位优势，将黄河国家文化公园（山东段）建设摆在重要位置，高起点谋划，高质量建设，推动黄河文化创造性转化、创新性发展，将黄河国家文化公园（山东段）打造成彰显新时代文化自信、展示悠久黄河文化的靓丽名片。

一、主要做法

（一）打造专项规划系统集成

注重顶层设计、规划引领，统筹黄河、大运河、长城国家文化公园建设，制定《山东省国家文化公园建设实施方案》，编制《黄河国家文

展示体验篇

化公园(山东段)建设保护规划》。结合实际,创新提出构建"一廊一带四区多点"的黄河国家文化公园(山东段)建设格局,搭建黄河国家文化公园(山东段)建设的立体空间结构。其中,"一廊"指黄河下游文化遗产保护廊道,"一带"指大汶河国家级生态文化带,"四区"指入海文化展示区、儒家文化展示区、东夷文化展示区、革命文化展示区等四大特色文化展示区,"多点"指多点联动的黄河文化公园实体。聚焦黄河三角洲生态保护、黄河综合整治、国家风景道建设、文物保护利用、文化保护传承弘扬等,编制实施系列专项规划和方案,形成完善的黄河国家文化公园规划体系。

(二)坚守生态保护红线底线

将黄河流域生态保护和高质量发展战略贯穿始终,加强黄河沿岸生态规划管控,科学布局生产、生活和生态空间,避免大拆大建、简单粗暴保护修复、破坏原本景观风貌等。开展黄河流域"挖湖造景"专项检查,全面排查使用黄河水的人造湖、人造湿地项目,坚决遏制脱离实际的"造湖冲动"。坚持生态保护原则推进黄河口国家公园创建工作,整

黄河口 "蓝黄交汇"奇观

合周边 8 个自然保护地，研究制定自然资源调查监测、生态修复、保护补偿等配套管理制度，着力打造首个"陆海统筹型"国家公园。打造左右岸统筹、山水河林路一体、文化自然融合，集生态屏障、文化弘扬、休闲观光、生态农业于一体的复合生态长廊。

（三）加强黄河文化价值挖掘

加强黄河文化挖掘阐释和文艺创作，制定实施《山东省黄河流域非物质文化遗产保护传承弘扬专项规划》，组织实施鲁国故城、定陶汉墓、焦家遗址、铁门关遗址等一批重点考古、文物发掘保护项目，加强对"尧的传说""泰山传说""祭孔大典"等非遗项目的研究保护，扎实推动黄河流域革命文物保护，守好黄河文化根脉。充分运用舞台艺术、美术创作、文化遗产展览展示等方式，推出大型交响音乐会《黄河入海》，举办"黄河入海流·山东省黄河文化主题美术作品展""大河上下·黄河流域史前陶器展"等。开展"沿着黄河遇见海"推广活动，举办黄河文化论坛，持续提升黄河文化传播力和影响力。

（四）深度推进文化旅游融合

坚持以文塑旅、以旅彰文，依托黄河国家文化公园建设，以黄河为主线，统筹沿黄 9 市 25 县（市、区）文化旅游资源，对黄河沿线 194 家 A 级以上旅游景区实施提档升级工程，串珠成线，推进沿黄文化体验旅游廊道建设。培育休闲度假、特色民俗、夜间观光、全域研学、特色节庆等新业态，打造千里自驾文化旅游精品走廊，构建"快进慢游"交通网络，配套建设自驾营地、服务驿站，加快智慧景区建设，因地制宜发展文化旅游体验项目，培育一批乡村旅游重点村。

二、工作成效

（一）生态环境呈现新样态

2022 年沿黄 9 市地表水达到或好于Ⅲ类水质国控断面比例为 78.2%，

九曲黄河 大美湿地

同比改善9.2个百分点；黄河干流及主要支流17个国控断面优良水体比例达到100%，黄河流域水环境质量达到历史最优水平。黄河三角洲国家级自然保护区修复湿地5万亩，黄河口国家公园8项创建任务顺利完成。2022年，保护区修复盐地碱蓬2450公顷、修复海草床50公顷、增殖底栖生物100公顷。黄河三角洲国家级自然保护区鸟类达到371种，越来越多的动植物在此安家落户。

（二）项目建设形成新规模

9个黄河国家文化公园项目列入国家"十四五"文化保护传承利用工程项目储备库，完成投资9200万元，山东菏泽市成武县大台历史文化公园游客中心、胡集书会非物质文化遗产传习中心2个项目主体已完成。2021—2022年88个文化旅游领域专项债券项目发行债券65亿元，

完成投资超过300亿元。2022年83个省重点文旅项目年度完成投资226亿元。

（三）文旅融合展现新态势

培育7个省级以上全域旅游示范区、2个省级以上旅游度假区、4个国家级乡村旅游重点村、20个省级乡村旅游重点村、72个景区化村庄、5个民宿集聚区。充分发挥沿黄大项目、大景区、大企业的引领作用，2022年23个文化旅游领域"雁阵形"产业集群总规模达到8000亿元，18家文化旅游领域领军企业营业收入达到815亿元，文旅产业呈现规模化、高端化、精品化发展态势。

（四）"黄河故事"谱写新篇章

聚集黄河文化主题打造精品力作，《大河之洲》和《大泰山》入选国家广电总局"十四五"纪录片重点选题，广播剧《黄河口守望者》入选第十六届精神文明建设"五个一工程"，剪纸《黄河情》获第十五届中国民间文艺山花奖。推出的《黄河文化通览》《黄河三角洲文化书库》《黄河文化概论》等系列文化读本，深入挖掘阐释黄河文化内涵，全方位、多层次讲好新时代"黄河故事"。

三、思考与启示

一要坚持保护优先，统筹生态保护与文化传承。生态兴则文明兴。黄河国家文化公园（山东段）建设将黄河流域生态保护摆在首要位置，构建"一廊一带四区多点"的建设格局，将园区打造成天然生态廊道，塑造出多样性的文化生态环境。这启示我们，在文化展示空间建设中，要以生态保护为基础，将生态文明的理念融入其中，打造集生态保护和文化传承于一体的生态文化综合体，实现人与自然和谐共生的建设格局。

二要坚持文化引领，擦亮文化"两创"名片。黄河国家文化公园（山东段）深入挖掘黄河文化丰富内涵和历史意义，讲好新时代的黄河故事，打造出一张靓丽的文化名片。这启示我们，建设文化展示空间，要深入挖掘文化资源，加强重要遗址遗迹、非物质文化遗产、历史文化名城名镇名村等的保护研究，塑造文化符号和形象，探索文化故事的新表达，不断传承文化根脉。

三要坚持因地制宜，打造独具特色的文旅品牌。黄河国家文化公园（山东段）统筹山东境内沿黄9市25县（市、区）文旅资源，因地制宜打造沿黄文化体验廊道，充分彰显了各地的文化资源优势。这启示我们，建设文化展示空间，要立足当地的文化资源禀赋，发挥地域文旅资源优势，以精品景区、特色民宿、民俗村落等为支撑，布局建设一批高品质文旅融合项目，打造"鲁"味十足、各具特色的文旅品牌。

搭建展示平台　传承红色基因

——高质量建设沂蒙红色文化传承发展示范区

摘要：临沂市以沂蒙红色文化传承发展示范区建设为抓手推动文化"两创"，深挖沂蒙精神内涵，强化顶层设计，坚持项目化运作，打造数字平台，助推红色文旅融合发展，有力传承了红色基因，赓续了红色血脉。

临沂是革命老区，是沂蒙精神的主要发源地，红色资源富集，红色遗址众多。临沂市充分发挥自身优势，将红色资源与当地特色产业、传统村落、自然风光等资源相结合，积极建设沂蒙红色文化传承发展示范区，有效弘扬了沂蒙精神，发展了红色文化。

一、主要做法

（一）加强顶层设计

坚持整体谋划和重点突破、保护优先和创新发展、统筹协调和共同推进的原则，统筹18个县（市、区）的红色资源、交通路线和项目建设，编制、修订《沂蒙红色文化传承发展示范区总体规划》，发展沂蒙红色文化传承示范区被列入山东省"十四五"规划重点项目。制定示范区建设行动计划，重点打造"一核两轴四片区"，确立"核心区引领、两轴集聚、片区推进"的工作思路。坚持精准定位、目标引领，确立了示范区全国革命老区现代化先行区、中国革命精神践行示范区的定位，以及全国红色文化资源保护利用示范区、沂蒙红色文化研究阐释新高地、全国红色文化旅游融合发展先行区、全国红色文化宣传教育引领区、全国党性教育"领头羊"地位的具体建设目标，为示范区建设找定位、明方向、晰思路。

（二）完善硬件设施

注重任务项目化推动，在沂蒙红色文化传承发展示范区范围内调度重点红色文化项目，对相关项目进行梳理、甄别，建立重点项目清单，共确定36个重点红色文化项目。建立示范区项目台账，重点推进东高庄红色片区、沂蒙革命纪念馆、临沂商城展览馆、红色朱村、文峰山党性教育基地、山东省政府旧址及庄氏庄园等项目改造提升工程，总投资超过100亿元。实施交通网络化推动，制定全市红色文旅道路提升三年规划、红色文旅道路沿线景区提升三年规划，打造重点红色文化项目和

朱村夜景

五条红色旅游精品线路，实施国道、省道建设改造提升工程，规划建设共581.1公里的16条道路，构建以示范区为核心的交通网络。

（三）弘扬沂蒙精神

深挖沂蒙地区史料资源，组织编写《沂蒙革命根据地全史》《山东红色基因图谱（临沂卷）》等图书，开展专项课题研究，近年来300余项"沂蒙精神"相关课题获得立项。增强文艺成果吸引力，参与创作出歌剧《沂蒙山》，沉浸式演出《沂蒙四季·红嫂》等一批红色文艺精品。创新宣传教育形式，组织编写《沂蒙精神教育读本》，免费向全市义务教育阶段中小学生发放。在省内26所高校组织开展了"沂蒙精神百校行"，累计演讲32场，听众达1万多人次。在传承弘扬沂蒙精神中融入时代因子，培树宣传先进典型，组织开展"践行沂蒙精神六个一百""践行沂蒙精神好干部"等评选活动，叫响"沂蒙人就是好"形象品牌。

（四）深化红色文旅融合

着眼线路精品化，加快推进红色文旅、红色研学提档升级，全面打造红色旅游精品线路、红色经典景区，出台推进全市红色教育和文化旅游融合发展的实施意见等，重点打造蒙阴县孟良崮旅游区—沂南县红嫂家乡旅游区、沂水桃棵子村—中共中央山东分局旧址—尹家峪田园综合体—岱崮地貌等5条红色研学精品线路。将"红色文旅+"融入全域旅游建设中，创新打造以红色旅游为主题、"红、绿、古、俗、商、泉"相结合的复合型旅游产品体系，拓展红色旅游新业态。

二、工作成效

（一）推动了红色资源挖掘保护

在红色项目建设方面，36个项目先后开工34个，完成9个，沂蒙红色教育研学综合实践营地建设项目、蛟龙国家级示范性国防教育基地建设项目等一批场馆投入使用。在革命遗址保护方面，实施了抗大一分校旧址、王换于故居、临沂行署旧址等13处革命旧址保护修缮工程，为创建沂蒙红色文化传承发展示范区打下了坚实的基础。在交通线路建设方面，加强了交通干线与沂蒙党性教育现场教学基地核心教学点、红色研学资源点之间的贯通。

（二）增强了沂蒙红色文化影响力

在党性教育方面，依托沂蒙干部学院、中共临沂市委党校、中小学校和各类红色旅游景区景点，推动了红色文化、红色旅游与党性教育、红色培训衔接，2022年12个党性教育现场教学基地承办党性教育培训班129个、培训8832名干部，承接培训班、主题党日活动等2713个，服务71724人次。在红色文旅方面，现有红色旅游精品线路30条、红色经典景区26处、红色旅游特色村30个，红色研学提档升级。在红色品牌方面，"亲情沂蒙 红色临沂"长三角文化旅游推介会、中国临沂"蒙山沂水"红色旅游推介展示会等系列推介活动，有力提升了沂蒙红色之旅的影响力；"沂蒙山""沂蒙红嫂""沂蒙六姐妹""孟良崮"等10多个品牌500余种文化旅游商品和文创产品广受好评，举办中国（临沂）红色文化研学旅行大会，全力叫响了中国红色研学旅行目的地城市品牌。

（三）形成了红色文化数字化新格局

在管理智慧化方面，推出的临沂智慧文旅管理服务平台、临沂智慧文旅综合管理服务系统，以及构建的"一中心两平台"，即智慧文旅大数据中心、智慧文旅大数据服务平台、智慧监管平台，为政府决策和文化旅游产业发展提供了有力的数据支撑和科学依据。在平台数字化方面，从内容数字化、传播移动化和使用便利化三个角度出发，开发推出的沂蒙精神"点"藏云平台，为研究沂蒙精神和希望深入了解沂蒙精神的人士提供了一个获取信息的高效平台。组织开发的"地图上的红色沂蒙"微信小程序，通过现代化新媒体手段，立体化展示沂蒙大地上百年来发生的大事件，有利于讲好生动的沂蒙红色故事。

三、思考与启示

一是激活文化基因为文化传承发展示范区建设注入灵魂。临沂市以传承弘扬沂蒙精神为核心，打造了沂蒙红色文化传承发展示范区，推动红色资源挖掘保护利用。中华优秀传统文化凝聚着中华民族最朴素最深厚的精神追求，红色文化是中华儿女砥砺前行、中华民族走向强起来的精神钙片。建设文化传承发展示范区，要深入挖掘当地特色精神文化财富，提炼展示中华文明的精神标识和文化精髓，突出文化内涵打造文化地标和特色片区。

二是融入时代因子让文化传承发展示范区建设焕发生机。临沂市回应时代和人民群众需求，用新形式、新手段、新技术激活红色基因，让沂蒙精神在新时代绽放勃勃生机。建设文化传承发展示范区，要坚持创新驱动，站在时代高度，结合时代要求注重发掘中华文化的当代价值，为优秀传统文化找到转化发展的表达方式，着力展现中华文化的永久魅力和时代风采，让传统文化融入时代潮流。

三是项目化运作模式使文化传承发展示范区建设有章可循。沂蒙红色文化传承发展示范区以红色项目建设为主导，为红色资源保护利用提供了抓手、搭建了平台。建设文化传承发展示范区，要树立项目化运作思维，通过打造项目矩阵，做到精准定位，强化顶层设计；以项目吸引资金、技术、客户等因素的涌入，实现示范区建设的科学化、市场化、专业化、系统化、规范化，将文化优势转变为发展优势。

打造"乡村好时节" 推进乡村旅游发展

摘要：山东省文化和旅游厅挖掘传统节气节日的文化内涵，以根植于山东民间的大众文化、民俗文化、乡土文化为根基，结合各市区位、气候、民俗特色，适时适地开展乡村旅游主题活动，以节造势，以势聚客，持续促进乡村消费提质升级，打造了"好客山东·乡村好时节"乡村旅游品牌，有力地推动了全省乡村旅游高质量发展。

乡村旅游是推进乡村振兴战略的重要手段。2021年以来，山东省文化和旅游厅在全省范围内聚力打造"乡村好时节"乡村旅游品牌，依托传统二十四节气，策划推出赏花会、露营季、夏至面、乞巧节、伏羊宴、丰收节、冰雪节等一系列各具特色的热点活动，采取一地作为主会场、全省其他场地为分会场的形式同时举办，构建"全年活动不断、各地精彩纷呈"的活动体系，使之成为展示和传播优秀传统文化的重要阵地，满足了人民群众对美好生活的向往。

一、主要做法

（一）深耕人文沃土，讲好乡村故事

围绕传统节气节日主线，挖掘展示山东特色乡村文化旅游资源和

产品，积极探索传统文化资源向乡村旅游产品、线路转化。按照"政府主导、市场运作、社会参与、全民共享"模式，以春分、夏至、立秋、冬至等节气为切入点，紧密结合当地的农事生产、物候变化、民俗活动等特色资源，适时适地开展春赏花、夏休闲、秋采摘、冬养生等主题活动，着力打造"传统节气主题游""特色节会活动游""新兴节日特色游"三大旅游产品。培育出赏花会、露营季、夏至面、乞巧节、伏羊宴等一系列各具特色的热点活动和产品业态，构建涵盖节庆观光、农事体验、科普研学、休闲打卡等乡村旅游全要素的"乡村好时节"品牌体系，生动讲好齐鲁乡村故事。

（二）优化发展布局，共绘乡村好风景

"乡村好时节"围绕乡村振兴、黄河高质量发展、海洋强省等重大战略，以黄河与齐长城为东西向主线，以运河与海岸线为南北向主线，形成"两横两纵"发展网络，创新开拓乡村旅游发展空间。融入"好时""好景""好食""好物"等乡村旅游要素，聚线成面，形成覆盖山东、辐射周边省市的特色乡村旅游IP集聚区、集聚带。以乡村旅游集聚化为目标，建设一村一品、一村一景、一村一韵的魅力村庄。筛选部分拥有特色文化传承、适合持续举办"乡村好时节"活动的乡村旅游目的地，授予"乡村好时节"体验基地称号，目前已培育成立"乡村好时节"体验基地17处。探索设立一批"乡村好时节"体验店，集中展示文化旅游体验产品，常态化开展乡村旅游活动，为游客和村民提供文化旅游新体验。

"乡村好时节"活动游客体验

（三）搭建产品体系，打造乡村好物产

乡村振兴靠产业、产业振兴要出特色。"乡村好时节"聚焦开发差异化乡村旅游产品，研发特色乡村文创产品，鼓励各地积极探索"百村百品"模式，形成了一批具有市场竞争力的"乡村好时节"商品；开办"乡村集市"，推广营销"乡村好时节"特色旅游商品，提高乡村旅游的社会效益和经济效益。2023年开展的"乡村好时节·LET'S购"主题年，以活动带动乡村好物等旅游产品销售，同时，充分融合"黄河大集"这一载体，激发消费潜能，助力产业振兴。

二、工作成效

（一）有效整合乡村文旅资源

"乡村好时节"作为乡村旅游公益品牌，围绕传统节气节日主线，挖掘展示山东各地节气文化、美食文化、非遗手工等地方特色文化资源，将各地特色乡土风貌、优秀传统文化与现代旅游需求有机结合，推动山东特色乡村文化资源转化为旅游产品、体验项目，着力解决乡村旅游产品同质化问题。通过开展乡村旅游主题活动，设计推出了山东赏花地图、吃面地图、赏月地图等一批主题游地图，串联起乡村旅游重点村镇、民宿集聚区等乡村旅游目的地和相关业态，推进乡村旅游全产业链发展，促进乡村消费提质升级。通过打造"好时节+好乡村+好生活"的"三好"品牌，山东为城市居民提供亲近乡土、回归传统、走进自然、休闲游憩的机会，不断满足人民群众日益旺盛的近郊游、自驾游、亲子游等旅游消费新需求。

（二）有效提升文旅品牌影响力

山东省文化和旅游厅将传统节庆与时尚嘉年华相融合，提高活动创意性、互动性、话题性和传播性，实现"在场体验+品牌传播"的双赢，先后吸引数百万游客到"乡村好时节"推荐体验地参与体验活动，有效

推动品牌传播。"乡村好时节"品牌受到光明日报、人民网、新华网、大众日报等近百家媒体报道和社会各界广泛关注，累计发稿1000余篇，点击量突破1000万，

"乡村好时节"文化活动展示

在自媒体平台上视频及话题点击量达1.1亿。先后获第六届博鳌旅游传播论坛"2021文旅好品牌"优质案例、第六届中国文旅IP大会"乡村之光"和2023世界城市品牌大会"长城奖—文旅好品牌"铜奖等荣誉。

（三）有效提振乡村文旅消费

"乡村好时节"以节造势，以势聚客，不断丰富乡村旅游的要素创新和场景体验，凸显乡村好景、好物、好宴、好宿、好活、好艺、好事等"好玩"要素，持续促进乡村"二次消费"供给。2023年上半年，全省共举办"乡村好时节·LET'S购"主题年系列活动300余场，引导各市自行组织乡村旅游活动上千场次，吸引游客3100余万人次，带动产品销售31.4亿元，有效提振乡村消费，促进农民增收。

三、思考与启示

一是乡村旅游发展应强化顶层设计。"规范化"是乡村旅游高质量发展的必由之路。"乡村好时节"成功探索了"政府主导、市场运作、社会参与、全民共享"模式。近年来，山东省文化和旅游厅编制了《山东省乡村旅游发展规划（2021—2025年）》《关于推进乡村旅游高质量发展的实施方案（2023—2025年）》等一系列引领性文件，出台诸多政策措施向"文化体验廊道"重点村倾斜，同时，从资金、用地、人

才、组织领导、市场环境等方面做好支撑保障，有效解决乡村旅游资源松散问题，加速乡村各要素与资源形成强劲聚合力，推动乡村旅游高质量发展。

二是乡村旅游发展应突出地域特色。"差异化"是乡村旅游高质量发展的关键。"乡村好时节"利用山东省乡村四季变化明显、节气节事多元、文化底蕴深厚的优势，营造乡村旅游永不落幕的"流动盛宴"。这启示我们，应将各地特色乡土风貌、优秀传统文化与现代旅游需求有机结合，解决乡村旅游产品同质化问题，推动特色乡村文化资源转化为旅游产品、体验项目。

三是乡村旅游发展应注重产品升级。"精品化"是乡村旅游高质量发展的导向。"乡村好时节"通过开展主题活动升级乡村旅游产品、线路，不断满足游客体验乡土生活、乡愁、乡情的新诉求。这启示我们，要顺应消费需求，持续塑造"新空间、新场景、新体验"，将时尚生活、精致服务与乡村特色农事活动、节庆活动、新兴活动融合起来，培育打造沉浸式耕作、观光、住宿、手工等体验，让乡村旅游"土"得有特色，"精"得有品位。

四是乡村旅游发展应拉长产业链条。"多元化"是乡村旅游高质量发展新动能。产业链条的培育，不仅要做优现有旅游产品，更要拉长链条上的各要素、环节，以活动带动乡村好物、好食、好宿、好艺等旅游产品销售，使乡村旅游成为满足人民群众对美好生活向往的重要载体。

脚步丈量城市魅力　文物诉说青岛故事
——青岛依托老城文物资源打造"云上文化体验"新模式

　　摘要："丈量青岛——走近老建筑"文旅公益行活动是着眼阐释青岛历史文化遗产内涵推出的融媒体线上直播活动。活动以青岛老建筑为核心，通过故事挖掘、实地探访、专家讲述、网络直播、小程序回放等形式，创造性地将历史文化脉络有机串联，打磨了15条文化遗产主题游径直播路线，带领市民网友走近183座不同风格的建筑，累计观看人数达485.86万，为实现文化和旅游深度融合发展蹚出了一条新路。

　　青岛老城，集中体现了海陆文化融汇、古今文化贯通、城乡文化结合、东西文化汇流的鲜明特质。为推动优秀传统文化"两创"，让陈列在城市街道间的遗产"活起来"，青岛市创新打造"丈量

2022"丈量青岛——走近老建筑"文旅公益行专家团和志愿者聘请仪式

青岛——走近老建筑"文旅公益行品牌,用新思路拓宽青岛城市文化传承展示路径,用新模式促进历史文化街区文旅融合,用新手段促进文化遗产公众化和持续性保护与传承,推动了文物主题游径建设实践创新。

一、主要做法

(一)深挖历史资料,打造精品线路

组建专业策划团队,深入梳理青岛老建筑的基本情况,高质量统筹项目策划,实地勘测丈量路线、精心打磨丈量点文案,整合全市档案资源,挖掘1000余张图片、30万余字、60余篇历史资料,为直播提供原始档案资料,解读内容涵盖历史、建筑、文学、军事、天文、气象、地质、海洋、生物、水产、金融等众多学科。联合业内知名专家、顶尖媒体平台团队,协同开展15期直播活动。团队将研究和实践相结合,不断实现内容策划、专家匹配、宣传创新等多维度优化提升。"丈量青岛——走近老建筑"文旅公益行活动以文物

专家和志愿者走近里院

建筑为精髓，深入挖掘和精准打磨丈量点内涵，打造一条条精品文化旅游线路。目前已经打磨出"漫游万国建筑""探访名人故居""寻迹青岛与海洋""融合万方——八大关""走近里院""走近齐长城"等15条精品线路，涵盖万国建筑群、名人故居、滨海名胜风景区、各类文博场馆等众多精品旅游景区，展现了青岛独特的历史风貌和人文魅力。

（二）邀请专家精心讲解，创新线上直播形式

邀请青岛当地的多学科顶级专家、教授和知名文化学者担任"专家导游"，深度讲解青岛的建筑艺术、历史渊源和城市变迁，有效提升文化遗产传播的学术严谨性和权威性。在各位专家的带领和讲解下，采取网络视频直播、同步讲解导览的方式，深度解读中西合璧、多元交汇的近现代建筑群背后的故事，让线上观众跟随摄像机镜头，沉浸式体验"云"游青岛，足不出户就能开启对话历史与建筑的文化之旅，实现传播效应的最大化。

（三）研发配套品牌程序，衍生系列打卡活动

开发"丈量青岛"语音导览小程序，可以随时随地观看各条丈量路线的游览线路及建筑分布情况，直接导航至目标建筑、听语音讲解，利用科技手段提高项目推广力。以丈量路线为基础，配合推出创新性强、参与度高的"文遗悦青岛"系列线下主题打卡活动，串联文物建筑及文博场馆，亲身感受老城的建筑和文化之美。通过实现线上线下同步丈量，真正拉近了文化遗产和大众的距离，塑造了良好的大众口碑，提升了活动的社会效益。

二、工作成效

"丈量青岛——走近老建筑"文旅公益行活动，充分发挥青岛文物资源优势，以解读城市文化根脉为基础、以"云端旅游"为载体，通过

对文物建筑、精品旅游线路的宣传推介，打造了青岛独有的文旅深度融合品牌。

（一）讲好城市故事，提升城市文化形象

"丈量青岛"既是青岛历史城区申报世界文化遗产的特色宣传品牌活动，也是展示历史城区保护更新成果的一扇重要窗口，对文化遗产内涵阐释、旅游资源推介、文化氛围营造起到了积极作用，有效提升了青岛的城市文化形象，助推了新时期文旅融合发展，真正让更多的文物活起来。"丈量青岛"让游客在互动中增长知识，为文化和旅游发展注入了新的活力。

（二）普及文保知识，营造地域文化认同

"丈量青岛"以不同的主题路线，在潜移默化中向公众普及了新时代文物工作方针，传播了建筑修缮技艺、建筑保护利用工程、历史城区保护更新规划等文物保护领域的专业知识，以全新角度展现青岛城市历史，为推动青岛历史城区申遗、青岛文物建筑活化利用等工作奠定了坚实的群众基础。活动自开展以来累计观看人数达485.86万，有效提高了公众对文化遗产的关注度和参与度，也影响带动了更多群众主动认识、自觉保护所在城市中的文物建筑和文化遗产，在了解饱含传统文化底蕴的青岛城市故事中更加坚定了地域文化认同，为坚定文化自信提供了价值引导力、文化凝聚力、精神推动力。

（三）展示文化遗产，赋能社会经济发展

"丈量青岛"直播活动引起了社会广泛关注，中国旅游报、环球网、凤凰网等20余家国家级、省市级媒体对其进行了宣传报道。活动累计推出15条直播路线，对183座建筑、67条风貌保护道路、37处名人故居、7处山体绿地、3个海湾、2条历史文化名街、11片历史文化街区进行了详细讲解。活动宣传了青岛的城市文化形象，展示了青岛的独特魅力。2023年"五一"假期、端午假期和暑假期间，青岛均上榜全国十大热门旅游目的地。进入7月份，青岛日均接待游客超百万人次。

三、思考与启示

"丈量青岛"活动的模式，为同类城市挖掘和利用文化遗产、展现城市形象、提升旅游吸引力提供了可复制、可借鉴的经验，为推动中华优秀传统文化"两创"开辟了崭新的路径。实现了城市文化形象的高质量推介，打造了文物主题游径的"青岛样板"。

第一，深挖历史资源是推动文化"两创"的基础。新时代文物工作方针明确增加了"价值挖掘"这项内容，发掘文物多方面的价值和文化内涵，让其更好地为各项社会事业服务，是让文物"活"起来的前提。强化文化赋能作用，立足城市自身发展历程，深入挖掘独特的城市风貌和丰富的近现代优秀建筑等历史文化遗产资源，将历史、街区、建筑等文化元素与旅游元素融合，打造多条文化遗产主题精品线路，向公众阐释一砖一瓦、一草一木、一楼一路的价值，唤起市民对城市发展的记忆，以丰富的文化遗产资源和优质的文化服务增强群众文化归属感，整体提升城市发展活力。

第二，数字科技应用是推动文化赋能的关键。随着人工智能、大数据、5G等现代信息技术的发展，数字技术成为产业融合创新的新动力，文化和旅游工作也应该紧紧把握数字化发展的新浪潮，加快推动数字化转型。青岛全面树立"互联网+"思维和平台思维，立足群众需求，融合数字科技手段，通过网络直播、线上互动、小程序回放等手段，充分调动公众的兴趣度和参与度，以更加丰富的文化产品、更加便捷的文化服务让更多群众足不出户就能领略青岛的建筑艺术与城市文化，开拓主客共享的文化旅游新型网络空间，有效提升文化遗产传播的公众化和覆盖度。

第三，文旅融合发展是推动文化"两创"的有效路径。坚持"以文塑旅、以旅彰文"，文旅融合是当前地域产业发展的重要形式，既挖掘了地方文化资源，又促进了地方经济社会发展。推进文旅深度融合发展，是提升城市品质、促进老城振兴的重要生力。青岛在城市更新建设中保住遗产、留住文脉，将其中的文化价值有效转化为城市的文化地标，实现文物建筑保护与业态植入的有机融合，积极导入"老建筑＋新消费""原场景＋新体验"等，进而推动"吃、住、游、购、娱"全要素全链条发展，拉动当地旅游消费，重聚老城"烟火气"，不断提升城市形象品质，有力服务经济社会发展。

打开"文化之窗" 探寻"传承密码"

—— 打造全国研学旅游高地的"济宁实践"

　　摘要：济宁市将研学旅行作为彰显传统文化优势、推进文化"两创"落地的重要抓手，深入挖掘儒家文化时代价值，构建多元化、多层次的研学旅游产品体系，培育研学旅行产业集群，建优产品体系创新精品线路，拉长旅游产业链条，努力打造全国研学旅游发展高地，有效提升了城市品牌影响力和城市竞争力。

　　近年来，济宁市以打造国内第一研学旅游品牌为目标，坚持政府主导、市场运作，加快推进研学旅游基地建设、线路设计和产品研发，依托各县（区、市）的区位条件、资源特色和市场需求，打造个性化研学旅游品牌，研学旅游呈现出蓬勃发展的良好态势。

一、经验做法

（一）在做大产业集群上下功夫

　　启动实施研学旅游"十百千"工程，策划开发十大有市场影响力的研学旅游产品，建设提升一百处功能完善的研学旅游基地，培养选拔一千名专兼职研学旅游文化使者。以研学旅行基地为基础，串联周围旅游业态，与全市百家A级景区、17家星级饭店及其他旅游企业不断融合，构成研学旅游全域大格局，形成研学旅游目的地、研学旅游基地、研学旅游主题营地、研学旅游课堂为一体的"1+3"产业链条，"一站式"满足研学旅游行业需求。目前，规模以上研学旅游企业达到80家，集群重点骨干企业有37家。

（二）在建优产品体系上下功夫

深入挖掘儒家文化资源内涵，研发推出习儒拜圣研学游、中华文化寻根研学游、中华成人礼研学游等九大精品旅游线路。依托研学旅游基地，推出"拜圣习儒""走进水浒""礼佛修禅""运河访古"等40余种研学体验课程，其中，"三孔"景区形成"政德、师德、青少年、儒商"四大研学教育品牌和"礼、艺、德"三类研学产品体系。将儒家文化倡导的"六艺"与现代"六育"贯通起来，借助音乐、美术、建筑等表现形式，打造"新六艺"研学旅游系列产品。创新夜间研学，推出大型演出《金声玉振》、烟火灯光秀"尼山圣秀"等夜间沉浸式体验的研学游，将文化转化为可感、可知、可悟的体验产品。

曲阜尼山圣境研学旅行课程

（三）在构建人才支撑上下功夫

积极吸纳省内外旅游、文化、民俗等方面的知名学者，组建济宁旅游智库；充分整合、调动济宁市现有的科研力量，成立研学旅行研究院，为研学旅游发展提供人才保证。扎实做好国家研学旅行指导师职业技能等级评价试点工作，建立规范专业的研学导师队伍，严格指导师资格认证，强化研学旅行导师培训，培养"导游＋导师"复合型研学旅游服务人才。负责组建"教育部家庭教育实验室研学旅行公益讲师团"公益服务机构，为研学旅行常态化、标准化开展提供了一种创新的人才培养模式。

（四）在织密监管网络上下功夫

成立济宁市中小学生研学旅行工作协调小组，在全省率先成立济宁市研学旅行协会，充分发挥政府监管和行业自律双重作用，确保研学旅行健康发展。出台《济宁市研学旅行示范基地规范》，对研学旅行示范基地实行动态管理，两年一次全面复核。建立完善研学旅行导师资格准入机制和评定标准，实行研学旅行课程审查制度，编印全市通用的文化旅游知识读本，统一设计融入爱国主义教育、革命传统教育、文化传承教育等内容的课程。规范研学旅行市场管理，建立投诉信息档案和回访制度，全面提升行前、行中和行后各项服务质量，利用智慧监管技术，实现研学旅行团队的全程、实时、动态监管。

二、工作成效

（一）特色品牌更加响亮

济宁市精品旅游（研学旅游）产业集群入选山东省首批现代优势产业集群、山东省"十强"产业"雁阵形"集群，7家研学旅行企业纳入山东省"十强"产业"雁阵形"集群储备库动态管理，并获得专项奖励资金支持。儒源文化研学基地等4处基地被评为全省传统文化优秀研学基地，"儒学圣源·明礼生活"等课程被评为全省传统文化优秀研学课程，"儒学经典游学之旅"跻身港澳青少年内地游学联盟十大游学精品线路，"尼山圣秀"填补了全省夜间研学旅游项目空白。

（二）宣传营销更加有效

利用2023中国·济宁研学旅行创新发展大会、中国（济宁）国际研学旅游创新发展峰会、中国（济宁）研学旅游国际营销大会等活动，扩大了济宁研学旅行知名度。联合《环球时报》英文版和海外媒体资源、海外社交平台等多个渠道，围绕济宁文化和研学资源等进行报道，累计落地约1000个链接，覆盖60多个国家和地区。在全省率先开通了研学旅行高铁推广专列，推出的"背论语免费游三孔"活动获"中国旅游营销创新大奖"，"游读济宁"百人创作行动播放量达4.3亿人次，增强了济宁研学旅游在青少年中的吸引力。

（三）研学市场更加火爆

研学旅行承载能力不断增强，研学基地接待床位达8980张、教学实训室1090间，从事研学旅行接待的旅行社达140家，研学旅行餐饮、住宿、体验等配套服务产业链日趋完善。近年来，全市累计接待研学游客650万人次，其中，2023年1—5月份接待研学游客达到110万人次。"三孔"景区推出开关城仪式、人生三礼、国学小剧场、雅乐古礼展示、祭孔拜师礼等研学活动120余场，接待研学旅客22.17万人次，相关做法被央视《新闻联播》等媒体特别报道。

三、思考与启示

一是发展研学旅行，要推进产品创新。在深挖本地特色文化资源的基础上进行创新创意，是文化产业发展的核心要素。济宁市深入挖掘儒家文化时代价值，全力打造深受青少年喜爱的研学产品，形成一条具备比较优势的产业链，激发了旅游发展的新动能。发展研学旅游，要立足当地文化资源禀赋，进行创造性转化和创新性发展，打造独具特色的研学旅行品牌。要按照"研学旅行+"模式，推动研学旅行与历史文化体验、民俗体验、科普知识体验、工农业体验、传统手工艺体验相结合，丰富研学旅行产品内容，增加研学旅行产品的参与性、特色性、趣味性、教育性。

二是发展研学旅行，要坚持产业集聚。构建竞争优势明显、发展强劲有韧性的产业链体系，是研学旅行产业做大做强的根本所在。济宁市实施研学旅行"十百千"工程，构建研学旅行全域大格局，形成产业集聚效应，初步打造形成研学旅行高地。做强研学产业集群，要在科学规划的基础上，培育壮大研学旅行龙头企业，由点连线带面，发挥其产业辐射、行业示范和品牌营销的龙头作用。要加强研学旅行产业集群综合配套服务，上下游资源进行有机整合，实现各个环节的渗透与融合，形成研学旅行全产业链条。

三是发展研学旅行，要坚持严格监管。坚持标准引领，强化行业监管，是研学旅行健康发展的重要保障。济宁市从研学基地、研学课程、导师聘用、市场管理等方面，织密监管网络，保障了研学旅行市场的健康发展。这启示我们，要把研学旅行监管摆上重要位置，建立严格、科学的研学旅行市场准入机制、全程管控机制、风险预警机制，优化研学资质、导师队伍、课程研发、餐饮住宿、交通保障和保险等方面的具体监管办法，确保研学旅行高水平、高质量发展。

以路为媒促文旅融合　串珠成链绘新的蓝图

——威海千里山海自驾旅游公路的创新经验

摘要：威海市立足资源优势和市场需求，高标准打造千里山海自驾旅游公路这一文化体验廊道，充分挖掘整合沿线海洋文化、海权文化、民俗文化、乡村文化、红色文化资源，积极培育文旅消费新载体，推进国际滨海休闲度假旅游目的地城市建设，构筑"全域＋全时"的文旅融合新格局，在文化展示空间建设上进行了新探索。

一、主要做法

（一）盘活全市文旅资源，串联山海文化廊道

千里山海自驾旅游公路以一条总长度为1001公里的全域山海景观环道，串联起威海市90%以上的核心文旅度假资源，将威海全市变成一个没有边界的大景区。在景区建设中融入文化因子，充分挖掘沿线海洋文化、海权文化、民俗文化、乡村文化、红色文化资源，依托周边百余个田园综合体、休闲采摘园、农家乐、渔家乐，搭建自驾游与乡村振兴、海洋休闲、夜间经济等多领域融合发展的"自驾游＋"平台，形成贯穿威海全域的山海文化体验廊道。

（二）整合乡村文旅资源，助力乡村振兴发展

威海市将千里山海自驾旅游公路与观光旅游农业有机结合，制定《威海市千里山海乡村振兴路发展规划》，盘活沿线休闲基地、美丽乡村、红色旅游点等乡村资源，规划设计了11条精品采摘观光线路，串联起特色小镇、美丽乡村、特色村、产业园和家庭农场等100个网红打卡地，覆盖全市一半以上的镇街。打造农民丰收节系列品牌，更创造性举办"畅游山海·寻梦田园"——威海市农民丰收节等系列文化旅游节，打造集节日庆典、文艺汇演、特产销售、休闲采摘、红色文化游、自然生态游等于一体的沉浸式体验盛典，让更多乡村文化旅游资源借助千里山海自驾公路得以串联，实现"产业串联、山海互动、城乡融合"一体化发展，为全面实施乡村振兴战略、促进乡村文旅深度融合注入强劲动能。

（三）打响文旅品牌，做强特色旅游目的地

以千里山海自驾旅游公路为载体，以品牌活动为引领，打造全时度假系列产品，升级旅游业态，创新目的地营销新模式，满足市民和游客休闲度假新需求。聚焦"全域+全时"，实施目的地品牌战略，量身打造自驾路专属的品牌形象、品牌产品和品牌服务三大体系，不断打造"爱在威海"四季文旅品牌，丰富滨海度假产品的供给；发挥主城区辐射带动作用，放大品牌外溢效应，推出"吃住文登·嗨游威海""趣威海 过夏天"系列旅游活动等。拓宽文旅融合新路径，加快旅游公路公共文旅设施建设布点，在各级各类文化场馆中融入旅游公共服务功能，推动优质文化资源惠民育民更亲民，打造公共文化服务新空间。

（四）延长游览链条，构筑"海陆联动"新模式

突出千里海岸线与千里山海自驾旅游公路两大优势，实施"双千工程"，创新推动海上休闲与陆上自驾有机结合，开通海上看威海"跳岛游""环岛游"和陆上看威海"自在威海旅游直通车"专线，将刘公

刘公岛远景

岛、鸡鸣岛、海驴岛等岛屿资源与小五队·抱海驿站、那香海·英伦风情驿站等自驾资源有机串联，打造海陆相连、陆海统筹的休闲度假旅游产品体系，让游客以"快旅慢游"的方式解锁威海旅游新玩法。

二、工作成效

（一）打造展示新空间

依托全市自然生态资源和文化资源，加强城市规划科学布局，连点成线、串珠成链，在千里山海自驾旅游公路沿线成功布局了4个滑雪场、9处天然温泉、17个特色小镇、15个国家级海洋牧场、60个美丽乡村以及80个乡村振兴样板区、194处精品民宿、197处产业园、66处公共文化服务设施、8个非遗旅游体验基地等，串联起全市90%以上的核心旅游资源，覆盖4个区市、46个街镇、400个乡村，实现了威海全域全周期、无淡季的文旅资源"四季融合"，打造文旅展示新空间。

（二）形成发展新样板

打造具有示范带动效应的旅游公路样板工程，形成了一套可复制、可推广的旅游公路建设的威海模式、威海标准、威海经验，并在全省推广。在全国首创非高速旅游公路标准化运营模式，积极融入国道G228交旅融合建设项目，打造自驾旅游公路建设提升的新样板，荣获山东省文化创新奖，千里山海自驾旅游公路入选文化和旅游部《地方交流》典型案例，获评2023年"最受欢迎精品自驾游线路"，多次登上央视《新闻联播》《晚间新闻》等权威栏目，人民网、新华网、央视网等权威媒体对其进行深度报道，千里山海自驾旅游公路成为全国文化和旅游市场的"现象级"事件。

（三）推出文旅新名片

系列文旅IP借助千里山海自驾旅游公路得以推广，"爱在威海"四季文旅品牌产品的开发成为威海市文旅融合新名片。暑期旺季，围绕赶海、吃海、玩海等特色体验资源形成了"碧海沙滩、牧海耕渔、浪漫海岛、不夜海岸、海景美宿、时尚购物"六大主题，"蓝色热恋 激情威海"精品旅游攻略和100多个打卡点，掀起暑期旅游热潮；冬日淡季，"天鹅"IP、"表白圣地 情暖威海"等系列主题产品，突出了"观天鹅、泡温泉、赏雪景、品海鲜、住渔家"等十大特色体验活动，有效激活冬季旅游新消费。2023年"五一"期间，以"千里山海"品牌为引领，持续打造火炬八街、猫头山以及半月湾看日出、小石岛看日落等热门旅游IP，每天吸引近万人参与，掀起"畅游威海"的热潮。

（四）带动城市新流量

经过几年的沉淀、打造和营销，威海千里山海自驾旅游公路有效带动了威海旅游市场强势复苏，成为国内最热门的旅游目的地城市之一。2023年"五一"期间，在线旅游出行人次同比上涨1705.16%，日均游客接待规模同比增速641.2%，文旅消费规模位居全省第一。威海千里山海自驾旅游公路和新疆的独库公路、318川藏线、青甘大环线等线路共同入选2023年全国热门自驾旅游公路,威海市在2023年人气最高的自驾游城市中排名第三。

三、思考与启示

一要深挖文化资源,走特色品牌化发展之路。文化是城市的灵魂,塑造了一个城市的性格。威海市盘活千里山海自驾旅游公路周边文化资源,在城市特点、群众关注焦点、发展热点上深耕细作,以系列文旅融合IP打造城市文化名片,塑造了独具特色的城市品牌。这启示我们,要深挖城市的文化资源,打造优势明显的品牌卖点,挖掘城市特有文化符号,擦亮特色文化记忆品牌,做好城市品牌的宣传推介,扩大品牌的辐射力,让品牌为城市发展赋能,以此引领城市的全面发展。

二要加强规划设计,走创新发展之路。威海市不断创新旅游产品供给侧,挖需求、巧设计,立足城市独特的优质资源,以千里山海自驾旅游公路为媒介,串联全域文旅资源,打造符合人民群众精神文化需求的景点和路线,以文旅融合撬动全市发展。这启示我们,在文化资源利用、文化景观打造、文化空间展示等方面要注重规划设计,密切关注时代新动向、群众新需求,不断激活发展新动能,构建发展新格局。

三要构建"文化+"模式,走多领域融合发展之路。威海市在推动文化"两创"过程中,以千里山海自驾旅游公路为载体,一体推进城市区域规划、民生项目建设、乡村振兴与文化建设,构建起多领域发展格局。这启示我们,要充分发挥深厚文化底蕴的辐射带动作用,探索文化活态传承新模式,创新传统文化的表达形式,构建"文化+旅游""文化+节庆""文化+科技""文化+产业"等多种模式,将文化植入社会发展的各个方面,把区域的文化优势转化为发展优势。

探寻孔子文化　助力文化传承
——孔子博物馆"孔子密码"主题研学项目

摘要：孔子博物馆作为国家一级博物馆，立足"儒家文化传承发展、儒家文化转化落地"的目标，充分运用博物馆、学校、社会等资源，探索培育"孔子密码"主题研学品牌，构建现场、巡展、基地、云端等多位一体研学服务矩阵，探索出一条具有鲜明特色的博物馆主题研学之路，激发广大群众特别是青少年对孔子文化的了解和热爱。

孔子博物馆扎实推动中华优秀传统文化"两创"，发挥自身独特优势打造"孔子密码"主题研学品牌，打造核心课程，创新体验形式，打造创新平台，受到广大大中小学生的追捧和喜爱。

一、做优内容　打造精品

"孔子密码"主题研学课程立足曲阜丰富的历史文化遗产，尤其是常设展览"大哉孔子""孔府旧藏文物珍品展"等，精研文物内涵和展览内容，凝练出孔子密码、溯源曲阜、食礼和德、衣冠载道四大特色主题课程，让广大青少年了解孔子的生平及思想，感受中国明代服饰文化，体味传统饮食文化，感知千年历史文化发展脉络，系统认识孔

孔子博物馆——"大哉孔子"常设展

子及其所代表的儒家思想。研学以多学科交叉阐释为基础，以问题为导向制作学习任务单，创新开展观察访问、探究体验、动手实践等活动，课程内容优质，服务形式丰富，能够引导学生深入探寻孔子文化的精神内核。

二、原创手作 沉浸体验

为配合研学各个主题的深度解读，提取馆藏特色元素，开发《孔子圣迹图》胶片投影仪、"衣冠载道"孔府旧藏明制汉服研学手作，在体验中华传统文化技艺的同时，感受现代先进技术的运用，实现传统和创新的融合。现场体验"食礼和德"孔府点心制作，坚持工艺繁复的传统技法，将静态展示转换为动态互动体验，提升观察审美、协调合作、动手实践的能力。将"侯母"铭夔纹螭耳铜壶、镶金银质猿形带钩、圆雕黄玉马等文物的纹样进行自由组合，制作"'溯源曲阜'文物DIY创意灯"，形成独一无二的动手实践型文创作品，点亮大众对传统文化的热爱之灯，让千年文化在现代科技与使用者创意的赋能下全新闪耀。

三、创新形式 多元实践

"孔子密码"研学课程以广大青少年及亲子家庭为主要服务对象，充分利用博物馆展厅、公共服务空间等场域，引导大家通过展厅探究、提设问题、小组讨论、动手实践等系列

"孔子密码"研学主题探索展

环节，完成研学目标。根据学生和学校的教育特点，将"孔子密码"系列研学课程与义务教育阶段国家课程标准相融合，衔接语文、美术、历史、自然、品德与生活等学校课程，开展敬师礼、开笔礼、儒学知识讲座、传统文化体验等趣味性和互动性强的入校活动，不断提升博物馆服务本地中小学的社会功能。创新展教融合的新模式，策划"孔子密码"研学主题探索展巡展，通过"孔子的一生""孔子的思想""《论语》的故事"带领观众走近孔子、对话先师。

四、数字赋能 深化服务

为了让更多青少年参与研学活动，孔子博物馆上线云端"孔子密码"，在全国选取重点城市的知名学校共建"孔子课堂示范基地"，依托云课堂为合作学校提供直播或录播研学课程，让青少年透过屏幕走进博物馆，沉浸式体验课程内容。目前，"孔子课堂"已在香港、上海、成都、泉州4城6所学校建立示范基地，以"孔子密码"为核心课程，服务学生近2万人；同时，根据不同地域、不同学段学生的心理特点，有针对性地定制个性化课程内容，精准服务学生的不同需求，促进其均衡发展。比

如，为青海省玉树藏族自治州杂多县第二民族完全小学定制开发"孔子密码"之"孔子的故事"系列国学课程，将儒家文化的种子传播到黄河源头。

五、思考与启示

历经两千多年的风风雨雨，孔子的思想依然是中华民族丰厚的精神滋养，我们要以高度的历史自觉，充分发挥博物馆的资源优势，不断加强跨界合作，创新博物馆研学模式，开发创新研学项目和产品，更好地服务大众，弘扬中华优秀传统文化，讲好中国故事。

一是主题研学要挖掘传统文化特色，打造专业核心课程。博物馆研学项目质量的关键在于挖掘自身特色，打造核心课程。要在坚持正确价值取向的前提下，深入挖掘中华优秀传统文化的特色，把课程作为核心竞争力，依托自身特有的历史文化资源优势，结合时代特点创新表达形式，深耕精品课程创作，以优质的研学内容，打造中华优秀传统文化传播新优势。

二是主题研学要聚焦学生需求导向，激发传统文化活力。研学面对的服务对象是青少年，只有准确把握青少年的特点和需求，才能受到青少年的喜爱，发挥出应有的作用。在开展研学活动时，要突出青少年主体地位，聚焦青少年实际需求，以标准化内容为基础，根据不同青少年的不同特点定制针对性课程内容，让他们在实践活动中领略中国优秀传统文化的浩瀚与奇妙。

三是主题研学要盘活多方优质资源，发展壮大研学产业。孔子博物馆充分发挥社会教育功能，不断加强跨界合作，开发创新研学项目，做优做强文化产品服务，产生良好的社会效益。这启示我们，要运用系统思维发展研学产业，紧扣文化"两创"工作要求，结合当地的历史文化资源禀赋，激活整合多方力量，提供更多个性化、专业化产品和服务，以更新颖的表现形式让中华优秀传统文化走进青年学生。

打造文化IP"猊宝宝"
提升城市品牌影响力
——青州市探索传统文化传承发展新路径

　　摘要：青州市立足丰沃的历史文脉资源优势，深入挖掘传统文化时代价值，以青州独有的瑞兽"猊"为原型，通过对传统文化符号的提炼加工，创新推出城市IP"猊宝宝"，助力文旅产业提档升级，全面激活城市文化内核，有效推动了优秀传统文化的创造性转化和创新性发展。

　　《诗经》记载，青州西北"猊山"上有"猊兽"，青州人将"猊兽"认定为能力超群、转运祈福的瑞兽之首，在民间具有广泛的文化共识。近年来，青州市深入挖掘研究"猊兽"的历史价值，探索其在时代发展中的积极运用，充分发挥其在推动文化供给"质量变革"中的重要作用，不断为经济社会高质量发展注入新的动力活力。

一、主要做法

（一）以建立机制为先导，筑牢"猊宝宝"IP发展根基

　　组建工作专班，建立部门联动责任制，按照"聚人才、建队伍、深挖掘、出成果、重转化"五步走战略，制定"猊宝宝"IP发展规划，

每月召开专题调度会议,形成齐抓共管的工作格局。紧抓"山东手造"工程机遇,坚持"政府主导、校企联动、全民参与"原则,组织社会力量广泛参与,加强与潍坊数字文创院、潍坊工程职业学院、拓远文化集团的战略合作,成立"猷宝宝"文创人才团队,锻造一支50余人的核心人才队伍,为"猷宝宝"形象开发与数字化加工提供人才智力支撑。

(二)以深挖历史为基础,充实"猷宝宝"IP文化内涵

紧紧围绕淄潍文化片区历史文化挖掘传承保护,持续深化"猷文化"理论研究,邀请高校专家学者和本地文博、文旅、文史等人才,成立以研究"猷文化"为主的青齐文化研究会,举办专家讲坛30余场,不断深挖充实"猷"的历史支撑与文化内涵。赴南京、西安、济南、淄博等多地调研,召开"猷"文化理论研讨会,推出《猷文化新探》《青风齐韵 自在邵庄》等一批有价值的学术成果。围绕"创新、创造、创业"主题,召开"猷"文化城市IP发展大会,积极转化理论研究成果,让"猷宝宝"城市IP融入城市发展的方方面面,着力实现传统文化价值向社会公益价值、经济价值、学术价值的全方位转化。

(三)以实践活动为抓手,增强"猷宝宝"IP赋能水平

以创建"志愿者之城"为契机,将"猷宝宝"IP形象作为志愿者大使,积极参与社会救助、安全宣传、文明倡导等各类志愿服务实践活动,在全社会传递正能量、传播新风尚,"猷宝宝"作为城市"代言人"的形象日益深入人心。积极响应国家"中华文化走出去"战略,以"猷宝宝"为旅游主体,参与"行走百年胶济·高铁环游齐鲁""好客山东 好品山东"等活动,策划"畅游青州"系列特色文旅活动,推介青州文旅资源,讲好山东故事青州篇章。

(四)以文化富民为主线,激活"猷宝宝"IP文创产业

积极引导拓远文化集团、海岱文旅集团等企业向手造产业和数字文化产业进军,结合自身优势和市场需求,开发兼具现代审美与实用功

能的"猫宝宝"创意产品，推动"猫宝宝"文化创意产品进高速公路服务区、进景区、进酒店、进商超、进非遗工坊。激活"猫宝宝"数字动能，设计发布"猫宝宝"系列动态表情包、民俗节日海报、旅游LOGO等，搭建"猫宝宝"3D形象和虚拟人、虚拟直播间，探索当代传统文化艺术产品的"数字"发展模式。

二、工作成效

（一）创意创作助力文化传承发展

"猫宝宝"城市IP项目先后获得第四届"泰山设计杯"山东手造创新设计大赛优秀奖，"弘扬优秀传统文化、建设共有精神家园"主题文创作品征集活动优秀奖，山东省第九届大学生科技创新大赛一等奖。"猫宝宝"文创盲盒成为第四十届潍坊国际风筝会签约盲盒，入选潍坊市十佳旅游特色产品第一名。组织举办"猫宝宝"杯文艺精品创作大赛，面向社会征集文学、美术、书法、摄影等六大类文艺原创作品2600余件，部分优秀作品在新媒体平台进行刊播。创作歌曲《我还是个宝宝》和动画版MV，在QQ音乐、酷狗音乐等平台上线，被广泛传唱。

（二）公益形象助力社会文明进步

"猫宝宝"憨态可掬的形象深受群众喜爱，作为文化旅游、法治教育、安全教育等各类公益活动的宣传员和讲解员，已参与志愿服务活动260余次。推出节日、节气、职业等公益宣传海报126期，特色贴纸30余版次，制作《猫宝宝说安全》《猫宝宝防疫小课堂》《猫宝宝讲传统文化》等系列动画视频50余件，在全市15个新媒体账号广泛传播。成立"猫宝宝"街舞团、篮球团、酷跑团、朗诵团等十大文体队伍，积极活跃在全市文体舞台，将优秀传统文化融入群众喜闻乐见的文体节目，极大提升城乡文明水平。

（三）文旅融合助推经济繁荣发展

"猫宝宝"系列文创产品已设计推出青韵礼盒、毛绒玩具、手办公

青州市"猛宝宝"城市IP部分文创产品展示

仔等48个品种，在全市各景区、星级酒店、大型商超、火车站等设立展销区15处，布置文创亭2个，调配流动文创车6辆，并开通淘宝、抖音等线上店铺，已成为市民游客争相购买的"爆款"产品，累计销售额突破2000万元。将"猛宝宝"与露营旅游、"山东手造"文化创意市集、美食汇等紧密结合，先后组织相伴游古城、云游邵庄流苏林等线上线下活动60余次，有力拉动了文旅产业提档升级。

（四）文化推广助推城市品牌宣传

召开"猛宝宝"城市IP新闻发布会，人民日报、学习强国、人民网、新华网等主流媒体先后对其进行相关报道20余次，大众日报、山东新闻等省内媒体转发点赞120余次，全网阅览人次达8430余万次。开展"猛宝宝世界之旅·漂洋过海来看你"，邀请海外留学生、华人华侨、外国友人等与"猛宝宝"打卡合影、一起学汉字。"猛宝宝"系列文创产品作为纪念潍坊市与德国弗莱辛地区缔结友好城市的礼物，赠予德国友人，玩具、手办等十余种产品销往俄罗斯、美国、韩国、澳大利亚、巴基斯坦等十几个国家，成为弘扬中华优秀传统文化的一扇窗口。

三、思考与启示

跨越时空的古老瑞兽"猊"，在历经千年洗礼后重新焕发新的生机，让青州古朴、厚重的城市形象在年轻一代心目中显得萌态十足、亲和力十足，为我们做好新时代文化"两创"提供了几点有益启示。

第一，整体筹划、深入挖掘是基础。文化建设是一项持久复杂的系统工程，需要政府引导、高位谋划、整体推进。青州市聚焦文化IP打造，深挖本地特色"猊"文化资源，以构建"左右联动、上下共管"的文化发展格局为统领，以"院、校、企"联动的人才建设模式为牵引，为打造特色文化IP夯实了坚实基础。只有立足地域文化特色，深入挖掘地域文化内核，构建支撑文化建设的基本体系，才能打造提炼出最具代表性的文化标识，形成具有广泛传播力和认可度的地域文化品牌IP，带动提升地方文化品牌的影响力。

第二，守正创新、契合时代是根本。文化"两创"的重点是"创"，是中华优秀传统文化在新时代重获新生、重现光彩的过程。青州瑞兽"猊"从古文献书籍中脱颖而出，历经千年再次焕发生机，体现的是中国优秀传统文化符号在当代的活化利用，是把古老文化的内涵价值融入时代应用场景中，让"猊文化"这座"富矿"从抽象变得具体、从静态变得鲜活。做好传统文化"两创"文章，唯有坚持守正创新，在注重总结提炼传统文化丰厚内涵的同时，不断结合新的时代条件赋予其新的表现形式，拉近传统与现代的距离，才能真正实现传统文化价值的现代转向。

第三，以民为本、贴近生活是关键。当前，丰富的精神文化生活已经成为衡量人民幸福指数的重要尺度和提高人民生活质量的关键因素，而厚重的传统文化只有与时俱进，"轻盈"融入大众生活，用接地气、有温度的表达，才能让更多的群众感悟其中魅力。一件件"猊宝宝"文创产品,在古朴稚拙中透出潮流感、反差萌,又以宣传员、导游员、服务员和志愿者的身份融入人们日常生活的方方面面,广受群众喜爱和欢迎,探索出一条文化"两创"破圈出彩的实践路径。只有精准捕捉群众精神文化需求,用贴近生活、贴近大众的方式,让更多中华优秀传统文化可观赏、可感受、可体验,才能把传统文化的"现代故事"讲好、讲活、讲出彩。

悠悠黄河故道　青青陌上古桑

—— 夏津县多措并举保护利用古桑树群

摘要：近年来，夏津县紧扣黄河流域生态保护和高质量发展战略要求，依托古桑树群资源这一山东省唯一的"全球重要农业文化遗产"（GIAHS），在有效保护的基础上持续发挥农文旅多元融合发展的特色，搭好发展框架、推进三产融合、擦亮特色品牌，开拓农业文明动态传承的新途径、新方法，打造了新时代以农耕文化"两创"助推乡村振兴的新标杆。

青青陌上桑，沃若泛碧光。夏津黄河故道古桑树群地处黄河改道后的沙河地，是当地先民为平抑风沙保卫家园、以农业生产的方式解决经济社会问题而栽植并传承至今的农业文化遗产。近年来，夏津县立足12.8万亩的黄河故道森林公园、6000多亩的古桑树群这一全球重要农业文

2018年4月，夏津黄河故道古桑树群被联合国粮农组织评为"全球重要农业文化遗产"

化遗产，挖掘继承遗产地独特的历史记忆、人文精神和民风民俗，倡树天人合一的生活状态、人与自然和谐共生的发展理念，多措并举践行文化"两创"，推动了文化与经济社会发展的互促并进。

一、主要做法

（一）顶层设计，搭好发展框架

建立高层次科研指导平台。成立黄河故道古桑树群保护与发展工作领导小组，制定《夏津黄河故道古桑树群农业文化遗产保护与发展规划》。深化与中国科学院、西南大学、山东农业大学等机构的全面合作，筹建夏津桑黄研究院、黄河故道院士工作中心，依托高层次专家团队力量指导古桑树群的生态保护工作。

搭建产学研协同平台。加强多学科协同合作，与农业农村部功能食品重点实验室共建古桑研究院项目，与中国中医科学院中药研究所中药安全评价中心、屠呦呦团队合作打造桑产业孵化基地项目，并纳入省新

夏津黄河故道古桑树群

旧动能转换重大项目库。建设桑产业研究发展中心、桑产业综合示范旅游园区，促进蚕桑基因技术研究、多形式产品研发和多元化产业发展，为桑产业和桑文化产业进一步发展提供强有力的智力支撑与科技服务。

健全生态补偿机制。政府引导扶持与百姓自主参与相结合，对遗产地2万余株百年以上的古桑树全面设立档案，签订管护责任书，为相关农户发放古树补助。引导党支部领办创办合作社，创造性提出景区与百姓共建共享的旅游发展模式，鼓励群众以桑树入股等形式分享旅游门票收入、产值收入。以开办农家乐、采摘园等多种方式共享旅游经济红利，为当地提供直接就业岗位1000多个。切实提高桑农参与古桑树保护的积极性、主动性，实现了农民增收与古桑树群农业文化遗产保护的有机统一。

（二）三产融合，体现多元价值

延伸产业链条，打造现代农业新样板。做活桑产业，创新利用桑枝、桑皮、桑根、桑黄等桑树资源，开发出桑茶、紫酒、果干、饮品、桑黄制品等五大系列200余种产品，有效延展产业链。规划打造果桑大健康、黄河农桑文化遗产保护与开发、生态健康养生系列版块，推进桑产业项目集群发展、规模发展。倡导综合经营和循环利用，推广桑园间作套种、养殖畜禽等成功经验，实现桑园产值与桑农收益的进一步提升。

做好"农业+"文章，深化农文旅融合。以农业文化遗产为抓手，大力实施"农业+文化""农业+旅游"战略。依托古桑资源，精准招商引资，"以树为媒、以果传韵、以节招商"，举办梨花节、椹果生态文化节、中国夏津椹果诗歌（散文）节等系列活动，积极宣传推介夏津特色产业。

深耕本地特色资源，释放文化效能。结合本地文化传承与地缘传说，在美丽乡村建设中厚植文化元素。夏津县先后建成颐寿小镇西闫庙村、蘑菇小镇南双庙村、古桑文化村落前屯村等特色村落，建设古桑文化推广中心、古桑博物馆、古桑农耕文化展示馆，重建杏坞书院，打造朱国祥纪念馆，深入挖掘、生动展示本地优秀传统文化、农耕文化、农桑文化。

（三）打造品牌，提升知名度影响力

旅游品牌对外引领。以农文旅深度融合为支撑，夏津黄河故道森林公园先后被评为国际生态安全旅游示范基地、国家级水利风景区、国家级森林公园、全国休闲农业与乡村旅游示范点等，入选"黄河文明"国家旅游线路，打响了"游黄河故道，品千年椹果"的生态旅游品牌与"生态夏津"的乡村旅游品牌。

农业品牌锚定效益。依托"全球重要农业文化遗产"的金字招牌，打造"夏津椹好"农产品区域公用品牌，合力进军大健康产业。夏津桑黄通过地理标志保护产品认证；夏津椹果通过农产品地理标志认证，获评国家地理标志性商标、省级知名农产品区域公用品牌。夏津县走出了一条独具特色的"绿色化、优质化、品牌化、产业化"的农业品牌建设道路。

文化品牌彰显特色。夏津县先后承办第三届联合国粮农组织"南南合作"框架下全球重要农业文化遗产高级别培训班、第四届全球重要农业文化遗产（中国）工作交流会、以全球重要农业文化遗产保护与发展促进乡村振兴国际研讨会等世界性高层次论坛，在世界舞台讲述中国农业文明故事。对生态旅游区内的古村落、古建筑进行修复，因地制宜着力发展休闲农庄等"庭院经济"，打造"一街一特色、一路一景观"的古桑文化村，树立起"世界遗产地、千年古桑林"的特色文化品牌定位。

二、工作成效

作为活态的农业文化遗产，黄河故道古桑树群是由社会、经济、文化、生态系统有机结合的复合系统。文化孕育诞生于本地独特的自然生

态与社会人文交融的环境之中，当代文化"两创"实现了对生态保护、社会经济发展等多维度的反哺共促。

在生态效益方面，遗产地古桑树群曾由清末的8万亩锐减至6000亩，如今通过农文旅融合的长年努力，桑树种植面积已经增加至33450亩。传承先民"以桑治沙"的智慧，当地摸索出了针对起伏沙地、平沙地、沙坡、风蚀性耕地等不同土地状态，林中、林下适宜耕作和林下不适宜耕作等不同区域互补的有效治理措施，这是我国以精耕细作和生态循环为特征的农耕文明智慧的当代活化、活用。人与自然和谐共生，进一步唤起了当地居民的生态保护意识，促进了黄河故道沙地的可持续发展，起到了维护并增强生态系统功能和生物多样性的重要作用。

在经济效益方面，目前夏津已拥有桑产业企业30家、椹果深加工企业20余家、农民专业合作社及加工作坊60余家，全县年加工椹果2万吨、桑叶1000吨、桑黄500公斤，从业人员3.5万人，桑产业综合开发年产值达10亿元。夏津农业观光、农耕体验、休闲采摘、养生度假等成为旅游新风向标，生态旅游区年接待游客突破260万人次。历年来各类旅游综合收入持续增长，带动食、宿、行、游、购、娱等相关环节产业不断增值。黄河故道森林公园、德百温泉度假村获评国家AAAA级旅游景区。夏津"以桑塑城"，农业文旅产业成为夏津县经济发展的重要产业，实现了遗产价值与人民群众收益的有机结合、良性互动。

在文化效益方面，弘扬黄河故道文化与农桑文化，切实增强了本地群众对于农业文化遗产的自豪感、认同感、归属感，用文化的感召力留住了更多乡亲，守住了文化根脉。一批相关村规民约、节庆习俗的故事、戏曲等文艺作品潜移默化地影响着社会大众，在营造乡风文明、实现乡村高效治理等方面发挥了不可替代的作用。依靠农文旅互促、三产融合的具有新时代特色的新形式，继续以实际行动讲述黄河故道文化与农桑文化的时代故事，传承发展了以农耕文明为底色和特色的中华优秀传统文化。

三、思考与启示

在新时代新形势下如何创新保护和利用好农业文化遗产，传承好中华民族农业文明宝贵资源，夏津黄河故道古桑树群的实践提供了重要经验与启示。

一要深入认识，严格保护。农业文化遗产作为一种"活"的遗产，与遗址类、建筑类遗产不同，是与其所处环境始终共存、协同演进而实现传承的，至今依然在本地农业生产、生态环境中发挥着关键作用。夏津充分认识并始终立足于古桑树群农业文化遗产的独特性，始终将保护摆在首要位置，立足遗产"活"的特点，做好相关保护工作，与环境变化赛跑、与时间赛跑，真正实现了农业文化遗产在当代人手中的"生生不息"。

二要创新转化，合理利用。从"养蚕缫丝"到"绵、棉并重"再到"以棉为主"，从"以桑治沙"的"叶用桑"到"果用桑"再到桑产业的全产业链条，夏津县在利用前人经验的基础上持续探索新路，充分开掘了以"桑"为中心的农业文化遗产的当代社会经济价值与文化价值，如今更实现了"以桑塑城"的三产融合多元发展。未来，夏津县将进一步着力挖掘文化遗产之"文"的当代价值，透过影视作品、科普教育、节庆活动、主题公园等形式使得农业文化遗产中的文化精神内化于心，更好实现农业文化在当代社会的创造性转化和创新性发展。

三要活态传承，大力弘扬。黄河故道古桑树群作为山东唯一的"全球重要农业文化遗产"（GIAHS），蕴含着的精耕细作、生态循环、天人合一、民胞物与、情系桑梓、黄河文化等无数与中华民族精神相连通的农业文明智慧与要素，不仅是克服西方现代化道路弊病的良药，而且将持续为中国式现代化道路贡献智慧与力量。在夏津县，保护生态文明已不是简单的口头倡议。从建立健全生态补偿机制到三产融合、农文旅融合，生态的改善与经济的改善形成了良性循环，生态文明建设融入经济社会发展的全过程，生态保护真正成为经济发展的一部分、公共生活的一部分、人民群众关于故乡记忆的一部分。生态保护理念的内化于心与外化于行互相促进，成为最生动的中国式的生态文明建设样板。

厚植文旅新优势　打造发展新引擎
——推动文化"两创"的齐河实践

摘要：齐河县以建设"享誉全国文旅强县"为目标，在文旅融合发展上培育新业态、培植新产品、打造新样板、探索新机制，把资源优势、区位优势转化为产业优势、发展优势，实现文化和旅游资源共享、双向赋能，助力中华优秀传统文化创造性转化、创新性发展。

齐河县抢抓黄河流域生态保护和高质量发展、省会经济圈一体化发展等重大战略，深入挖掘放大地域文化特色，推动文化传承和经济发展一体联动，走出一条"政府主导、社会参与、群众受益"的文化"两创"道路。

一、主要做法

（一）"龙头引领+全域联动"，培育发展新业态

以黄河国际生态城建设为"龙头"，聚力打造黄河文化博物馆群、中国驿·泉城中华饮食文化小镇、大卫创意产业园、黄河水街等20多个总投资近千亿元的文旅产业集群，产业基础逐渐夯实，形成覆盖全域的文旅特色生态圈和发展新业态。聚焦"文旅+研学"，活化历史文化

场域，打造19处研学旅游示范基地，开发10余条研学游、红色游精品线路；聚焦"文旅＋农业"，建设齐源绿季农业等休闲农业项目，打造大徐村等6个景区化村庄，培植"黄河村礼""黄河人家""黄河大集"等品牌；聚焦文化振兴，以黄河堤顶路为主线，以黄河国际生态城为核心，以沿黄焦庙、祝阿、马集等乡镇为重点，打造集黄河生态体验、黄河文化体验、红色文化体验、乡村振兴展示等功能为一体，相互赋能的文化振兴展示带。

（二）"文化铸魂＋科技赋能"，打造文化新样板

深入挖掘当地人文元素、文化资源，以场馆展示、数字赋能打造文化"两创"新样板。构建文化展示空间，统筹黑陶博物馆、晏婴祠、齐州塔、大清河历史碑廊和劳模精神劳动精神工匠精神教育基地等文化资源，优化线路布局，建设齐河版"文化大观园"。精心打造集自然博物馆与古典园林景区于一体的黄河文化博物馆群，实施数字文旅工程，建成齐河全域智慧文旅客流监测与公共安全管理平台，通过视频监控、WIFI探针和5G智能网关等技术设备，织就黄河沿线数字文旅"一张网"。全力打造以黄河文化为主题的"沉浸式"旅游演艺、"沉浸式"娱乐体验项目，加快文化科技艺术中心大剧院建设，在齐河黄河大桥、齐州塔高标准设计灯光秀，改造升级系列沉浸式影院，让人身临其境。

黄河文化博物馆群

（三）"夜间文化＋影视综艺"，培植文旅新产品

推动传统文化与潮流文化融合"出圈"，丰富文旅产品供给，开辟文旅经济新赛道。激活夜游经济，培育"欧乐堡夜游"品牌，举办360度烟花帐篷电音节、星空音乐烟火营地、动物王国仲夏奇妙夜等系列活动，打造夜间文旅消费集聚区、旅游休闲街区；中国驿·泉城中华饮食文化小镇以"夜游、夜宴、夜购、夜演、夜娱、夜宿"为主题，构建历史传统和现代潮流、文化旅游和现代消费相融合的文旅商业街区。创新"旅游＋影视＋综艺"融合发展，制作电影《奇幻之家》、儿童短片电影《少年英雄》、新生代网剧《第二次初恋》等，以文娱"热"带火旅游"热"，形成"齐河演艺"文旅经济新IP。

（四）"专班推进＋要素保障"，探索工作新机制

推动"有效市场""有为政府"有效衔接，点燃创新驱动的强劲引擎，跑出文旅融合"加速度"。创新项目推进机制，对重大文旅项目，建立"专班对接、会议联审、办公室推进"的闭环工作链条，实行"一对一"精准服务、"一包到底"落实责任。创新要素保障机制，通过购买、挖潜、争取等方式，扩充文旅项目建设用地指标，破解文旅大项目用地难题。创新资本运作机制，推行"管委会＋公司"运营模式，在黄河国际生态城投资有限公司等国有投资平台上组建文旅投资集团，集聚政策支持、金融资本、基础设施配套、文化品牌整合等要素，探索"资源—资产—资本"转化路径，推动齐河文旅产业向更高水平、更大规模发展。

二、工作成效

（一）文旅产业不断壮大

新引进了投资10亿元的齐鲁国际医疗康养中心、1.5亿元的黄河生态文化民宿示范带、1.7亿元的万亩森林公园教育实践基地等，产业规

模得到持续扩大。在建的黄河文化博物馆群被中宣部确定为国家文化产业发展项目库首批入库项目，黄河特色文化展示项目获2023年国家文化公园省预算资金支持，中国驿·泉城中华饮食文化小镇等8个项目入选山东省促进文旅深度融合推动旅游业高质量发展重点项目名单。

（二）文旅品牌持续擦亮

齐河黄河大集开市暨"大德之州·好运之年"贺年会、黄河流域文旅合作发展大会暨黄河大集开集仪式等活动打响黄河大集品牌，"天下黄河 齐聚齐河""沿着黄河遇见齐河""上风上水上齐河"城市品牌越叫越响。齐河先后获得国家全域旅游示范区、全国旅游标准化示范县、省文旅康养强县等20多项省级以上称号，齐河文创特色小镇获省级特色小镇称号，泉城欧乐堡度假区入选省夜间文化和旅游消费集聚区。

（三）文艺创作富有成效

电视纪录片《大河》广受好评，组织"著名画家齐河行"等主题采风，绘就出齐河乡村振兴的美丽画卷。黄河号子、打夯小调、绣球灯舞、一勾勾等30余种地方戏曲艺术，以及传统节日、二十四节气等民俗文化资源得到盘活，推出了《河清海晏·礼乐齐河》《伴河而生》《美丽齐河我的家》等情景表演、原创歌舞以及《有你》《黄河的孩子》《上风上水上齐河》等原创MV。

三、思考与启示

一是坚持文化赋能，培塑区域发展优势。齐河深挖地域文化的时代价值，融入文旅产业链各环节，放大地域文化特色，构筑多元文旅体系，形成具有核心竞争力的文旅品牌矩阵。这启示我们，要着眼地域的区位、资源优势，深入挖掘特色历史文化资源，活化文化场域、增强文化氛围、提炼文化元素、打造文化展示空间、把资源优势转化为发展优势。

二是坚持项目引领，激活文旅发展引擎。齐河以重大项目为牵引，打造集文化创意、数字演艺、度假休闲、康体医疗等于一体的文化旅游综合体，让网红经济、夜间经济、文创经济、体验经济成为拉动经济的新动力。这启示我们，推动文旅产业发展要发挥大型项目的"火车头"作用，创新文旅项目谋划，为项目落地创设良好环境，健全重大项目管理运营机制，形成一批聚集度高、竞争力强、带动辐射作用大的重点文旅项目，推动文旅产业提质升级。

三是坚持业态融合，释放文旅产业动能。齐河打通文旅与一、二、三产业跨界融合的桥梁，创新"文旅+"发展模式，推动"文旅+研学""文旅+文创""文旅+演艺""文旅+博物馆"等多业态融合发展。这启示我们，要在做好传统旅游的基础上，把发展文化旅游产业作为新的增长点，重点打造多业态融合发展的文旅综合体，延伸文化旅游产业链条，塑造文化旅游精品，叫响文化旅游品牌。

用"滋补国宝"讲好中医药故事
——聊城市东阿县发展工业旅游的创新与实践

摘要：聊城市东阿县充分利用"东阿阿胶"这一独有的中医药品牌，深耕中医药文化宝库，通过强化康养新理念、打造旅游新要素、探索营销新模式、创新体验新热点，打造集中医药文创研发、研学旅游、数字营销等于一体的特色旅游新模式，用滋补国宝讲好中医药故事。

东阿县不断擦亮"东阿阿胶"这个中华老字号"金字招牌"，推进一、二、三产业全面融合，创新性推出"工业+体验"旅游新模式，传承和弘扬中医药文化，走出一条文化传承与健康养生相结合的特色发展之路。

一、主要做法

（一）搭建"多元文化舞台"，打造中医药文化展示空间

一是上下游贯通，打造康养旅游综合体。东阿县围绕阿胶产业优势，将上游毛驴养殖业、阿胶大健康产品研发与下游旅游景区运营相结合，打造了包括中国阿胶博物馆、东阿阿胶体验工厂、东阿阿胶城、东阿药王山、中国毛驴博物馆、国际良种驴繁育基地等景点在内，以健康

展示体验篇

东阿阿胶城夜经济

养生为主题，以中医药文化为特色，集"研发＋工业＋旅游＋康健"于一体的康养旅游综合体，把"中医药文化、老字号文化、红色文化、非遗文化、膏方文化"融合荟萃，同生共赢。

二是多领域互动，打造多元文化展馆。建成的东阿阿胶城包含东阿红色文化展览馆、鲁西非遗展馆、中医药文化展馆、明月海藻故事馆、双胶膏方国医馆、百草园等多元化文化展馆，成为集中医药文化展示、文物收藏、科研、教育、体验、交流、服务于一身的文化展示大空间。

三是需求全覆盖，打造中医药"网红"打卡地。健全旅游公共服务体系，创新性引进网红小火车、时光隧道、国医馆、网红民宿、驴肉火锅项目等优质业态，新建"双拥"广场、游客中心、儿童乐园，打造集"吃、住、行、游、购、娱、学、思、健"于一体的中医药"网红"打卡地。

（二）实施"体验营销工程"，升级康养旅游模式

一是创新旅游新要素，学、思、健融入工业旅游全过程。"学"即研学旅行，近年来，东阿县先后组织多批次研学旅行走进东阿阿胶领略三千年阿胶魅力，数万名学生走进阿胶世界感悟中医药文化。"思"即

思考养生，游客通过深入国际化透明工厂一线，尽情体验阿胶世界、乐活中心、康养中心等项目，加深对生活、对养生的认识与思考。"健"即关注健康，东阿县通过体验阿胶产品和膏方养生食疗带来的奇妙效果，引导游客更加自觉地关注健康。

二是突显康养新理念，医、养、闲打造健康旅游新主题，积极发展中医药大健康产业。以东阿阿胶为突破口，从传统阿胶制作的透明化工厂一线到访客中心、中国毛驴博物馆、体验长廊、毛驴乐园、景观湖等特色健康工业旅游项目，推进中医药健康与养生旅游的深度融合。

三是探索体验旅游新模式，趣、科、动创新体验旅游新热点。东阿县以三千年的阿胶文化为载体，以工厂为舞台、产品为道具、消费者体验为核心，将生产场景与互动体验巧妙融合，让游客在胶香弥漫的"探秘长廊"中，感受中药瑰宝的滋补价值和金牌品质。东阿县实现游客变顾客、顾客变游客，倾力打造集趣味性、科普性、互动性等强体验感于一体的工业旅游新模式，以此赋予游客深度体验和健康财富。

（三）撬动"文旅融合杠杆"，活化东阿历史文化

一是全景演绎阿胶文化。东阿县充分发挥东阿阿胶这一国家级非遗文化平台独特价值，借势"一山一水一古城一工厂"传播阿胶历史文化。每年冬至，一场庄重而古老的炼胶仪式便会从这里开启，汲阿井水，燃桑木火，阴阳相济，炼制九朝贡胶，走进炼胶坊内，一个个动态仿真蜡像生动再现古法阿胶的炼制技艺，让游客身在其中，犹历千年。首创圣旨赐阿胶、尉迟恭封井、乾隆话阿胶、贵妃巡游、开城仪式、白宅断案等演艺项目，实现东阿阿胶文化新演绎、新传播。

二是全面展现中医药文化。大力弘扬中医药养生文化，传播健康养生理念，建立中医药文化展馆、鲁西非遗文化馆，开展炼行计划、沿着黄河遇见海、第十五届外眼看聊城、中华老字号品牌展、中医药研学、

梦幻灯光秀等文旅体验活动30余场，提升游客体验感、参与感，提高市民幸福指数及游客满意度，使其成为全民康养旅游新亮点。

三是全新推出特色节庆。利用节假日举办"黄河大集"春节季暨"山东老字号阿胶城过大年"、新春贺年会，创新性推出非遗艺术节、世界摄影大会、中华老字号品牌展、中国驴肉美食文化节、养生啤酒节、养生美食节、全民健身运动会等特色庆典，并在庆典上推出涵盖毛驴公仔、文房用品、电子商品、服装饰品、丝巾、瓷器等多品类阿胶文创产品。

二、主要成效

（一）工业旅游模式成为创新亮点

东阿县通过"工业+康养""工业+体验""工业+研学""工业+旅游"四位一体工业旅游模式的创新与实践，已累计服务消费者600万人次，每年教育转化近100万游客群体，仅东阿阿胶工业旅游就实现年销售额突破2亿元，间接带动地方县域经济收入实现10亿元，成为山东省企业访学和学生研学的打卡地。阿胶世界工业旅游平台先后获评"全国中医药文化宣传教育基地""国家中医药健康旅游示范基地创建单

东阿阿胶中医药研学课堂

位""全国工业旅游创新单位""国家工业遗产""全国研学旅行基地""国家文化产业发展项目库入库项目""国资委中央企业爱国主义教育基地"等。

（二）品牌影响力获得显著提升

阿胶产品先后入选"中国好礼""好品山东""山东手造"品牌名录。东阿县通过构建"阿胶+旅游"文创研发体系，推出"健康小金条"东阿阿胶粉、阿胶珠、花简龄、红胶膏颜等一系列新品，搭配新品的"阿胶+"新吃法，成功植入现代年轻人生活方式，成为东阿阿胶康养体系可持续发展的动力之源。东阿阿胶中医药文创系列、聊城新三宝（阿胶、桑黄、灵芝）礼盒设计、沿着黄河遇见海伴手礼分别荣获山东省精品旅游文创大赛一等奖和"山东手造·聊城有礼"2022旅游文化创意设计大赛一、二、三等奖。阿胶世界康养旅游线路入选"两河之约XIN体验"2022旅游创新线路产品设计大赛十佳主题。

（三）品牌营销取得新突破

通过内容创意赋能文化传播，东阿县先后创作了《阿娇讲故事》《阿娇夫妇》《诗词之美》《倔驴背上的滋补圣药》《842的故事》《我的"娇生活"故事》《阿胶送给毛主席》《一个老字号的万里长征》等品牌故事，多次获国家级一等奖、二等奖等，在国家和行业内塑造了良好的口碑。持续举办中华老字号中医药发展大会、非遗艺术节、中华老字号品牌展、冬至阿胶滋补节等节庆活动，既满足了顾客需求，又传播了品牌文化。借势抖音、快手等新媒体平台，实现景区、阿胶文化全方位宣传推广，东阿阿胶文旅品牌曝光1200万次。

三、思考与启示

一是保护传承中医药文化应做好科普展示。东阿县深挖中医药文化精髓，搭建多元展示平台，传播普及中医药知识，展现中医药文化魅力。这启示我们，保护传承中医药文化，要盘活中医药历史文化资源，深入挖掘中医药文化名人、名事、名地，依托历史文化博物馆、文化展览馆、工业旅游体验地等，搭建中医药展示空间，开展大中小学科普教育、中医药文化研学、企业团队中医药传统体验等，从而讲好中医药文化故事，彰显文化自信。

二是保护传承中医药文化应坚持多元发展。东阿阿胶以多元发展、深度融合为主线，推动东阿阿胶与文化产业、旅游业融合发展，走出一条文旅融合的特色发展道路。这启示我们，保护传承中医药文化，要坚持多产业融合发展，推出涵括药品、饮片、保健、香料、工艺品等多个领域的中医药文创产品，打造中医药文化创意品牌。要利用厂区、厂房、设施，开发文化创意基地、观光工厂、遗址公园、工业旅游小镇、节庆会展、影视摄制、旅游购物等项目，形成生产、旅游、教育、休闲一体化的工业文化旅游新模式。

三是保护传承中医药文化要做好品牌营销。东阿阿胶讲好系列品牌故事，通过演艺项目、文创产品、游学研学、数字直播等方式，做大"滋补国宝"阿胶品牌。这启示我们，保护传承中医药文化，要加强品牌营销，推出针对不同受众的中医药文化产品，创作承载中医药文化内涵的中医药题材纪录片、动漫、短视频等文艺作品，打造中医药文化IP。要以会为媒、以展引商、以文促游、以节兴贸，让历史中的人物、山地中的草药、古籍中的药方、千年的文化，重新焕发活力与生机。

塑造工业文化　弘扬工业精神

——济南二机床集团打造"活态"国家工业遗产

摘要：济南二机床集团有限公司始建于1937年，是一家拥有86年历史的老国企，新中国机械工业"十八罗汉"之一，入选第二批"国家工业遗产"、"爱国主义教育基地"、工业旅游直通车"透明工厂"，获批"第三批省级工业旅游示范基地""济南市思政课教育基地"。该公司通过利用保护29座老厂房建筑、标识建筑年代、增设工业雕塑、建造历史博物馆等多种形式，塑造丰富的工业文化，成为传承匠心制造、弘扬工业精神的重要窗口和基地。

济南二机床集团有限公司（以下简称"济南二机床"）拥有目前国内机床行业面积最大、保存最完好的工业厂房建筑，坚持保护与传承并重的原则，不仅保留了老工业厂区风貌，而且注重丰富和挖掘企业历史、工业元素等方面的文化内涵，将历史与现代、工业与艺术结合，把厂区打造成展示中国工业发展进程的博览馆。

一、挖掘工业文化，焕发生机活力

济南二机床加强顶层设计，对老厂房进行加固维护和改造升级的

省级爱国主义教育基地——济南二机床集团厂史博物馆（20世纪50年代建设的仿苏厂房）

同时，对厂房外观进行整体规划，统一粉刷为红色系，不仅原汁原味保留了红砖厂房的工业特色，而且将每座厂房的建筑年代标识出来，诸如"A1 1937""C4 1953"等，透过不同的年代标识，展现其发展历程，体现厚重历史和独特文化。特别是把1937年的老建筑改建成厂史博物馆，利用实物、图片、影视等多种形式，生动再现了企业发展壮大的艰辛历程和取得的辉煌成就。自2017年建馆以来，共有中央领导、各级政府、国内外用户和社会各界朋友，累计14万余人到此参观，身临其境地感受到一代代工业建设者坚韧不拔的奋斗精神，厂史博物馆也因此成为爱国主义教育的重要载体。在传承历史的同时，企业注重展现现代工业之美。2014年投入使用的近百米高的现代化研发大厦，外观色彩采用统一红色系，外观造型融入合成数控机床和压力机等产品元素，稳重大气、庄重典雅，与1937年老建筑浑然一体、遥相呼应，共同构筑为展现中国机床工业发展的"博览馆"。

二、设立工业雕塑，弘扬工业精神

厂区的各个主干道，均设立了各具特色、寓意丰富的工业雕塑，展示工业之美，传承匠心制造。比如，济南二机床在厂门口设置1937造型的金属原色雕塑，展示企业的厚重历史；在主厂区设置企业文化主题雕塑，以齿轮和书本为原型，把JIER标识和"合作、创新、效率、责任"文化理念融入其中，齿轮设计为时间转盘，记录各个年代企业取得的新突破；在数控机床公司门前设置龙门铣床横梁造型雕塑，汇集齿轮、刀库机械手以及铸造、焊接、切削等多种机床要素；在自动化车间门前设置职工设计的开卷线产品雕塑，生动形象地传递出金属切削、剪切的寓意。2017年改建的吉尔桥和吉祥桥，造型独特、图案优美，包含了从毛坯铸造到加工多道制造工序。桥体栏杆采用自制铸铁、铸铝件，桥栏板采用铸铜镶嵌工艺，吉尔桥图案为企业1937年至2017年研制的24个首台套产品，吉祥桥图案为JIER产品的服务领域。两桥体现了"自主设计、匠心制造、传承历史、铸造丰碑"的理念，成为厂区内展示工业特色、弘扬工业精神的一张名片。

三、增设产品展示厅，重现光辉历程

20世纪50年代，济南二机床分别制造出中国第一台大型龙门刨床和中国第一台闭式机械压力机。为了凝聚历史记忆、传承济南二机床人"蚂蚁啃骨头"的奋斗精神，企业于建厂70周年之际通过不同渠道将这两台具有重要历史意义的产品找回，重新安装在车间内，增设"首台产品车间展馆"，成为重要"打卡地"。它展现了济南二机床人艰苦奋斗的精神，进行了传承教育，也展示了企业的辉煌历史及为中国机床工业发展作出的重要贡献。2017年是济南二机床建厂80周年，企业又新建产品展厅，展示了冲压设备、金切机床、铸造与切割设备等各门类产品的研发进程，以及不同时代的代表产品。从两台国内"第一"，到研制出 640 余个国家首台套产品，济南二机床实现从制造到智造。

四、坚持"修旧如旧"原则，做好传承保护

作为正在使用的"活态"国家工业遗产，济南二机床坚持边生产使用、边扩建改造、边保护修缮原则。针对老厂房建筑使用年代久、安全性能降低、内部砖木结构承重差等不适应发展需要的因素，企业先后投入 5000 余万元进行主体加固，提升承重能力，对水暖设施等进行综合改造升级。2011 年，对一座 20 世纪 60 年代建设的车间进行改造时，花费了比新建厂房还要多的资金和代价，对老厂房进行全面翻新修护，切实保护了工业遗产的完整性和统一性。结合实际制定《国家工业遗产项目保护利用管理办法》，加强对厂区建筑、重要设备及档案资料的保护，明确企业因生产经营需对国家工业遗产核心物项进行变动的，修缮时坚持"修旧如旧"原则，避免任意改变主体结构和外观。此外，对企业老设备、老物件等符合工业遗产项目特点、具有历史价值的物品资源进行归类、整理、建档，逐步建立全方位、完整的企业工业遗产名录，并做好保护和传承。

五、思考与启示

工业遗产是国家越来越稀缺的珍贵资源，是发展工业文化、弘扬工业精神，进行爱国主义教育的重要载体。为加强国家工业遗产管理，2023 年 3 月，工业和信息化部修订印发了《国家工业遗产管理办法》，明确了具体要求。济南二机床结合本单位工业遗产项目的实施，提出以下建议。

一要加强对国家工业遗产的宣传推广。工业遗产作为优秀工业文化的重要组成部分，记录了工业发展的轨迹和成就。这些遗产不仅是工

业发展的实物载体，更是历史和文化的见证。要深入挖掘工业遗产的历史价值和文化内涵，传承工业文明的精髓，利用报纸、电视、互联网、自媒体等舆论平台广泛宣传，通过开展工业文艺作品创作、展览、科普和爱国主义教育等各种活动，弘扬工匠精神、劳模精神和企业家精神等工业精神，促进工业文化繁荣发展。

二要加强对国家工业遗产的保护利用。工业遗产的保护和利用是一项复杂的系统工程，仅靠企业一己之力无法发挥其应有的社会价值，需要企业、政府以及社会各界的共同努力。首先，应加强政府引导和监管，制定相关政策和规范，明确工业遗产保护的重要性和具体操作方法；其次，应加强社会参与，支持利用国家工业遗产资源，开发具有生产流程体验、历史人文与科普教育、特色产品推广等功能的工业旅游项目，完善基础设施和配套服务，打造具有地域和行业特色的工业旅游线路。

三要加强对国家工业遗产的指导支持。工业遗产具有特别的工业之美和艺术之美，是历史留给人们的精神财富。在对国家工业遗产的改造和修缮中，企业缺乏专业指导。政府部门应协调专业机构和高校人才资源，加强对工业遗产修复的指导，协助本地区工业遗产在规划和改造中延续提升艺术价值。此外，地方政府应用好中央预算内投资等政策，通过专项资金（基金）等方式，支持遗产保护专题研究和活化利用项目的实施。

赓续传承篇

崇德尚法　以和为贵

——济宁市聚焦文化"两创"打造"和为贵"
社会治理品牌

摘要： 济宁市传承弘扬"和为贵"等优秀传统文化精髓，构建起市、县、乡、村四级"和为贵"社会治理服务体系，实现群众的获得感、幸福感、满意度和社会文明程度四上升，矛盾纠纷、信访问题、诉讼案件和刑事立案总量四下降，走出了一条"以人为本、以德为先、以和为贵"的文化与社会治理交融互促的新路子。

近年来，济宁市坚持全域统筹，依托儒家发源地优秀传统文化资源优势，突出各类矛盾纠纷的源头治理，聚力打造市、县、乡、村四级"和为贵"社会治理服务体系。2020年以来，济宁市信访事项办理群众满意率连续三年居山东省第一位，相关做法被国务院和山东省委、省政府推广。

一、主要做法

（一）深化机制创新，打造市域社会治理新格局

济宁市坚持和发展新时代"枫桥经验"，充分发挥优秀传统文化资

源优势,传承弘扬"和为贵"等儒家思想,聚焦群众诉求受理办理、矛盾纠纷"一站式"多元化解,构建起市、县、乡、村四级"和为贵"社会治理服务体系。坚持以德化人、德法相济,将"和为贵""无讼"等价值理念转化为基层社会治理的创新实践,促进"群众易接受、调解易信服、矛盾易化解、和谐易长久"的"四易"机制形成。

(二)突出以德为先,充分发挥德治教化作用

弘扬儒家"和睦、和气、和谐"的尚和精神,加强德育建设,不断提升居民文明素养。着眼打造文明社风,结合全国文明城市创建,开展"人人彬彬有礼、户户和和美美、处处平平安安"主题活动,推进形成"爱、诚、孝、仁"的社会新风尚。着眼倡树淳朴民风,推广设立公民诚信道德档案,积极推进"百姓儒学"工程,在乡村培养儒学讲师、设立儒学书屋,大力推进淳朴民风建设。着眼传承优良家风,进一步发挥"家和万事兴"等理念的教化作用,组织开展"好媳妇""好婆婆""文明家庭"等评选活动,传承中华民族家庭美德。

(三)坚持以人为本,锚定群众满意唯一标准

以"德润"为载体,以德化人,将儒家优秀传统文化化为群众的思想文化自觉,倡导培育健康文明生活方式。一是宣扬崇礼向善。积极引导乡村(社区)把尊老爱幼、以和为贵等优良传统纳入村规民约(社区公约),引导群众崇礼向和,就地化解矛盾纠纷,做到民事民议、民事民办。二是加强道德教化。组织开展儒家优秀传统文化进机关、进学校、进企业、进社区、进农村、进家庭"六进"普及工程,培养民众讲礼仪、知礼节、懂礼数。三是倡树文明风尚。持续开展道德修身系列主题活动,通过宣传册、墙体画等形式推广宣传儒家经典和道德案例,推动形成讲正气、讲奉献、促和谐的良好风尚。

(四)推崇以和为贵,筑牢"和为贵"法治保障防线

积极传承中华优秀传统法律文化,善于将明德慎罚等融入"和为

贵"社会治理服务体系，与时俱进挖掘法家文化的时代价值。落实普法责任，共建和谐家园，广泛开展"和为贵"法治宣传活动，坚持依法行政，构筑和谐根基。坚守法治

调解员在"和为贵"调解室进行矛盾纠纷调解

底线，构筑和谐环境，坚持"把非诉讼纠纷解决机制挺在前面"，真正实现"胜败都服、案结事了"。

二、工作成效

（一）"和为贵"社会治理新格局更加完善

在全省率先成立市委直属专职机构济宁市社会治理服务中心。目前，14个县市区（功能区）全部建立社会治理服务中心，156个镇街社会治理服务中心、6531个村居"和为贵"调解室全部建成，实现市、县、乡、村全覆盖，形成了党委政府统一领导、社会治理服务中心综合协调、各级各部门齐抓共管的市域社会治理工作新格局，从源头上减少和预防了矛盾纠纷的发生。

（二）"和为贵"社会治理新路径更加畅通

济宁市在市、县、乡三级"和为贵"社会治理服务中心（矛调中心），设立无差别受理窗口，全领域受理群众各类矛盾纠纷。依托综合治理中心，打造"一站式"矛盾纠纷调处化解中心，调解前置以调为先，发挥人民调解、行业调解、司法调解职能。市、县、乡三级采取常驻、轮驻、随驻等形式，进一步推动矛盾多、问题多的部门单位进驻

曲阜市"和为贵"社会治理服务中心

"一站式"矛调中心。其中，市级常驻部门在10个以上，轮驻部门能够随叫随到；县级常驻部门在15个以上，能够覆盖辖区90%以上的矛盾问题类型；所有镇街结合各自工作实际，常驻部门在9个以上，能够覆盖辖区全部矛盾问题类型。2023年上半年，全市各级累计排查各类矛盾纠纷31430件次，组织开展专业调解18352件次，调解数量超过去年全年总量，调解成功率达83.27%，一大批矛盾纠纷得到圆满化解。

（三）"和为贵"社会治理新防线更有保障

近年来，济宁市常态化开展对基层干部法律知识的培训，基层干部运用法治思维管理村级事务、化解矛盾的能力水平持续增强。同时，依托"一站式"诉讼服务体系，搭建溯源治理工作平台，构建起诉讼与非诉讼衔接"1+5"模式，法治环境、政务环境不断优化。聚焦提升网格化在化解社会矛盾纠纷中的触角作用，推行党组织建在网格上。目前，全市城市社区成立网格党支部1619个，1.3万余名党员纳入网格党支部管理。

三、思考与启示

一是基层治理要和本地优秀传统文化资源相结合。济宁市有着儒家文化诞生、实践、发展的广阔沃土，"和合"观念深入人心，守法向善的良好社会风气由来已久并蔚然成风，这是推进"和为贵"基层治理体系建设的原始动力与文化自信。各地都可以深耕本地优秀传统文化资源，打造独具特色的地域文化符号，与工作实际结合起来，在各领域形成特色工作品牌，让优秀传统文化在新的土壤里"开新花""结硕果"。

二是社会治理要充分发挥传统文化对现代法治的滋养作用。"和为贵"绝非一味求"和"，济宁市在司法执法中贯彻"和为贵"理念，更加注重案件办理政治效果、社会效果、法律效果的高度统一，充分发挥司法裁判定分止争、惩恶扬善功能，对违法犯罪始终要勇于"亮剑"。近年来，审结案件、执结案件实现量的跨越增长和质的有效提升。一方面，用德治润泽法治，持续强化道德对法治的滋养作用，把道德要求切实贯彻到法治建设中，为全面依法治国创造良好的人文环境；另一方面，法律法规要树立鲜明道德导向，弘扬美德义行，立法、执法、司法都应当体现社会主义道德要求，把社会主义核心价值观贯穿其中，使社会主义法治成为良法善治。

三是矛盾纠纷化解要充分发挥优秀传统文化的价值导向作用。"和为贵"社会治理根植于优秀传统文化，其工作基础在于引导全社会积极培育和践行社会主义核心价值观，树立良好道德风尚。各地在基层治理工作中，都应当发扬优秀传统文化中特有的诗礼家风、和谐村风、文明民风，鼓励引导群众通过先行调解等方式以调促和、定分止争，促进村居向"少讼少访""无讼无访"转变，努力实现小事不出"格"、难事不出村（社区）、大事不出镇街、矛盾不上交、服务不缺位，将一般性的矛盾纠纷吸附在当地、化解在萌芽状态，在群众"心灵"上筑牢维护社会和谐稳定的"第一道防线"。

全域打造千里海疆爱国主义展示带

摘要：威海市认真贯彻落实习近平总书记关于弘扬爱国主义精神的重要论述，紧紧把握新的形势要求，立足区域历史文化资源，从规划、保护、开发、运用等方面着手，全力打造千里海疆爱国主义展示带，探索出一条用好爱国主义资源、弘扬好爱国主义精神的新路径。

自明朝设立"威海卫"开始，威海这片土地历经御侮抗倭、甲午海战等系列事件，留下了独特的历史印记和丰厚的爱国主义教育资源。威海市在深入调研论证的基础上，着力打造一个以全域为单位、以地级市为整体，以"警钟长鸣 发愤图强"为主题的千里海疆爱国主义展示带，助推文化资源由"软实力"向"硬支撑"嬗变。

一、主要做法

（一）在阵地布局上

统筹全域特色爱国主义资源，建设国家级爱国主义教育基地3处、省级爱国主义教育基地8处、市级爱国主义教育基地18处，2022年打造涵盖35处教学点的总体国家安全观教育基地，构建起点线结合、星状分布的爱国主义教育基地版图。组织发布三批《红色胶东革命历史印迹名录》，设计制作"威海红色基因图谱"，创作推出《胶东（威海）红色印迹展陈视频解说》等系列推介资料，在新媒体平台开通运行"红色胶东"账号，建成胶东育儿所、马石山教育基地等网上展馆，在"学习强国"威海平台、"Hi威海"城市客户端开设"红印迹直播间"，让红色文化立体式呈现在人们面前。

（二）在功能设计上

突出教育培训、游学研学、纪念警示三大功能，分别打造面向党员干部、高校教师、青年学生、市民游客四大群体的爱国主义展示带。其中，教育培训功能重点面向机关、企事业单位，承接各级各类爱国主义主题相关教学培训；游学研学功能重点面向学生群体、专家学者等，打造一批游学研学精品线路，策划举办一批高层次主题研讨活动；纪念警示功能重点是在"七一"建党节、"八一"建军节和全民国家安全教育日等时间节点，策划举办或承办大型纪念仪式、集中教育活动等。

（三）在文艺创作上

每年创作一批以发生在威海的爱国主义事件、人物为原型的文艺精品力作，先后推出电影《三进文城》、现代京剧《郭永怀》、冯德英"三花"系列图书、《乳娘》系列剧目以及社会主义核心价值观组歌、中国精神组歌等200余件文艺作品。在市、县两级电视媒体黄金时段集中播放反映爱国主义的本土影视剧，不断扩大威海爱国主义事迹的知名度、影响力。

（四）在社会宣传上

以爱国主义教育进校园、进课堂、进教材、进头脑"四进"工程为抓手，定期开展"同上一堂爱国主义课"以及主题征文、演讲等比赛活动，不断强化学生群体的爱国意识。每年组织"幸福威海"广场纳凉晚会等爱国主义专场主题演出，举办"5·23"歌咏会、红色故事讲解大赛等活动，先后选拔培养了20多个主题演绎剧团、1000多名讲解员。每年选树一批爱国敬业先进典型，及时宣传大义为先、攻坚突破等具有时代感的先进事迹、榜样模范。

二、主要成效

随着爱国主义展示带建设的持续推进，广大市民对于爱国主义精神的理解认同不断加深，爱国主义强大的精神力量、文化力量、价值力量也在这片英雄的土地上熠熠生辉。

（一）爱国奋进精气神空前高涨

入脑入心的爱国主义教育滋养了整座城市，激发了社会各界浓浓的爱国情、报国志，为经济社会高质量发展凝聚人心、振奋精神、汇聚力量。在疫情防控的紧要关头，威高、迪尚两家企业联手合作，用48小时搭建起一座全新的防护服生产工厂，紧急完成国家调拨任务，受到国务院表彰；光威集团率先攻克碳纤维材料技术难关，打破西方国家40多年的垄断，为经济和国防建设作出突出贡献。

（二）社会文明风尚显著提升

在爱国主义精神的浸润下，威海市深入实施文明市民培育工程，得到广大市民的积极参与和来威游客的广泛好评。全市注册志愿者81万余名、志愿服务队伍13800支，涌现出全国道德模范2名、省级道德模范21名，77人入选"中国好人榜"、472人入选"山东好人榜"、1069人获评"威海好人"，涌现出"好婆婆""好媳妇"386人、文明家庭297户。崇高的先烈精神、英雄事迹已化为新时代的文明善举，促使道德建设达到新高度。威海市是全国为数不多蝉联"全国文明城市"荣誉称号的地级市，连续32年一直保持"全国卫生城市"的荣誉称号，连续3年获评"中国最具幸福感城市"。

（三）经济发展活力有效释放

威海爱国主义教育在融入休闲、健康、研学等新兴产业上持续发力，发展为助推经济高质量发展的强力引擎。以中国甲午战争博物馆、

国家级爱国主义教育基地——中国甲午战争博物院开展爱国主义教育活动

省级爱国主义教育基地——胶东育儿所开展爱国主义教育活动

天福山革命遗址等重要场馆为轴心，打造的"寻梦威海·民族复兴之旅""大爱胶东·红色之旅"等15条精品旅游线路，每年吸引20余万人次研学游学。对马石山、胶东育儿所等区域及沿线46个村进行连片整治、开发的红色体验项目，让一批在大山深处沉寂了几十年的小山村迎来了一批又一批的游客踏访寻胜，带火了民宿经济，富裕了当地百姓。

三、思考与启示

威海市经过多年探索，在爱国主义资源挖掘保护、创新转化等方面取得有效进展，打造出具有鲜明特色的区域爱国主义教育品牌，探索了文化"两创"的有效路径。

一是推进文化"两创"要巧做"有米之炊"。 威海市立足爱国主义历史资源富集优势，打造具有鲜明特点的高品质千里海疆爱国主义展示带，有效带动特色文旅产业、文教产业蓬勃发展。每一座城市都有独特的传统文化资源，做好文化"两创"文章，决不能另起炉灶，而是要紧密结合本地实际和时代特点，对自身的传统文化优势进行创新创造，擦亮当地文化品牌。

二是推进文化"两创"要坚持人民立场。 人民群众是历史文化的创造者和传承者，做好文化"两创"，必须以人民为主体，一切为了人民，一切依靠人民。我们要坚持把满足人民文化需求、增强人民精神力量作为推进文化"两创"工作的出发点和落脚点，紧贴群众审美、吸纳群众意见、发动群众参与，通过革新教育理念、细化教育对象、创新教育方法，真正把"我们要说的"变为"群众要听的"，把"我们干成的"变成"群众受益的"。

三是推进文化"两创"要紧跟时代步伐。推进文化"两创"，必须契合时代所需，坚持与新时代同步伐、为新时代发展服务。威海市紧贴时代发展需要，突破爱国主义教育工作瓶颈，以地级市为整体打造高品质千里海疆爱国主义展示带，为开创国内爱国主义教育新局面提供有益借鉴。要积极推动爱国主义精神与思想道德建设、旅游发展、文创设计相结合，探索爱国主义传播的新业态、新路径、新模式，切实让爱国主义精神绽放出新的时代光彩。

"两河喜鹊"在聊城　文化实践相交融

——聊城市探索文明实践助推中华传统美德融入日常新路径

摘要：聊城市充分发挥黄河文化和运河文化交汇交融的独特优势，以吉祥如意的市鸟"喜鹊"为象征，创新打造"两河喜鹊"文明实践志愿服务品牌，以志愿服务践行"两河文化"的时代精华，传承弘扬孝老爱亲、乐于助人的中华民族传统美德，推动新时代文明实践工作走深走实、见行见效。

近年来，聊城市通过创新打造"两河喜鹊"文明实践志愿服务品牌，积极培育践行主流价值，传承弘扬优秀传统文化，倡导社会文明新风，形成群众乐于参与、主动参与、广泛参与的生动局面，让聊城这座古城更有温度、更有活力、更有魅力。

一、主要做法

（一）实施"筑巢"工程强阵地

建立"三级联动"文明实践工作落实机制，将品牌打造、阵地建设等工作纳入县、镇、村三级党委（党组）书记重点任务清单，实施"蓝黄红牌"动态考核，每月根据"五有标准"阵地建设情况进行考核亮牌，形成工作闭环机制。抓住"四廊一线"文化体验廊道建设的机遇，将沿黄河、大运河文明实践阵地串点成线、集片成带，打造"运河古都 繁森故里"文明实践展示带、"幸福河畔 和美乡村"文明实践展示区，其成果入选山东省文化体验廊道文明实践展示带（区）。注重数字信息赋能，推动文明实践和融媒体"两个中心"融通，依托"志愿山东"搭建高效畅达的立体融合信息平台，实现指挥调度、成果展示、项目孵化、培训教育等功能，构建起中心（所、站）、基地、队伍、社区、群众五级互通互联网络。

（二）实施"铸魂"工程润心田

着眼筑牢群众理想信念，打造"理论政策精、宣讲能力精、技术服务专"的理论宣讲队伍，开展"会议室讲课+红色场馆体验+流动课堂宣讲+田间地头互动"的"两河喜鹊声声"系列宣讲活动，通过短平快的"微宣讲"、巡回式的"文艺讲"、拉家常的"互动讲"，促进党的创新理论走心走深。依托乡村博物馆、乡村记忆馆、家风馆等阵地打造"两河喜鹊"宣传体验中心，设立"两河喜鹊"活动日，开展"两河文化"非遗展示、二十四节气主题文艺展演、"墨香飘两岸 纵笔颂水城"共绘母亲河书画精品展、"两河喜鹊 共话乡音"家风传承等特色活动，进一步增强群众的家国情怀与文化自信。

（三）实施"送福"工程惠民生

深化"五为"志愿服务，制定"十助常陪四解"为老服务、"五育三保"为小服务、"五帮四送"为困难群体服务等项目指南，推动"两河喜鹊"普惠性、特惠互惠性志愿服务项目落实落地。建立"供给单、需求单、点评单"三单式工作流程，通过入户寻访、问卷调查收集形成群众需求清单，统筹开设理论讲堂、实践课堂、兴趣课堂等"两河喜鹊"系列课堂，常态化开展群众家门口授课服务。整合优势资源，建立两河喜鹊"志愿服务联盟体"，依托"雷锋超市""公益大集""15分钟文明实践志愿服务圈"等阵地开展活动，提高文明实践志愿服务精准化、专业化水平。

（四）实施"礼遇"工程树新风

加强典型引领，评选一批最美志愿者、最佳志愿服务组织、最佳志愿服务项目、最美志愿服务社区，加大星级志愿者褒奖激励力度，五星级以上志愿者免费参观全市博物馆、图书馆等公共文化服务场所。激发"身边模范"的正能量，充分挖掘本地乡土文化人才、"五老"人员、返乡创业人员等群体加入"两河喜鹊"文明实践队伍，培育领军人物，打造特色工作室。举办"两河喜鹊"先进典型新闻发布会、记者见面会，综合运用事迹报告会、情景剧、地方戏等多种形式，在全社会营造见贤思齐、崇德向善的浓厚氛围。

二、工作成效

（一）"五有"强基筑牢全域阵地

以"两河喜鹊"品牌为引领，建成县级文明实践中心11个，辐射135个镇（街道）文明实践所、2401个村（社区）文明实践站，配齐各级各类文明实践公益岗专管员3000余人，全市文明实践规范化配备率达100%。探索"公益+市场"运转新模式，创新打造"和美邻里"文明实践综合体，构建群众愿来常来的"精神家园"，在全省推广相关工作经验。打造"杜立芝党代表工作室"新时代文明实践服务综合体，推动思想政策宣讲与精准为民服务相互融合，带动6200多名"土专家""田秀才"等农技志愿服务者活跃在基层一线传播农业技术，每年帮助群众增收2000余万元。

（二）"五聚"合力提升服务效能

成立"两河喜鹊 百姓宣讲团""两河喜鹊 流动课堂"等理论宣讲志愿服务队伍694支，打造"两河喜鹊 巧讲妙唱暖人心""两河喜鹊 黄河儿女"等特色品牌130余个，开展"传党声惠民生""马扎课堂"等基层宣讲活动8200余场次。以传承"两河"优秀文化为主线，充

"杜立芝党代表工作室"走进高唐县梁村镇二十里铺村开展志愿宣讲活动

分挖掘"两河文化"文物点348处,撷取"两河文化"非遗项目390项、传承人260名,采集非物质文化遗产基础信息270条,打造文明实践村史馆1376个、乡村剧场1165个、百姓影院135个,定期组织"两河喜鹊"服务活动,有效提升文明实践聚宣讲、聚观影、聚阅读、聚文艺、聚人气的"五聚"效应。

(三)"五为"暖心开创惠民新局

以"文化+志愿"模式探索"五为"志愿服务新高度,推动"习语'聊'亮""乡村家庭图书馆""一月一村一场电影"等5大普惠性项目落地落实,培育"杜立芝党代表工作室""小棉袄"等7类特惠互惠性服务品牌,开展"我们的中国梦——文化进万家"等文化惠民活动共计1300余次,组织"两河喜鹊"文明实践系列课堂活动1.2万次,受益群众达11.5万人次,"两河喜鹊"品牌沉浸式融入百姓生活,为实施文化"两创"打开了惠民新局面。

(四)"最美"引领凝聚奋进力量

通过选树培育典型模范,推动38名志愿者、41个志愿服务组织、

41个志愿服务项目、46个志愿服务社区入选山东省学雷锋志愿服务"四个100"先进典型。聊城市志愿服务联合会秘书长刘玉杰同志入选全国"最美志愿者",聊城市春雨助学协会入选全国"最佳志愿服务

聊城市冠县斜店乡新时代文明实践中心志愿者陪老人过中秋节

组织",莘县"一个剧场唱全县"文明实践志愿服务项目相关工作经验在全国、全省推广。聊城市新时代文明实践中心推动全市乡村振兴工作取得重要阶段性成效,被授予"山东省乡村振兴突出贡献奖先进集体"荣誉称号。

三、思考与启示

聊城市创新打造"两河喜鹊"新时代文明实践工作品牌,以凝聚群众、引导群众、以文化人、成风化俗为主题,切实用中国特色社会主义文化、社会主义思想道德筑牢基层思想文化阵地,有力推动群众形成适应新时代要求的思想观念和行为规范。

一是打造地域文化符号可以更好增进群众文化认同。深耕本地中华优秀传统文化资源,打造独具特色的地域文化符号,是地域文化"两创"的重要载体,既可以展示地域文化形象、延续文化发展脉络,又可以增强群众文化认同、激发创新创造活力。在多样化的文明实践活动中融入文化因素,用朗朗上口、耳熟能详的宣传标语服务群众,用先进文化感染人、熏陶人、培育人,可以更好发挥文化认识、激励、塑造、传播功能,让群众在实践过程中找到情感寄托和心灵共

鸣，进而凝聚群众积极投身经济社会发展建设的力量，为实现美好幸福生活添砖加瓦。

二是突出理论教育引领可以更好凝聚群众思想共识。文明实践工作的首要任务之一是学习宣传习近平新时代中国特色社会主义思想，让群众入脑入心听党话、坚定不移跟党走。一方面，要建强阵地，统筹运用传统阵地和新载体新手段开展常态化宣传教育；另一方面，要优化内容，善用"小切口"解析"大道理"，用"小故事"反映"大时代"，以事说理、以小见大，力争用生动鲜活的故事感染人，用故事背后的理论逻辑、实践逻辑启迪人，真正推动党的创新理论春风化雨、润物无声。

三是精准开展志愿服务可以更好提升群众幸福感。一个城市、一个社区的志愿服务组织数量、志愿服务活动频次与质量，是检验文明实践工作有效性的直接依据，也是提高群众文化生活满意度的有力抓手。应始终把群众利益放在第一位，精准对接群众需求，加强对志愿服务的组织引导，分类组建志愿者队伍，系统孵化培育特色志愿服务项目，特别是要聚焦群众所思所想所盼，开展深入细致的精神抚慰和人文关怀，让志愿服务解群众所需、让群众参与、得群众之心。

四是发动群众共建共享可以更好激发社会向上向善力量。新时代文明实践既是为了群众，也要依靠群众。群众作为社会活动的主体，其文明素养水平决定了社会文明程度。必须要发挥群众的主体作用，激发文明实践的内生动力，通过科学统筹调配资源，组织动员社会各界群众积极投入文明实践之中，才能形成文明实践的强大合力。要注重鼓励基层创新创造，引导群众自我服务、自我教育、自我提高，形成人人崇德向善、助人利他的社会风尚。

弘扬优秀传统文化 涵养干部为政之德

——济宁政德教育干部学院创新运用中华优秀传统文化加强干部政德教育工作的探索与实践

摘要：济宁政德教育干部学院依托济宁中华优秀传统文化资源富集的优势，以"弘扬优秀传统文化，涵养干部为政之德"为主题，创新运用中华优秀传统文化开展干部教育培训，不断将中华优秀传统文化中符合时代需要的价值内涵创新转化成为滋养干部政德修养的思想活水，帮助干部正心明道、涵养政德，更好地依靠文化自信坚定理想信念。

济宁政德教育干部学院将丰厚的中华优秀传统文化资源运用到干部教育培训中，通过精选教学现场、深化研究阐发、打造精品课程、建强师资力量，创新运用中华优秀传统文化涵养干部政德，形成了在全国具有一定影响力的特色干部教育品牌。

一、主要做法

（一）聚焦"在哪讲"，打造精致现场

依托曲阜"三孔"、邹城"两孟"和嘉祥曾庙、武氏祠等传统文化资源，孔子研究院、孔子博物馆、孔子大学堂等现代文化设施，以及

鲁西南战役纪念馆、王杰纪念馆和铁道游击队纪念园等红色文化场馆，通过认真遴选、精心设计、全力打造，确定6家各具特色的现场教学基地。按照文化逻辑主线布局，注重把控教学节奏，先后选定孔庙"万仞宫墙"、孔府内宅"戒贪图"、孟庙"官箴碑"、曾庙"三省堂"等30余处现场教学点进行干部教育培训。

（二）聚焦"讲什么"，推动精细研究

注重传统与时代结合、传承与发展并举，充分发掘文化经典、历史遗存、文物古迹承载的政德教育资源，阐发出符合时代需要的新内涵、新价值，让中华优秀传统文化"活"起来、"新"起来。把讲清楚"立政德就要明大德、守公德、严私德"的精髓要义作为课程建设的主线，深入挖掘中华优秀传统文化中"志道忠诚""仁政利民""修身齐家"等核心理念和思想精髓，着力讲透对党忠诚、为民担当、律己干净的时代要求。坚持课题引领，围绕教学需要开展近百项课题研究，出版《中华优秀传统文化中的治国理政思想》等12本教材，推动形成一批有价值、可操作、能落地的研究成果。

（三）聚焦"怎么讲"，开发精品课程

综合运用课堂教学、现场教学、体验教学、礼乐教学等教学方式，把新时代政德要求讲到干部心坎上、讲进干部头脑中。课堂教学重在融会贯通，突出党的理论和党性教育课程主业主课地位，开设"传承传统文化精髓 涵养干部为政之德"等50余堂专题课，采取专题授课、互动答疑、研讨交流等形式，引导干部深刻把握涵养政德的时代要求。现场教学重在沉浸感悟，创新采取一名导学全程讲解和多名教员定点授课相结合的形式，连点成线、点线互动，让干部在实景实情中领悟"修齐治平"大智慧。体验教学重在参与互动，完善提升10余处以诚信、孝善为主题的"中华优秀传统文化传承体验村居"教学点，让干部走进乡村一线，切身感受中华优秀传统文化在基层社会治理中的实践传承。礼乐

2023年全省领导干部政德教育专题培训班现场教学

教学重在濡染熏陶，融会地方非遗项目和传统曲目，创作山东快书《官箴碑》、情景剧《观欹论道》等礼乐教学剧目，让干部在礼乐文化中滋养道德情操、提升政德修养。

（四）聚焦"谁来讲"，建强师资力量

坚持引育并重、专兼结合，建立"政德教育师资库"，着力打造一支业务精、素质强、精神面貌好的师资队伍。激活"内脑"，实施青年教师培养工程，聚焦政德教育课程四大模块，采取课题小组攻关、知名专家帮带、专班集中推进等有力措施，培养造就一批优秀专职青年教师。用好"外脑"，针对性地对接省内外儒学、党建研究专家和精通传统文化的领导干部，成立了专家指导委员会，聘任来自北京大学、山东大学等知名院校的4名专家为"尼山学者"，定期来院为专题课打造、学术咨询、研究交流等方面提供智力支持。

二、主要成效

（一）主体功能发挥更加明显

累计承接举办中共中央和国家部委、国家级培训机构、全国31个省（区、市）以及香港、澳门等各类班次1800余期，培训学员突破10万人次。其中，承接中直机关培训班次281期共计18275人，省直机关培训班次462期共计26736人，培训厅级干部3431人、县处级干部23380人，在帮助干部涵养为政之德、增强文化自信方面发挥了重要作用。

（二）服务全局作用更加突出

积极融入"讲好中国故事"重点工作，承接"一带一路"沿线25个国家300余名高级公务人员中华优秀传统文化体验式培训，展现了中华文化独特魅力。成功创建"山东省支援协作传统文化教育基地"，举办70余期新疆、西藏、内蒙古等少数民族干部培训班，增强了少数民族干部对中华优秀传统文化的认同，强化了中华民族共同体意识。

（三）特色品牌塑造更加鲜明

2022年9月，作为全国唯一一处创新运用中华优秀传统文化教育培训干部、以"政德教育"为办学主题的济宁政德教育干部学院，被中组部列入省（区、市）党性教育干部学院目录。相关做法经验被央视《新闻联播》、新华社《国内动态清样》《内参选编》、光明日报等媒体深度报道60余次。2021年9月，中共中央办公厅印发《工作情况交流》专刊，在全国范围交流推广相关经验。

（四）社会影响范围更加广泛

济宁政德教育干部学院积极与全国先进干部教育培训机构、高校建立合作关系，成为中共中央党校（国家行政学院）的现场教学点、中国浦东干部学院的教学研究基地、北京大学和清华大学中华优秀传统文化研究实践基地等。积极探索将中华优秀传统文化融入干部教育、融入党建、融入基层社会治理，先后荣获"山东组织工作创新奖""山东省改革品牌"等表彰，成功担负国家级干部教育培训标准化试点工作。

三、思考与启示

济宁政德教育干部学院将中华优秀传统文化有效运用到干部教育培训中，既推动中华优秀传统文化成为领导干部"日用而不觉"的行为习惯，也增强了汲取中华优秀传统文化营养加强政德建设的自觉性，帮助广大干部更好地依靠文化自信坚定理想信念。

一是运用中华优秀传统文化开展干部教育必须突出政治性。开展干部教育培训，运用中华优秀传统文化开展干部政德教育，必须坚持正确的培训方向，把旗帜鲜明讲政治贯穿教学培训各方面全过程。特别要把习近平总书记关于坚持"两个结合"、文化"两创"、"领导干部要讲政德"等重要论述，作为利用中华优秀传统文化开展干部教育的根本遵循，及时融入教学内容中，教育引导广大党员干部涵养为政之德、坚定理想信念。

二是运用中华优秀传统文化开展干部教育必须注重特色性。开展干部培训教育，要充分发掘本地名人事迹、历史典故、文物古迹等传统文化资源，阐发出符合时代需要的新内涵、新价值。在教学内容上不能贪多求全，而是要立足自身资源优势，打造特色现场，开发特色课程，凸显办学特色，按照人无我有、人有我特的原则，研究培训主题，找准定位、错位发展。

三是运用中华优秀传统文化开展干部教育必须突出实效性。要以解决干部在实际工作中出现的突出问题和共性问题为主抓手，把中华优秀传统文化中的思想精髓、价值理念同新时代工作实际结合起来，做到既要有理论深度启发人，也要有好的故事感染人，帮助领导干部"走心入脑"。要把中华优秀传统文化中丰富的治国理政智慧，通过转化、创新、阐释等形式，打造精致现场、发掘精准案例、开发精品课程，让领导干部在潜移默化中学习、感悟、提升。

赓续传承篇

千年释奠礼的保护与传承

摘要：文庙释奠礼是传统中国纪念孔子及儒家圣贤的国家祭祀仪式，在以儒家思想为主干的中华优秀传统文化中具有重要而特殊的文化地位，历千年而经久不衰。孔子研究院围绕文庙释奠礼开展重点攻关工作，以文化"两创"重新激活千年释奠礼的保护与传承，使其在新时代焕发新的勃勃生机。

释奠礼是传统中国在文庙举行的以祭祀、纪念孔子及相关儒家圣贤为主题的官方大型仪式。中华古国，礼仪之邦，释奠礼为古代礼乐制度的重中之重，被称誉为"国之要典""乾坤第一大事"。孔子研究院在"两创"工作中围绕文庙释奠礼开展重点攻关，学术研究、交流推广、普及落地多线并进，使其在新时代焕发新的生机和活力，在海内外产生广泛影响。

一、扎实开展学术研究，筑牢释奠礼"两创"基础

孔子研究院将文庙释奠礼等相关领域的学术研究作为工作攻关的重点方向，将释奠礼的"两创"研究作为重点学科建设的突破点，通过科研规划管理、高端人才引进、自有人才培育等一系列行之有效的措施推动释奠礼的学术研究。

加强课题引领与科研规划。鼓励、指导相关领域科研人员，在国家级、省部级等纵向课题申报中围绕释奠礼主题进行课题申报。在每年设置立项的孔子研究院院级课题中，提供一定数量项目重点支持与释奠礼相关的领域研究。积极争取横向课题支持，与香港孔教学院等机构合作进行释奠礼课题的研究。紧紧围绕文化"两创"这一立足点，着重对文庙释奠礼的文化意蕴、当代价值等进行深入阐发，已出版《世界孔子庙研究》《文庙释奠礼仪研究》《孔子祭祀》等多部学术专著，在《光明日报》《山东社会科学》《原道》等权威报刊上发表论文20余篇，取得了丰硕成果，为新时代释奠礼"两创"工作打下坚实的学术基础。

完善资金与人才支持。依据《孔子研究院学术著作出版资助办法》《孔子研究院科研奖励办法》等规定，对释奠礼研究进行重点资助。截至目前，孔子研究院已围绕释奠礼研究成功申报国家社科基金项目、山东省社科规划项目等各类课题10余项，获批经费总计50余万元，院级配套资助经费累计20余万元，有效释放了科研人员的活力。引进释奠礼研究领域高端人才，并促进孔子研究院相关研究领域自有人才培育。通过山东省"泰山学者"人才工程，引进释奠礼研究领域的知名学者。孔子研究院还联合驻地高校，先后输送、培养释奠礼等相关研究方向的博士研究生两名，打造了一支结构合理的研究梯队，为释奠礼研究提供人才支撑。

二、积极搭建交流推广平台，拓展释奠礼"两创"路径

孔子研究院充分发挥地处圣地曲阜的独特优势，积极搭建"文庙释奠礼保护与传承"交流平台，为世界各地的相关领域研究人员、非物质文化遗产传承人等人群提供对话、交流契机，有效开拓了释奠礼"两创"路径。

开展释奠礼文化普及推广。2007年至2018年，孔子研究院共组织

承办7届8次"世界儒学大会",每届会议均将文庙释奠礼研究设置为重点议题,先后收录相关学术论文近百篇,搭建了高层次的学术交流平台。2016年,孔子研究院主导成立曲阜礼乐文明研究与传播中心,联合曲阜师范大学礼乐文化研究与推广中心等学术单位,将以曲阜为中心的山东地区的有关专家学者和公立、民间机构加以统合,共同开展相关研究和推广工作。2017年,孔子研究院成立礼乐文明中心,以文庙释奠礼为重点研究方向,策划"世界孔子庙"常设展,并承担"祭祀大典"专题纪录片《金声玉振》的撰稿工作,对文庙释奠礼进行全方位、深层次的阐释。

加强释奠礼文化交流互鉴。多次赴韩国、越南、日本等国家和港澳台地区考察访问,进行文庙释奠礼方面的文化交流活动,彰显释奠学研究的国际影响力。同时邀请中国台湾学者参与孔子研究院礼乐文明中心建设,进行两岸文庙发展经验互鉴,积极研究阐发其时代内涵和价值。2019年8月至9月,孔子研究院礼乐文明中心策划举办"文庙释奠研究的回顾与展望"专题系列讲座,邀请来自大陆、台湾及日本等地区和国家的学者开展系列学术讲座6场、学术沙龙3场,有力推动了文庙学和释奠礼的研究与国际交流。新华社为此刊发内参《国内动态清样》(第4444期),儒家网等媒体对本次活动进行了专题报道。相关成果获省领导肯定性批示。

三、决策咨询与实施策划并举,提升释奠礼"两创"效能

在文庙释奠礼保护与传承方面,孔子研究院既致力于相关学术研究的"登峰",树立文庙释奠礼研究阐释的新高地、新旗帜;又高度重视决策咨询与推广普及方面的"落地",以"两创"为指导,打通传统文化转化应用的关键环节。

在文庙释奠礼的转化创新中发挥智囊作用。2013年,孔子研究院撰

写相关提案，建议山东省尽快组织力量制定出更加符合礼仪规范和适应时代要求的文庙释奠制度；提出了提高对祭孔活动意义的认识、组织专门的研究力量研讨释奠礼仪、重点整饬祭祀乐舞、改进与释奠礼有关的活动环节等四个方面的建议。该提案得到山东省和济宁市的高度重视，并在祭孔大典组织工作中得到有效落实，显著提升了原有祭孔大典的文化内涵与现实指向性，如今祭孔大典已经成为当代山东的一张重要文化名片。

策划、组织和参与祭孔大典等当代文庙释奠仪式。孔子研究院积极主动地参与政府部门组织的相关重大活动，以学术研究引领释奠礼发展。长期负责曲阜孔庙祭孔大典的策划和组织工作，承担祭孔大典祭文撰写专家组工作，担任公祭孔子大典、全球云祭孔等活动学术顾问，先后10余次全程参加山东卫视和"全球云祭孔"的主演播室、分演播室直播活动，为各级各类祭孔大典活动的开展提供有力学术支持。"全球云祭孔"活动已成为广大民众了解孔子和儒家思想以及中华优秀传统文化的重要平台，成为推动优秀传统文化"两创"的有益实践。

祭孔大典现场

四、思考与启示

一要坚持以正本清源的学术研究为基础。以释奠礼为代表的中华传统礼仪、礼乐是传统社会国家礼制的重要部分，历经千年传承至今。对中华传统礼仪、礼乐扎实开展基础性学术研究，梳理来龙去脉，探寻内涵本质，是新时代开展"两创"工作的前提。

二要坚持以国家礼仪制度建设需要为导向。进入新时代，以习近平同志为核心的党中央高度重视国家礼仪制度建设，强调要有计划地建立和规范一些礼仪制度，利用重大纪念日、民族传统节日等契机组织开展形式多样的纪念庆典活动，传播主流价值，增强认同感和归属感。因此，我们对新时代"制礼作乐"问题应给予足够重视。从传统释奠礼乐到当代祭孔大典，释奠礼的"两创"工作启示我们应进一步以传统礼乐文明滋养当代国家建设，为增强文化自信、构建文化认同打造"山东样板"。

三要坚持以文明交流互鉴为重要抓手。历史上的释奠礼作为中华文明的象征远播朝鲜、越南、日本等国，不仅有效传播了中华文化，而且促进了当地文化的发展，对区域文明的进步和发展都发挥了积极作用。近年来，孔子研究院开展释奠礼文化交流、"全球云祭孔"网络直播，为传统祭祀仪式注入了新的时代元素，让中国传统"礼乐"文化得到集中展示，使孔子的"仁爱"思想理念在世界范围内得到传播和弘扬，成为中华优秀传统文化"走出去"的"两创"生动实践。释奠礼"两创"，要在推动时代化、大众化的同时，积极推动国际化建设，为增进中国与周边国家和地区的文化交流、文明互鉴，尤其是加强与"一带一路"相关国家在文化、教育等领域的互联互通，为讲好中国故事、传播好中国声音、向世界展示真实全面立体的中国形象贡献齐鲁智慧。

152

楮墨芸香　古韵犹存

——山东大学图书馆培育大学生中华优秀传统文化素养的创新实践

　　摘要：山东大学图书馆作为全国古籍重点保护单位，结合古籍特藏文献收藏特色，以"楮墨芸香 古韵犹存"作为文化育人切入口，通过开展专家讲座、教学服务、典籍文化展览、传统技艺体验等多元、立体化的传统文化阅读推广活动，将阅读推广与古籍的活化、利用、传播密切结合起来，提升大学生中华优秀传统文化素养，培养大学生文化创新意识，强化了大学文化内涵建设和文化育人功能。

　　山东大学图书馆充分利用馆藏中量多质优的古籍特藏文献，开展了多元、立体化的阅读活动，创造"文化沉浸式"育人环境，创新"古籍+"教学实践模式，打造"线上线下融合"育人空间，"让书写在古籍中的文字活起来"，让大学生在美好的感受中增加对传统文化的认同和喜爱，提升中华优秀传统文化素养，培育文化创新意识。

一、构建"同心圆"培育机制

　　从文化传承创新的高度加强大学生中华优秀传统文化素养培育机

赓续传承篇

153

制建设，建立起图书馆、学校、社会三层传统文化素养培育同心圆。第一层是图书馆建立的"总馆阅读推广中心—分馆阅读推广岗—志愿者及学生社团"三级工作体系；第二层是图书馆联合学校宣传、学工、研工、团委等各职能部门以及学院专家学者打造的校园育人体系；第三层是图书馆联合国家和山东省古籍保护中心、公共图书馆、专家、非遗传承人等校外单位、个人组成的社会育人体系，积极实践"三全育人"，同心聚力培育大学生传统文化素养。图书馆不断夯实第一层主体责任，发挥第二层主体优势，扩大第三层主体影响，尤其注重发挥山东大学人文底蕴浓厚、专家学者众多的特点，与文史哲领域知名教授联合，以专家讲座形式向大学生阐释传统文化的丰富内涵，打造"山东大学堂"高端学术文化品牌，为一校三地大学生搭建起培育传统文化素养的优质学术平台。

二、打造"沉浸式"体验场景

深入发掘校园特色文化底蕴，营造浸润式育人氛围，通过主题展览、非遗传承体验等形式，帮助大学生全方位领悟传统文化的魅力。精心挑选古籍、拓片等珍贵特藏文献开发制作纪念邮票、书签、校园卡套、背包、书立等文创产品，使文献阅读与激发兴趣、艺术鉴赏、启迪创新相融合，增强校园文化育人功能。利用

组织"珠还合浦 历劫重光——《永乐大典》的回归和再造"主题展览，进行"主题展墙＋影印本展览＋馆员讲解＋知识问答＋文创礼品"的多层次展示

古籍特藏文献、古籍修复成果开展专题展览，如"致敬先师·斯文在兹——再造善本《圣迹图》展""祖泽清芬·嘉惠后学——捐赠文献及其保护修复成果展""流传印记·馆藏特质化信息资料展"等，联合国家图书馆举办"珠还合浦 历劫重光——《永乐大典》的回归和再造"主题展览，进行"主题展墙+影印本展览+馆员讲解+知识问答+文创礼品"的多层次展示，为大学生提供近距离接触古籍的机会，让他们感受到古籍装帧的精美，了解古籍承载的文化内涵。开展"古籍保护 你我同行——古籍修复技艺进校园""晒传统技艺·享雕刻时光""绣梓千年——雕版印刷之旅"等传统技艺体验活动，让大学生全方位了解古籍的形成过程和古籍修复技艺、雕版印刷技艺的发展历史、文化内涵、技艺特色。

三、创新"古籍+"教学实践模式

利用古籍特藏文献、古籍数字化与修复设施、古籍业务人员等资源，为历史文化学院历史学、档案学等专业学生持续提供专业教学支持。为历史文化学院历史学、近现代史学等专业本科生、研究生开设方志学现场教学课，展示《大清一统志》《道光济南府志》《（雍正）山东通志》《泰山志》等古籍文献及《中国地方志综录》《中国地方志联合目录》等工具书，介绍题签、牌记等对于古籍版本鉴定的意义。为图书情报专业研究生开设教学实践课，介绍并演示修复糨糊的制作和使用，画心托裱，古籍书页的补、接、溜口等修复技艺。为档案学专业本科生开设《数字档案馆》课程，讲解古籍数字化的工作流程和注意事项，演示古籍从选目、扫描、著录到展示在数字化平台的全过程，指导学生体验古籍高端专业扫描仪的操作方法。新颖的教学形式深受学生的好评，提高了学生的实践动手能力，强化了专业理论学习的效果。教学实践课多次在山大视点、相关学院网站报道；典籍文化展览、传统技艺体验类活动多次被山东大学、国家图书馆、中国古籍保护协会、中新网等公众号转载。

四、建立"线上线下相融合"传播矩阵

不断创新融媒体发展，打通集微信公众号、企业微信、门户网站、馆报《山大图苑》及一校三地宣传终端于一体的媒体矩阵。通过全方位的合理构建，举办系列传统文化专题讲座，推介藏书家为文脉传承殚精竭虑的故事，为学生提供了校园内的"第二课堂"，加深大学生对民族文化基因的理解和认识。组织开展书籍朗读音频、古诗词闯关答题、文创设计征集比赛等活动，引导大学生主动参与到中华优秀传统文化的创造性转化、创新性发展的实践中来，进一步强化文化创新意识。精心打造"山东大学特藏数字化平台"，集特藏文献数字资源管理、阅读推广、教研服务功能为一体，已推出"校史文献""山东地方文献""书目书志文献""红色文献"四个专题数据库，发布数字化文献4000余种。平台设有网上展厅模块，常展为入选国家珍贵古籍名录的古籍赏析，特展为与微信推文、线下展览相结合的云展览，如结合图书馆古籍整理出版成果，对入选2021年度国家古籍整理出版资助项目并荣获"全国古籍出版社百佳图书"的《山东大学图书馆藏稀见书目书志丛刊》进行分期推介，"山大撷珍""古籍之魅""校庆纪念邮票：馆藏古籍赏析""古籍修复师的一天"等专题将信息服务与文化育人功能合二为一。

五、思考与启示

山东大学图书馆发挥古籍资源丰富、师资力量雄厚等优势，将阅读推广与古籍的整理、活化、利用、传播相融合，开创出培育大学生中华优秀传统文化素养的新路径。

一是发挥大学图书馆古籍资源和人才优势，讲好中华文化故事。

古籍作为中华优秀传统文化最重要的文献载体，是图书馆最具有特色的传统文化育人资源。图书馆要把讲好馆藏古籍故事作为人才培养的重点工作，将传统文化美育与古籍业务创新结合起来，开展好古籍的整理与研究，建设好数字化平台，提升古籍保护与修复水平，注重培养具备文史哲、图情、计算机等多学科背景的复合型馆员，打造古籍活化利用的良好的资源和人才条件，讲好中华文化故事。

二是形成文化推广矩阵，构建"美美与共"的传统文化协同育人机制。图书馆是高校育人体系的重要组成部分，要善于与专家学者、其他职能部门形成优势互补，推动形成协同育人新机制。要建立起图书馆、学校、社会的传统文化素养培育同心圆，邀请专家学者开展"头脑风暴"，与宣传、学工、研工、团委等职能部门形成育人共同体，将传统文化素养培育工作纳入"三全育人""书香校园"的建设中去，构建"美美与共"的协同育人机制。

三是构建体系完整、多元立体的活动品牌，开拓文化"两创"新途径。山东大学图书馆推出的"楮墨芸香 古韵犹存"传统文化阅读推广品牌，入选2021年全国高校图书馆服务"四新"建设优秀案例，成为2022年山东大学第二届"一院一品"文化建设项目，得到校内外师生的好评和媒体的关注。大学图书馆要适应全媒体时代大学生的阅读特点，不断完善传统文化素养培养品牌，将理性认知与感性熏陶相融合，学术研究与体验实践相贯通，注重数字化新技术赋能，建设线上线下相融合的育人平台，利用现代传播手段，通过多元、立体化活动扩大文化传播普及效果，增进大学生传统文化素养的提升，营造良好的校园文化育人氛围，拓宽文化"两创"的途径。

赓续书院文教传统　探索博雅教育新范式

——青岛大学深耕浮山书院博雅教育试验田

摘要：青岛大学以"培养心怀天下、人格典雅、学行合一、智慧通达的现代君子"为教育目标，优化整合大学文化素质教育资源，在全国高校首创浮山书院博雅教育模式，从"博""雅""慧""行"四个维度深耕大学博雅教育，建设师生从游、朋辈互助、学生自治的成长共同体，营造"渊博雅正、智慧空灵"的博雅教育生态，人才培养和教学研究结出累累硕果。

青岛大学以中华文化传承创新为己任，深耕浮山书院博雅教育试验田，坚持育心与育德相统一，把立德树人作为教育工作的根本任务，始终将学生理想人格培养和综合素质提升作为一切工作的核心，系统设计全面育人教育教学体系，探索大学博雅教育新范式。

一、秉持"博""雅""慧""行"的君子人格培养理念

继承先秦儒家所开创的君子教育传统，弘扬中国古代书院教育精神，以培养"现代君子"为目标，提出"博""雅""慧""行"四育并重的博雅教育理念。"博"为通识，强调智识的博通宽广；"雅"在修身，强调人格的典雅，情趣的高雅；"慧"重思悟，强调思维的敏锐，

见解的深刻，创造力的活跃，以及对生命内涵的理解；"行"贵实践，强调学以致用、知行统一，读万卷书，更要行万里路。四育并重的博雅教育理念，倡导"正己、明理、悟道、用世"，引领学生不仅注重知识的广博，更注重高尚品德和理想人格的陶冶，培养学生精思善问、探求新知、追求真理的科学精神及学以致用、知行统一的实践能力。

二、构建"课程+讲座""读书+实践""体验+传承"的博雅教育体系

构建由"经典研读与文化传承""琴棋书画与艺术体验""科学精神与创新思维""自我塑造与社会担当"四模块组成的博雅课程体系，以浮山书院为依托，通过浮山讲堂、经典研读工程等教育载体实施博雅教育。赓续古代书院"鹅湖鹿洞之风"，诚邀国内外名家举办"文化复兴与大学人文"系列讲座，举办"思接千载"读书节、"享读经典"读书会、"中华经典诵读大赛"等活动，循序渐进研读《大学》《中庸》《论语》等中国文化经典，增强学生传承中华优秀传统文化的使命感和自觉

浮山书院举办浮山讲堂"文化复兴与大学人文"系列讲座

意识。将古诗词吟诵、雅乐、礼仪、舞蹈有机融合，辅之以中国民族器乐演奏，采取体验式教学方式，带领学生进行作品创编和艺术展演，对诗乐舞一体的传统美育形式进行创造性演绎，引领青年学子向善成德，弘扬孔子"兴于诗，立于礼，成于乐"的修身范式。

三、采用"跨学科、多元化、无边界"的教育组织形式

每年秋季学期从大一新生中跨学科遴选80名左右的学生进行为期两年半的博雅教育，涵盖文、史、哲、理、工、医、经、管、法、美术、音乐、教育等专业，力求呈现文化交融、多元共生的特质，并将其作为博雅教育"种子"进行培养，示范带动全校博雅教育品质的提升。多元化聘请任课教师和修业导师，实行教席邀请制，除校内在职教师外，还特聘退休教师、优秀校友、行业精英担任修业导师，并根据时代发展和人才培养需要，结合学生实际诉求适时更新师资力量，给予学生人格示范和人生引领。打破空间限制，多场域实施课程教学，将"中国茶文化"课程开在崂山茶园，将"戏剧鉴赏与实践"课程开在剧院，将"艺术的故事"课程开在美术馆。走出校园开展文化研学，到曲阜"三孔"考察孔子与儒家文化，到东营调研黄河生态文明，把大自然作为无形的课堂，引领学生"寄情山海、参于天地"，培养自由舒展的大写人格。利用微信群、公众号、视频号等新媒体开展"晨读经典""领读经典""三省吾身"等贯穿大学四年的读书修身常态化教育。

四、营造"师生从游、朋辈相契"的成长共同体生态

一方面，重建师生关系，促进教学相长。教师利用课余时间与学生一起品茗雅聚、登山观海、书信畅谈，指导学生研读中国文化经典，进行琴棋书画实操，筹备"中国诗乐舞展演"，策划"花朝节""柿子节""小满茶会""咏而归"晚会等大型活动，并在寒暑假带领学生参加

全国通识教育讲习班和各种志愿者活动，实现师生共同成长。学生通过"上课为老师敬茶""下课送老师回家""教师节为老师祝福"等实际行动表达对老师的尊敬与感恩，同时鼓励学生"问难扣师"，敢于挑战教师权威，培养独立思考的治学精神。另一方面，倡导学生自治，缔结友道传承。以"学生充分发展"为核心理念，营造精诚团结、和谐融洽的家文化，形成"大二迎大一、大三送大四""毕业生与在校生手拉手"的"传、帮、带"机制。实行"助教＋小组"的课程学习模式，创设戏剧排演、文艺晚会、读书研学、社团活动、美育雅集等跨专业、跨年级合作共事的机会，倡导"人人有事做，事事有人做"的自组织模式，培养学生的主人翁精神、集体荣誉感以及人际交往能力、组织协调能力和解决问题能力。

五、形成大学博雅教育示范辐射效应

浮山书院学子以较高的人格修养和综合素质在班级、宿舍、社团、社会中发挥了示范带动作用，成为传播中华优秀传统文化的使者。数百名学子毕业后进入外交部、中国科学院、中央电视台、华为、海信等机关、企事业单位工作，在文化、教育、医疗、服务等各行各业发光发热。一批专业教师通过参与博雅精品课程的探索与实践，成长为具有跨学科素养的博雅教育者，出版了《琴棋书画》《国学读本》《唐诗宋词名篇导读》《浮山随笔》等著作，教研成果得以广泛推广。博雅教育的青大路径得到了社会各界和各大高校的广泛关注与认同，成为青岛大学乃至青岛市的一张"文化名片"。中国教育报、中国教师报、中国青年报、人民网、中国社会科学网等对浮山书院的教育实践进行了深度报道。

六、思考与启示

青岛大学浮山书院通过培养现代君子的博雅教育探索，传承与弘扬了中国古代书院的文教传统，是一种全面渗透中国文化元素的博雅教育实践，为高校提供了一种"课程+关系+实践"的博雅教育"新范式"。

一是大学博雅教育应以培养君子人格作为首要目标。博雅教育是具有中国人文精神的君子教育。大学博雅教育的目的不止于知识层面的补偏救弊，而在于培养具有高尚德行、担当民族复兴重任的博雅君子和时代新人，发挥君子的表率作用，化民以德，引领社会风气。在探索全面渗透中国文化元素的教育新时代，大学应从中国古代书院传统中寻绎博雅教育的中国基因，以培养君子人格作为博雅教育的首要目标，弘扬"渊博雅正"的君子之学，践行"君子不器"的教育之道，进而铺就一条具有中国文教传统和哲学意蕴的博雅教育之路。

二是大学博雅教育应打破传统的教学组织形式。博雅课程体系是一种全面的教育体系，包括人文社会科学、自然科学和工程技术等多个领域的课程，涵盖了广泛的知识和技能，旨在培养学生的综合素质和创新能力。要打破文理壁垒，消除专业藩篱，超越课堂教学和知识传授，探索跨学科、多元化、无边界的教学组织形式，尊重每一位学生的个性差异，包容多元思想，真正把学生当作自由灵动的生命体对待，践行全员、全过程、全方位育人理念，不拘一格开展博雅教育，实现"人人、时时、处处"全场域深度浸润式学习，让学生从课程、活动、实践、环境以及人与人之间的关系中汲取知识，培养能力，提升素质、启迪智慧。

三是大学博雅教育应营造良性循环的师生成长共同体生态。师生关系和朋辈关系是教育活动的重要载体，也是影响学生发展的重要因素。学生在美好和谐的师生关系和朋辈关系中往往更能激发学习的热情和内在的潜能。大学博雅教育不仅要下功夫建设高质量的博雅课程，还应特别重视师生关系和朋辈关系所蕴含的教育价值，着力建构"师生从游、朋辈相契"的成长共同体生态，让师生在教学相长、互动交流、共学共进中获得精神世界的丰盈和生命境界的提升。

深耕道德联盟　厚育信用体系

——莱西市以"美德+信用"助推乡村善治

摘要： 莱西市统筹新时代文明实践、美德和信用建设，以积分制为抓手，推行"三四五"工作法，搭建一体化教育、实践、评价、激励体系，贯通道德、信用、消费、金融、志愿服务平台，构建德治、德益、德助、德学、德信五德联盟，为组织群众、宣传群众、服务群众提供了有效抓手。"美德+信用"引领莱西走出富有特色的乡村善治之路，让中华优秀传统文化"两创"在莱西大地落地生根，枝繁叶茂。

莱西市着眼于中华优秀传统文化在助推乡村善治过程中的应用与转化，将美德和信用与消费、金融、志愿服务等群众的日常生产生活相融合，通过构建五德联盟，打造了德信互促的乡村善治体系，促进了中华优秀传统文化"两创"。

一、主要做法

（一）建立三项机制

建立组织领导统筹机制。莱西市成立涵盖56个市直单位的美德和信用一体化推进领导机构，镇级成立信用办，村级设立道德评议会，形成市镇村三级一体组织领导架构。建立责任落实推进机制。印发《莱西市社会信用体系建设三年行动方案》《关于推进"上善莱西"德治建设 构建"德者有得"机制的实施方案》等系列文件，细化监测指标，每月通报、定期观摩、专题调度，统筹推进各项工作。建立社会资源共建机制。组织成立莱西市上善崇德志愿服务协会、上善德信志愿服务中心，1000多名志愿者、100多家团体会员参与平台运营、捐赠道德资金等，充实美德信用建设工作的人力和财力。

（二）实现四个贯通

贯通道德信用积分平台，筑起道德和信用建设的"桥头堡"。建立自然人和法人道德和信用评价标准体系，实现上善莱西数字平台和信用莱西平台积分数据的互通互联，为打造积分制统领的应用场景奠定数据基础。贯通线上线下消费平台，立起撬动实体经济的"支撑点"。采用POS识别支付系统，便捷实现道德积分线下消费、线上销分等功能，打造全国领先的积分兑换、支付结算闭环体系，拉动中小商户消费，促进实体经济发展。贯通上善莱西、信用莱西、莱西信易贷平台和青岛市信易贷平台，畅通自然人、企业、金融机构融资对接渠道，打造全国首个为自然人提供融资需求的信易贷平台。贯通点单接单志愿平台，开启精准服务群众的"服务器"。将志愿服务程序嵌入上善莱西数字平台，实现志愿者和志愿组织注册、活动发布、现场打卡、积分兑换等功能，志愿时长直接转换积分，完善志愿服务的常态化激励机制。

（三）打造五个联盟

打造德治联盟，促进社会治理。把爱党爱国爱村等抽象的道德规范具体化为75项赋分指标，通过群众自主申报和部门批量导入积分的形式，使思想变行动、行动变积分、积分变面子和里子，为党组织发动群众提供抓手。打造德益联盟，助力美德经济。撬动社会资源，发动企事业单位、个体工商户、公益组织加入德益联盟，搭建物质奖励、精神激励平台。通过开展积分换券、购房打折减免等活动，带动线下消费。打造德学联盟，传承红

在德学加盟教育基地——乡村记忆博物馆开展德学教育

色基因。打造100个新时代公民道德教育基地，联同美德健康新生活宣讲团等1400名宣讲人员，通过"教育基地+点单式宣讲+积分奖励"模式，把正能量信息传递到群众心坎上。打造德助联盟，建设志愿之城。整合志愿服务团队及项目资源，通过平台化统计、积分化激励，创新文明实践志愿服务供给方式，实现志愿服务精准对接。打造德信联盟，助推绿色金融。完善政务服务管理信用联合奖惩机制，在27个领域推行分级分类监管，出台容缺受理审批、绿色通道等信用便民惠企措施。通过莱西市信易贷平台发布"德信易贷"等主题信贷产品，以融资促进效能提升。

二、实践成效

（一）打造了社会治理的"导航仪"

通过正向激励，调动了群众参与社会治理的积极性。美丽庭院创建等需要群众广泛参与的工作有了抓手，全市798个自然村利用积分促进人居环境整治。以反向约束遏制影响社会文明的不良行为。归集公用事业不良信息、严重失信黑名单等负面信息，将其列入信用等级评价减分内容，有效遏制失信等问题的发生。通过树立标杆，形成文明新风。38

人当选"山东好人""中国好人",10户家庭荣获全省、全国"文明家庭""最美家庭"称号,培育省级以上学雷锋志愿服务"四个100"先进典型19个,以道德典型的示范引领作用,推动形成崇德向善、见贤思齐的浓厚氛围。

(二)激发了群众参与的"金钥匙"

信用积分制激发了志愿服务新活力。积分公示和积分奖励,让群众既得面子又得里子,道德行为内化于心、外化于行,激发了其参与志愿服务热情。信用积分制打造了理论学习新高地。把道德积分作为带动党员干部群众深入学习新理论新思想的重要举措,用党员先锋指数、干部榜样指数和群众学习指数考评等硬指标激发党员干部群众的学习热情。信用积分制提升了学生素养新境界。莱西市印发了全市中小学《德学评价管理办法》,通过"德学积分"兑换物质或精神奖励,培养学生养成良好的道德行为和学习习惯,扣好人生第一粒扣子。

(三)撬动了社会资源的"助推器"

莱西市通过政企合作减少了财政支出。中国建设银行青岛市分行出资800余万元,开发融合信息采集、积分管理、消费券发放、商户加盟、权益兑换等多功能于一体的"上善莱西"数字平台,以合作方式减轻财政负担。企业让利推动"德者有得"氛围逐渐形成。市、镇两级428家德益加盟单位根据道德积分权益等级出台相应折扣或减免政策,吸引

莱西市水集街道永兴街社区部分商户参加德益联盟加盟仪式

市民消费，增强了积分奖励机制的实效性和公信力。100余家企业捐赠"助村惠企"道德资金，款物价值达500余万元。公益组织参与推动社会服务效能持续提升。"党建+社会工作+社会志愿服务+社会组织"联动模式得到普遍推广，500多名社工、志愿者参与"一老一少"关爱服务，实现儿童督导员、儿童主任全覆盖，11个居家社区养老服务中心、22个居家养老服务站为老年人提供助餐送餐、日间照料、医疗康复等基本居家养老服务。

三、思考与启示

第一，让美德信用可实践是调动群众积极性的原生动力。美德和信用历来都是软指标而不是硬要求，能够落实几分全凭个人觉悟。"上善莱西"德治建设的内在理路就在于创新推行量化积分制，在社会公德、家庭美德、个人品德等方面确立的75项赋分标准，最终将群众所思所想落实为爱党爱国爱村的具体实践，进而转化为具体分值，群众在潜移默化中积极参与实践，乡村治理由无形变为有形。这启示我们，美德和信用依然是推进乡村善治的原生动力，通过量化标准与评价体系建设，让道德规范可实践，让信用行为可量化，激发群众在日常生活和村务治理中的道德感、创造力与积极性，汇聚乡村治理动能，激发乡村振兴新动力。

第二，以美德信用为核心是乡村治理资源整合的有力抓手。将传统德信文化融入乡村发展，以之为核心对现有治理资源进行有效整合是推动乡村善治的有力抓手。"上善莱西"以德信文化为基础打造五德联盟，通过建设社会资源共建机制使得各级企事业单位与公益组织等在社会各层面各领域内有效联通，进而发挥最大效能，推动崇德尚礼莱西建设。可见，在乡村治理模式更新过程中，以优秀德信文化为核心有效整合社会资源，促进乡村发展、治理和服务有机融合，才能高效推动各项工作开展，进而改善营商环境、促进双招双引，最终增强治理效能。

　　第三，将美德信用数字化是推动乡村善治的有效途径。道德积分和信用等级把纷繁复杂的基层事务标准化、具象化，通过数字技术搭建的"上善莱西"开放式服务平台，将美德和信用量化为可实践、可操作的积分与实物，推动整个乡村社会治理的科学化、透明化与规范化。可见，数字化是传统德信文化得以转化创新进而推动基层治理的有效途径，唯有促进数字应用与乡村治理有机结合，不断探索创新数字技术在中华优秀传统文化"两创"中的应用路径，方能形成法治有序、德治有效、自治有力的乡村善治大格局。

唱响"活聚传"三字诀

——烟台市蓬莱区传承弘扬戚继光文化的探索实践

摘要：2018年6月，习近平总书记视察蓬莱时指出，"我国古代史、近代史、现代史构成了中华民族的丰富历史画卷。领导干部要多读一点历史，从历史中汲取更多精神营养。要加强国家重点文物保护，让优秀文物世代相传"。近年来，烟台市蓬莱区把传承弘扬戚继光文化作为推动文化"两创"的突破口，唱响"活聚传"三字诀，汇聚合力、盘活资源、活化形式、加强传播，不断激发戚继光文化的生机与活力，走出了一条文化"两创"的特色之路。

作为国家级历史文化名城，蓬莱悠久的历史、独特的地域环境和重要的军事地位，孕育了戚继光文化。烟台市蓬莱区深挖戚继光文化内涵，推动戚继光文化保护传承利用，产生了良好的社会影响。

一、主要做法

（一）唱响"活"字诀，打造展示空间传承优秀文化

立足自身优势，盘活区内戚继光文化资源，实体化打造戚继光文化传承片区，让优秀传统文化可见可感可亲。划定蓬莱古城和历史街区保

戚继光纪念馆外景

护范围，对戚继光故里、蓬莱水城、戚继光祠堂、戚氏牌坊、戚继光墓等历史文化遗存进行修缮，提升历史文化遗存的保护质量。建成戚继光纪念馆，生动再现戚继光山东海防备倭、闽浙沿海抗倭、蓟州边关戍守的历史画面，设计现场教学点6处、现场教学路线4条，戚继光纪念馆被列为胶东（烟台）党性教育基地蓬莱教学区的核心教学点。

（二）唱响"聚"字诀，依托多维平台深化学术研究

探索建立戚继光文化多维度学术研究交流平台，汇集全国范围内的大家名家，形成多元化的戚继光文化研究格局。多领域组建学术研究队伍，牵头成立中国明史学会戚继光分会，定期邀请国内明史专家齐聚蓬莱开展学术研究；成立戚继光文化名家工作室，形成"知名专家领衔、中青年骨干参与"的学术研究机制；成立戚家拳研究会，研究整理戚家军武术体系，弘扬和传承戚继光武术。多渠道搭建学术交流平台，每年举办全国戚继光学术研讨会，连续多年举办山东社科论坛——戚继光抗倭与弘扬民族精神研讨会，定期出版《戚继光研究》，深入挖掘戚继光文化的史学价值和现实意义。举办戚继光文化书籍出版研讨会，出版

编辑《戚继光文化著作选编》。其中，《戚继光大传》成功入选中宣部"经典中国国际出版工程"。

（三）唱响"传"字诀，实施系列举措弘扬英雄精神

多渠道、多方位、多形式开展戚继光文化传播普及活动，让人民群众了解英雄、崇敬英雄、学习英雄。坚持用文化活动"扩声"，每年11月举办戚继光诗歌大赛、戚继光诗歌赏析等系列纪念活动，常态化开展"戚继光文化志愿宣讲""太平楼上话战神"系列文化讲座。发扬戚继光武术精神，推动戚家拳进景区、进公园、进警营。坚持用文艺精品"润心"，拍摄并播出纪录片《戚继光》，打造大型新编历史京剧《戚继光》，邀请国家一级演员殷秀梅为其演唱主题歌曲《碧海丹心》，对20多首戚继光经典诗歌进行了谱曲创作。坚持用学校教育"铸魂"，在全区中小学开展戚继光诗词吟诵竞赛、戚继光主题研学等系列文化活动600多场次，策划编写《戚继光》校本教材，编印《烟台中华优秀传统文化、烟台廉脉教育画册——民族英雄戚继光》(中、小学版)2万册，并向全区教育系统及中小学生发放，将戚继光文化纳入"开学第一课"必讲内容。

京剧《戚继光》剧照

二、工作成效

（一）戚继光文化保护不断加强

蓬莱水城、戚继光牌坊、戚继光祠堂和戚继光墓先后被列为全国重点文物保护单位，戚继光故里被评为省级爱国主义教育基地。戚继光纪念馆成为国内戚继光主题展品最丰富、研究文献最齐全、展示形式最多样的纪念馆，接待全国各级各类党员干部培训班次510余个，累计2.5万余人次，获评国家文物局2020年度"弘扬优秀传统文化、培育社会主义核心价值观"主题展览项目。

（二）戚继光文化研究不断深化

中国明史学会戚继光分会的成立，推动戚学研究水平上升到国家级学术高度。举办戚继光系列学术研讨会，其中戚继光文化当代价值研讨会被评为山东省社科论坛十佳研讨会。多部戚继光研究著作在国内外产生广泛影响，影视文学剧本《戚继光》在"学习强国"平台连载刊发。

（三）戚继光文化影响不断扩大

戚继光诞辰日系列纪念活动累计参与人数达到30余万人次，开展文化讲座、故事大赛等系列活动260余场次。京剧《戚继光》亮相首届黄河流域戏曲演出季，并在沈阳等9个城市开展巡演30余场次。人民日报、新华社、大众网等媒体推出戚继光专题，先后组织记者到蓬莱进行实地采访，共刊发报道30余篇。

三、思考与启示

第一，文化展示空间是文化传承发展的前提基础。蓬莱区打造戚继光文化传承片区，通过开发纪念展馆、打造文旅地标、设计文化体验线路等方式，让优秀传统文化在可知可观可感可亲中得以传承。这启示我们，要依托丰富的历史文化资源，活化传承当地优秀传统文化，通过历史遗迹、博物馆、纪念馆等物化载体，让文化看得见、摸得着、记得住，同时，可以打造一批以文化标识命名的公共基础设施，在城市建设中融入优秀传统文化，营造浓厚文化传承氛围。

第二，精品文化成果是文化传承发展的有效载体。蓬莱区围绕戚继光文化开展研究阐释创作，推出了一系列研究力作和文艺作品，在挖掘保护戚继光文化精髓的同时，促进了戚继光文化的传承发展。这启示我们，要总结提炼当地优秀传统文化中蕴含的思想观念、人文精神、道德规范，推动传承当地传统文化与学术研究相结合、文学艺术创作和弘扬中华文化价值相结合，真正做到保留文化形态、传承文化基因、赓续文化根脉。

第三，宣传平台矩阵是文化传承发展的重要保障。蓬莱区充分发挥媒介力量，在宣传弘扬戚继光文化上蹚出一条新路，活化文化传承形式，扩大了戚继光文化的传播力和影响力。这启示我们，要在持续用好传统主流媒体的基础上，着力搭建新媒体矩阵传播平台，通过使用AI、3D、VR、AR等新技术，实现优秀传统文化传播多元组合、破壁"出圈"，可视化呈现传统文化的新亮点和新变化，使其焕发出时代活力。

传承传统孝德文化基因
打造乡村文化振兴样板

——青州市侯王村蹚出"以孝治村"新路

摘要：中华优秀传统文化是中华民族的精神命脉，亦是滋养乡村文化的源头活水。青州市侯王村在全国率先提出"以孝治村"理念，将传统"孝德文化"元素嵌入乡村治理方略，以地域性文化缔结乡村精神共同体，助推乡村整体善治，使其从贫困村、矛盾村蝶变成"全国文明村""全国民主法治示范村"，为实现乡村振兴提供了一份独特的"文化治理"方案。

青州市侯王村着眼推动中华优秀传统文化在乡村治理场域中的创造性转化与创新性发展，将"孝德文化"融入村民日常生产生活，逐步探索出以"以孝治村"为核心内容的"乡村文化治理"路径，有效推动了弘扬中华优秀传统文化与乡村振兴的有机结合。

一、主要做法

（一）强一核心，夯实以孝治村的组织基础

面对曾经的组织软弱、人心涣散、资源匮乏等多重治理困境，侯王

村联合党支部立足实际分析研判，确立了"以孝治村"的发展和治理路径。通过"支部生活日3+X工作法""党员管理一诺三评""民主管理421工作法"等制度规范建设，强支部、作表率、聚民心，充分发挥基层党组织的战斗堡垒作用和党员的先锋模范作用，为"以孝治村"的实施奠定了坚实基础。

（二）分三步走，绘制以孝治村的行动蓝图

侯王村率先在全国提出"以孝治村"理念，建构出以"孝养、孝敬、孝顺"为整体框架的"三步走"路线图。"孝养"聚焦于孝文化的基础性内涵，通过对"孝老敬老"理念的宣传教育，培育优良家风村风。"孝敬"聚焦于孝文化的治理性内涵，通过设立"五老议事会"，发挥有威望的老人协商调解、议事决策的辅助作用。"孝顺"聚焦于孝文化的拓展性内涵，将孝文化与乡村治理整体格局相融合，推动集体事务有序发展。

（三）抓五方面，细化以孝治村的实践方案

"以孝治村"构想的践行，有赖于"知孝、倡孝、督孝、评孝、扬孝"五个方面的共同推进。"知孝""倡孝"注重宣传教化，建设孝文化广场、孝文化图书室和孝德园，制定"敬老爱老标准""老人生日备忘录"，构建孝德教育机制和孝行实践标准，实现了孝文化从"知"到"行"的转变。"督孝"注重监督约束，通过设置"敬老监督台"，以量化形式对赡养协议执行情况进行考核，实现了孝行从"软指标"到"硬约束"的转变。"评孝""扬孝"注

侯王村老人喜庆重阳节

重激励引导，通过开展好媳妇、好婆婆、慈孝人家、孝德人家等典型选树活动，构建"孝行荣誉体系"，每年重阳节举行"孝亲敬老先进表彰大会"，把奖状送到"娘家和单位"，实现了孝行从"无人知"到"人人知"的转变。

二、工作成效

侯王村以弘扬孝文化为切入点和连接点，探索出"以孝治村"的新模式，全面激发村庄治理的内生动力，勾绘出一幅"以乡村文化振兴激活乡村全面振兴"的生动画卷。

（一）涵养文明乡风，尊老孝老蔚然成风

侯王村"以孝治村"成效最直观显著，村民自觉践行老慈子孝、邻里互助的传统美德，老人从"住偏房"到"住正房"，邻里从"你争我吵"到"和睦共处"，形成了良好的家风乡风。近年来，侯王村共评选出"好媳妇"83名、"好婆婆"62名，涌现出"全国孝老敬亲十大楷模""中华十大慈孝人物""中国好人"等道德模范，被评为"全国文明村"。

（二）推动产业兴旺，文旅农游蓬勃发展

侯王村将孝文化宣传、教化、体验、传承的集成性功能与自然资源优势相结合，大力发展孝文化主题乡村旅游产业，推动绿水青山与金山银山双向转化，让村民既富了"脑袋"又富了"口袋"。通过建设有机农业采摘园和孝文化体验园，将孝德教育、亲子互动与农业产业发展巧妙融合，打造侯王三美田园综合体，变分散个体经营为适度规模经营，通过党组织领办合作社，带动周边4500余户村民走向共同富裕。侯王村先后荣获"中国乡村旅游模范村""好客山东最美村镇"等称号。

（三）助力人才振兴，乡贤汇集宜居宜业

"孝美侯王"金字招牌品牌效应的彰显，不仅让侯王人认识到"孝文化"的强大生产力，更促使大家主动投身建设"孝美侯王"，有效化

解了乡村振兴的人才困境。侯王村通过"内育外引"，一方面积极落实农村实用技术带头人培训制度及乡村建设工匠培育工程，全面提升新农人整体素养；另一方面创新打造回乡创业人才服务平台，积极吸纳返乡"能人"加入基层党组织，一批"返乡兴业项目"融入全村孝文化旅游产业布局，有力助推侯王村高质量发展，侯王村被评为"山东省首批乡村振兴示范村"。

（四）赋能共建共治，乡村治理协同高效

侯王村党支部将孝文化与乡村治理有机结合，以通俗易懂的"群众话语"提炼出"村级治理五联共建""孝德治村五孝齐抓""联系群众七彩连心"和"化解矛盾纠纷十二法"等八项实用工作法，不起眼的"土办法"有效解决了村庄治理的"大难题"，实现了"以孝治村"理念与新时代乡村治理实践的互联互促。经过多年接续奋斗，侯王村被评为"全国民主法治示范村"和"山东省先进基层党组织"。

三、思考与启示

侯王村"以孝治村"的实践，证明了"文化治理"作为一种有效模式助推乡村善治的可能性。"文化驱动型"乡村治理路径的实质，是以"乡村文化治理"为切入点，通过对中华优秀传统文化的深度挖掘，将"文化因子"嵌入乡村治理，进而激活乡村内生性发展动力，促进资源要素融合共生，实现乡村全面振兴的过程。乡村文化治理的有效实现，有赖于以下三个方面的合力作用。

一要深挖中华传统文化因子，涵养乡村精神共同体。某种程度上，"产业驱动型"治理模式仍是当前推动乡村振兴的主流范式，但对于产业基础相对薄弱的村庄而言，该路径面临诸多"启动困境"。"文化驱动型"乡村振兴路径，为此类文化底蕴深厚但缺乏产业基础的村庄，提供了一种可资借鉴的治理出路。中华优秀传统文化中蕴含着缔结乡村精

神共同体的基础因子，乡村精神共同体的搭建，能够让村民找回曾经的"精神原乡"，有效实现村民的"文化认同"与"情感认同"，为全面推动乡村振兴凝聚起精神合力。

二要擦亮乡村原生文化底色，打造地域性文化标签。地域性传统文化是乡村文化的根脉所在，其具有历史延续性和不可替代性。推动实现乡村文化振兴，关键是要深度挖掘地域性文化宝藏，通过重新识别解读，提炼其时代蕴含，释放其时代潜能。一方面要追本溯源，立足本地文化及民俗历史，重构地域性文化内涵。人民群众对从历史和传统中提取出的文化因子，具有天然的亲切感和接受度。另一方面，要固本浚源，结合时代命题及治理需求，打造地域性文化IP与品牌。地域性文化标签的建构，是进一步发挥文化要素激活作用的前提，是通过文化振兴撬动产业振兴的必要基础。

三要推动文化因素嵌入共生，激活内生性发展动力。乡村文化治理效能得以有效发挥的关键，在于实现乡村文化振兴与乡村振兴整体目标的嵌入与耦合。乡村文化振兴实现的是乡村治理主体的"文化认同"，但全面落实乡村振兴整体任务，建构共建共治共享的新型治理格局，还要进一步促成各治理主体间的"目标认同"与"行为认同"。由此，打通"文化驱动型"乡村治理路径，必须实现乡村文化振兴与乡村组织振兴、产业振兴、人才振兴及生态振兴的一体化推进，为充分发挥乡村文化振兴的激活功能制造连接点，促进文化要素与其他多维要素的融合共生，为乡村全面振兴赋能增效。

保得住、用得好、活起来

——革命文物保护利用的"昌邑实践"

摘要： 近年来，昌邑市坚持"保护第一、加强管理、挖掘价值、有效利用、让文物活起来"的新时代文物工作总方针，坚持保以致用、以用促保，在创新引领、平台支撑、融合发展上下功夫，探索出"保得住、用得好、活起来"的革命文物保护利用新路径。

昌邑市位于山东半岛西北端、渤海莱州湾南岸，是抗日战争时期胶东革命根据地的重要组成部分，也是我党的红色生命线——"渤海走廊"的重心，目前拥有不可移动革命文物31处，总量居山东省首位，先后入选全国第二批革命文物保护利用片区分县名单、首批山东省文物保护利用示范区创建名单。

一、创新引领，确保革命文物"保得住"

（一）创新组织管理模式

以加快建设红色文化名城为统领，出台《关于进一步加强文物安全工作的实施意见》等确保文物安全、加强革命文物保护利用的创新政策措施。注重凝聚多方合力，成立革命文物保护利用工作领导小组和文物保护委员会，变文旅部门单打独斗为多部门联动协作，积极吸纳社会力量广泛参与，构建起党委领导、政府主导、部门协作、社会参与的革命文物保护利用新格局。

（二）创新工作推进形式

将革命文物保护工作纳入各级领导干部责任制和文化工作考核，与文物所在地的镇（街区）签订保护协议，明确每处文物点的安全责任人，建立日常巡查制度，确保文物安全。建立文博专家定期联系镇（街区）制度，通过实地指导、召开研讨会、举办专题讲座等形式，引导和帮助基层单位深入挖掘革命文物资源、合理规划利用途径，从上到下调动起文物保护的积极性和责任心。

（三）创新投资融资模式

加强资金整合利用，在积极争取文物保护专项资金的基础上，不断探索新型融资模式、拓宽融资渠道，引导鼓励社会资本参与文物保护利用。吸纳社会资金2000余万元，完成昌邑县抗日殉国烈士祠、中共胶北特委旧址等20余处革命文物点的修缮保护，实现由政府单一投入向政府、社会多元投入的转变。

二、平台支撑，实现革命文物"用得好"

（一）搭建红色展馆平台，让革命文物保护利用"有载体"

改变政府为主的模式，以丰富红色展藏、扩展展示空间为抓手，积极引导人民群众参与到革命文物保护利用的过程中。在利用好文物建筑的同时，将群众闲置的旧居老屋进行适当改造，用于革命文物展示，扩大红色展馆空间。采取"众筹"模式征集展品，发动群众提供展品，展品所有权归群众，展馆拥有展示权，有效解决革命文物展品征集难的问题，建成姜泊村史馆、瓦东村史馆、马渠村史馆等红色村史馆118个。

（二）搭建资源挖掘平台，让革命文物保护利用"有传承"

创新实施红色历史记忆抢救工程，组织包括机关干部、企业职工、教师在内的86名党员义工，与时间赛跑，奔赴5省8市及市内330多个村庄，走访老战士、老党员和革命先辈后代，累计征集实物400多件（套）、资料1800余份，保存文字记录40多万字、影像资料2000多个小时、珍贵图片近3万张，总结提炼了上百个有深度、有温度、有激情的革命题材故事，保存和丰富了文物资料。

（三）搭建集群发展平台，让革命文物保护利用"有品牌"

将工业集群发展思维运用到革命文物保护利用中，紧扣不同乡镇、片区独特的革命文化亮点，打造了红色文化区、红色革命带等系列红色文化阵地，建构起覆盖全市、辐射周边的红色文化品牌矩阵。构建起了以中共昌邑市委党校新校区和中小学生实践活动基地为核心，以"红色马渠""星火瓦城""英雄白塔"三个片区为支撑，以昌邑县抗日殉国烈士祠等五个展馆为特色的"一心、三区、五馆"格局，叫响"红色龙池"品牌。修缮完善西海军分区后方医院、中共胶北特委旧址、峻青文学馆等红色革命阵地，形成集群保护、整体展示、品牌打造的新格局。

（四）搭建宣传推广平台，让革命文物保护利用"有声音"

将革命文物保护利用与常态化宣传宣讲相结合，组建专家学者、专业讲解员和志愿讲解员相结合的分级宣讲队伍，开展革命文物宣讲走基层活动，让革命精神走进群众、深入人心。

在渤海走廊革命斗争陈列馆开展"我的假期红起来"主题教育活动

与全环境立德树人相结合，利用革命历史类纪念设施、爱国主义教育基地，组织中小学生开展爱国主义教育，构建协同育人新模式。与文艺精品创作相结合，创作《渤海走廊红色文化教育丛书》《大绸商》等20余部图书作品，拍摄《行军日记》等70余部微电影、纪录片，编创的音乐剧《渤海走廊》入选庆祝中国共产党成立100周年山东省百部优秀剧目。

三、融合发展，促进革命文物"活起来"

（一）与党员学习教育深度融合

发挥革命文物、革命遗址等在党员学习教育、党性修养锻炼中的重要作用，昌邑县抗日殉国烈士祠等87处红色教育基地累计接待各类团体4000多批次。创新传播平台和载体，开发网上"云展厅"，生动鲜活地展示红色文化，让红色资源活起来，有效扩大了受教育的范围。

（二）与发展红色旅游深度融合

把革命文物作为文旅融合的"红色引擎"，将红色景点串点成线，建设东、西、南三条红色旅游研学路线。鼓励扶持有实力的民营企业、社会培训机构、旅行社等市场主体参与红色文旅产业发展，与国内大型红色文旅经营主体建立合作关系，实现了形象推介、资源共享。近年来，红色景点片区接待游客300余万人次，实现旅游收入10.5亿元，逐步叫响昌邑全域红色旅游品牌。

（三）与改善民生福祉深度融合

以"党群同心得胜利"为主题，打造新时代组织建设带动村、红色文化教育先行村、红色旅游示范村。以红色展馆为阵地，积极举办红色诗词朗诵会等活动，在增强革命文物生命力、革命文化影响力的同时，有效提升群众素质。以革命文物保护利用为契机，抓好村庄道路、环境等建设，改善村庄面貌，加强人居环境整治，改善了人民群众的物质和精神生活，昌邑市获"全国文明城市"等国家级荣誉称号。

四、思考与启示

一是加强革命文物保护利用要突破发展定式改革创新。昌邑市在革命文物保护利用中坚持创新思维，不断探索新的组织管理机制、工作推进形式、投资融资模式，以改革创新提升工作效能。这启示我们，加强文物保护利用，要突破固化的思维定式和原有的管理模式，根据新的形势和任务要求，结合人民群众的新需求、新期待，以思路理念的创新引领路径举措的改革，从而推动文化遗产的系统性活化利用。

二是加强革命文物保护利用要以珍爱之心群策群力。昌邑市充分调动人民群众参与革命文物保护的积极性，让建设红色历史展馆成为群众"自己"的工程，在展品征集过程中，采取"众筹"模式，实现文物征集发动群众、场馆运营依靠群众、革命精神教育群众。这启示我们，文物保护利用也要走好群众路线，使文物保护利用走出展示场馆、影响所在区域，成为当地群众"愿意干下去、愿意讲出去"的事情，有机融入群众的日常精神生活。

三是加强革命文物保护利用要走融合之路多元发展。昌邑市突破了革命文物的"馆藏"属性，将革命文物保护利用融入时代、融入现实需求，在服务群众的生活中焕发生机。这启示我们，要改变过去为了保护而保护的工作理念，牢固树立保用并重、全方位融入、互动式发展的理念，积极推动革命文物保护利用与党史党性教育、乡村振兴、文旅融合发展、民生福祉改善有机结合，促使革命文物资源释放更新的时代价值、更优的社会效益、更好的经济效益。

用"赤诚之心"守护"红色大爱"

——乳山市打造"胶东红色乳娘"文化品牌的探索与实践

摘要：乳山市大力践行习近平总书记"红色基因就是要传承"的指示要求，立足自身红色资源优势，深入实施红色基因传承工程，加强红色资源深度挖掘和保护利用，深化红色文化研究阐释和交流传播，强化红色阵地建设巩固和拓展延伸，叫响了"胶东红色乳娘"文化品牌，让红色文化在新征程上绽放出耀眼的时代光芒。

近年来，乳山市聚焦文化"两创"，深入挖掘提炼"胶东红色乳娘"忠心向党、勇于牺牲、无私奉献、守信重诺的精神品质，创新打造"胶东红色乳娘"文化品牌，为经济社会高质量发展注入强大精神动力。

一、深挖红色精粹，激活"红色记忆"

为最大限度地还原尘封的红色历史，乳山市实施一系列"红色行动"，全力守护红色文化根脉。开展"红色寻根"行动。赴中国共产党历史展览馆、国家档案馆等多部门查询资料，实地采访当年亲历者及其后代，组织3500多名干部群众深入149个村征集文物资料1650余件，构建起脉络清晰、史实清楚、证据充分、系统完整的红色史料体系。开展"研究阐释"行动。成立红色文化研究会，举办高层次研讨会、座谈会回顾革命历史、阐释时代价值，完成相关课题10余项，出版《胶东育儿所》《红色乳山研究》《乳娘》等系列图书。开展"乳儿回家"行动。与央视《等着我》栏目组共同发起"小远落，你在哪里"寻访乳儿活动，已找到乳儿近300人，连续多年举办"回乳娘家乡看看"等系列活动。开展"乳娘关爱"行动。通过生活补贴、医疗保障、房屋修缮、精神慰藉等方式关心关爱在世乳娘，广泛宣传推介红色乳娘感人事迹，其中陈淑明老人作为"胶东红色乳娘"的代表之一，获评"第八届全国道德模范提名奖"。

二、搭建平台载体，筑牢"红色阵地"

下大气力加强阵地平台建设，确保"胶东红色乳娘"的故事有地能看、有事可说、有人会讲。一是在修缮提升上发力。投资3500余万元修缮胶东育儿所教育基地，同步实施118处红色印迹抢救保护利用工程，以文物陈列、照片展示、影像播放等方式进行历史重现。二是在内外兼修上发力。组织人员分批次到中共一大纪念馆、沂蒙党性教育基地等地开展交流学习。定期开展"大练兵"，邀请党史专家学者、央视主持人等围绕党史知识、讲解技巧开展培训，讲解团队获评"全国妇联巾帼志愿示范宣讲队"，部分成员获评"全国妇联巾帼志愿示范宣讲员"。三是在荣誉争创上发力。坚持把荣誉作为最大的无形资产，胶东育儿所教育基地先后获"全国妇女爱国主义教育基地""山东省爱国主义教育基地"等称号，马石山红色教育基地成功获批"全国爱国主义教育示范基地"。

三、拓宽宣传矩阵，传播"红色文化"

坚持多点发力、同频共振，专门制定《"胶东红色乳娘"宣传推广方案》，开展常态化宣传，确保宣传温度不减、热度常在。新闻宣传有

话剧《乳娘》演出剧照

声势。央视、新华社等百余家媒体对"胶东红色乳娘"进行全面系统的报道，其中，央视《晚间新闻》对其进行长达6分钟的报道并配短评，社会反响强烈。乳山市融媒体中心参与创作的电视专题片《寻找胶东育儿所"乳儿"》荣获第三十届中国新闻奖。文艺宣传有精品。围绕"胶东红色乳娘"主题，先后推出吕剧、舞剧、电影、话剧、报告文学等题材的文艺精品10余部，并有多部作品获得大奖。舞剧《乳娘》走进国家大剧院，在中组部全国党员教育电视片观摩交流活动中获纪实片一等奖，并入选庆祝中国共产党成立100周年优秀舞台艺术作品展演。吕剧《乳娘》获山东省泰山文艺奖，话剧《乳娘》入选"喜迎二十大 奋进新征程"全省优秀剧目，舞台类作品累计巡演100余场次，受到一致好评。社会宣传有氛围。深入开展"学乳娘 当先锋""十大杰出母亲"评选等活动，组建新时代"红色乳娘"宣讲团，开展"一滴乳汁一百年·大家讲大家听"等宣讲活动1000余场次。举办红色故事讲解大赛，创作组歌《红色乳山》，开展"唱戏给乳娘听"等文化活动，推动红色乳娘故事深入人心。

四、做好结合文章，延伸"红色链条"

牢树"红色+"理念，将红色文化融入经济社会发展的各个方面，持续放大叠加效应。实施"红色+特色旅游"。编制红色印迹地图，建设"大爱无疆田家村"等红色主题美丽乡村，打造红色经典旅游路线，"红色情 古风行"红色文化之旅入选128条全国乡村旅游精品线路，5个村入选山东省红色文化特色村。实施"红色+乡村振兴"。对覆盖50余个村的红色文化片区进行整体提升，打造崖子镇红色文旅田园综合体等乡村振兴示范区，建设共富党建联盟，发展致富项目50余个，增加了村集体和老百姓的收入。实施"红色+文明实践"。以"五为"志愿服务为重点，常态化开展"感恩红色乳娘""大手牵小手"等活动，推出"爱心驿站""洗衣社"等特色服务，成功争创美德山东和信用山东建设试点。实施"红色+好人选树"。在红色文化的影响下，先后涌现出各级各类典型模范1100余人，一线特警王伟获评"齐鲁时代楷模"称号，将40余万元积蓄无偿捐献给党组织的老党员邵本道获评"中国网事·感动山东2021"年度网络人物，跳冰湖救老人的"暖心辅警"张鑫圆获评"中国好人"，相关事迹全网传播量超7亿。实施"红色+双招双引"。将双招双引作为红色文化传承发展的重要内容，开展"感恩乳娘乳山行""助力乳山 共赢未来"恳谈会等活动，重走红色之路，参观企业项目，探讨交流合作，先后有30余家高校、企业通过建立党性教育基地、实践基地，投资产业项目，提供人才技术支撑等方式与乳山建立合作关系，有效助推乳山经济社会高质量发展。

五、思考与启示

乳山市精准把握弘扬红色文化的内在要求和规律，创新打造具有时代活力的"胶东红色乳娘"文化品牌，让红色文化展现出历久弥新的旺盛生命力，为新时代新征程更好地传承发展红色文化提供了有益借鉴。

一是**传承发展红色文化，要坚定信念守根脉**。无数革命先辈用生命和鲜血铸就的红色文化，蕴含着共产党人的精神密码，需要世世代代传承发扬下去。乳山市深入挖掘"胶东红色乳娘"背后蕴含的信仰追求、价值取向、优良作风和道德风尚，坚定红色信仰信念，努力转化为奋进新征程、建功新时代的精神动力。传承发展红色文化，就是要坚定这种文化自信，守好红色文化根脉，精准把握文化"两创"的精髓要义，推动其在代代传承中生生不息、在时时发展中灼灼其华。

二是**传承发展红色文化，要聚焦特色强品牌**。每个地区红色文化的形成都离不开其特定的历史背景，都有其独特性。乳山市在打造"胶东红色乳娘"特色品牌中，深入把握具有地域特色的红色文化的"根"与"魂"，在"长时段、大尺度"的历史考量中全面展示红色文化资源所具有的独特品质与时代价值。传承红色基因必须紧紧扣住地方特色，更加关注"关键基因"和"显性基因"，努力使其有更好的"性状表达"，增强品牌生命力、影响力和持久力。

三是**传承发展红色文化，要创新思维助发展**。红色文化本质上是精神食粮，可以强基铸魂、凝心聚力，但也能直接转化为经济社会发展的澎湃动力。乳山市在有效利用红色文化丰富人民精神世界、增强人民精神力量的同时，通过采取"红色+双招双引"让红色"软实力"转化为发展"硬支撑"。在红色文化传承发展中，要努力做到更大范围、更深层次、更高质量地融入地方经济社会高质量发展的各个方面，实现红色文化传承发展与各项事业"各美其美""美美与共"。

课程传文化　国学润心灵

——临沂杏园小学推进优秀传统文化课程化实施路径探究

　　摘要：临沂杏园小学作为山东省优秀传统文化教育示范学校，聚焦立德树人根本任务，坚持"享受成长快乐"的办学理念，在传统"六艺"教学体系的基础上，进行大胆突破和创新，打造了具有传统风范和现代风格的新"六教"课程，在传承优秀传统文化方面形成了鲜明的办学特色。

　　孔子开创的"六艺"教育是我国儒家教育形式的凝练表达和高度概括，是中国古代人才培养的核心课程体系。临沂杏园小学矢志做有根有魂的教育，以师生的快乐成长为目标，构建经教课程、诗教课程、书教课程、德教课程、礼教课程、乐教课程的新"六艺"课程体系，完善评价监测办法，让学生在接受教育中浸润传统文化。

一、主要做法

　　对传统"六艺"教育精神进行创造性继承和创新性发展，在现代教育理念指导下打造新"六教"课程，指向学生的六种人格品性，既体现鲜明的历史传承性，更具有鲜明的时代创新性。

（一）经教——经典诵读课程，诵吟传统文化经典，蕴养博厚的学养根基

参照私塾教育古制，结合小学阶段学生特点和教学实际，开设经典诵读课程，按照先蒙学、后经学、间以诗词的顺序收录《蒙学三百千》《孝经》《大学》《论语》等六部儒家经书，编制成《杏园国学经典读本》，以传世经典润养学生童年。坚持每天诵读、每月检评，利用晨读时间、语文候课时间、下午放学时间进行国学诵读，结合每周传统文化课进行讲解，每月在班会上讲评。

（二）诗教——诗词吟诵课程，赏学传统经典诗词，滋养高卓的品性情怀

挖掘古典诗词的文学、文化价值，发挥古典诗词的化人、育人作用，从诗词背诵、诗词吟诵、诗教课堂、诗教展演等方面推进诗教。开展古诗专题教学研究，探索不同学段古诗教学策略，通过组织主题研讨、古诗示范课、古诗讲课比赛、国学小名士比赛等形式，深入推进诗教课程的探索和实施。成立子衿国学社，精选240多首中华古典诗词，由擅长吟诵的教师指导学生诵读、学习经典和古诗。

诵读国学经典 深度涵养心灵

（三）书教——传统书法课程，学习传统书法技能，润养艺术的审美境界

遵循"写字修身，翰墨育人"的课程建设理念，设置"两大一小"两种课型，开展传统书法教育。一至二年级每周一节硬笔大课，三至六年级每周一节软笔大课，专职书法教师在专门书法教室授课。一至六年级坚持每天下午开设二十分钟练字小课，语文教师按照"做操活动静身心—复习双姿做准备—引导示范悟其形—精要讲解得其法—总结拓展谈收获"五环节，加强书写训练与指导。

（四）礼教——传统礼仪课程，进行传统礼仪熏陶，培养文雅的行为习惯

"不学礼，无以立。"在礼仪教育方面，逐渐探索出鞠躬礼、队礼、课前礼、餐前礼"四个常礼"和开学礼、开笔礼、升旗礼、成童礼"四个典礼"的礼仪教育系列活动，以"礼"的形式培养文明习惯、培育品性内核。通过传统礼仪的熏陶，规范学生的行为习惯，培养学生文雅的气质修养。

（五）德教——美德养成课程，传承传统优秀德行，修养良好的德行品质

在"聚焦基本德行、注重实践体验、强化意识形态、培育家国情怀"德育思路的指导下，每月围绕一个节日，聚焦一个美德，利用现有平台，开展全方位、立体式、主题化的系列德育活动，让孝德、善德、敬德、信德、俭德、感恩等传统美德深度影响学生，让孩子在活动中学做人、在实践中学做事。

（六）乐教——雅乐艺术课程，熏习经典德音雅乐，涵养优雅的品位情操

通过杏园戏曲大会、乐器进课堂、传统艺术社团、杏园艺术节等平台，让学生近距离、多形式、全方位感受传统艺术魅力，在潜移默化中接受传统文化的熏陶、学习传统艺术，推动传统艺术的传承与弘扬，培

育杏园学子的儒雅品性，树立了民族文化自信心。

二、工作成效

经过多年的努力和探索，临沂杏园小学构建了多维传承、深度渗透、立体交互的传统文化课程体系，带动优秀传统文化教育的蓬勃发展。

（一）打造了特色鲜明、社会认可的优秀传统文化教育学校名片

经过多年实践，形成"六教"课程化实施经验和研究成果，被多家省市级媒体报道和宣传，成为省市优秀传统文化教育示范典型。学校先后被评为教育部中华优秀文化艺术传承学校、山东省"春秋课堂"教学研究基地、山东省教科院中华优秀传统文化体验教育"经教"联盟主持校、山东省首批传统文化体验教育示范学校，优秀传统文化教育已然成为学校靓丽的名片。

（二）培养了文质彬彬、博学儒雅的具有传统文化素养的杏园学子

在"六教"课程的加持、蕴养之下，杏园学子的传统文化底蕴愈发深厚，人生视野愈加开阔。学生连年参加山东省中华经典诵吟大赛、山东省小学师生规范书写大赛、山东省中小学生校园艺术节等竞赛和展演活动，并取得优异成绩。在以文化人的浓郁氛围中，学生日益精进，享受着在传统文化滋养中成长的快乐。

（三）形成了注重体验、方便实施的优秀传统文化教育实践模式

"六教"课程让学生在潜移默化中获得优秀传统文化的滋养和熏陶，形成了一套可学习可复制的实践模式。临沂北京路小学、汤头小学、龙腾小学等学校借鉴杏园小学做法，从课程顶层架构入手，把中华优秀传统文化教育融入育人体系中，全面提升育人质量。

三、思考与启示

道传而心统，文弘则风化。杏园小学深入开展中华优秀传统文化的

教育课程化研究和实施，拉近了传统文化与少年儿童的距离，让少年儿童亲身体验中国传统文化的博大精深和独特魅力，从小就受到中华优秀传统文化的浸润和熏陶。

一是坚持文化引领，多维营造优秀传统文化的氛围和环境。杏园小学坚持用优秀传统文化熏陶学生，在"润物细无声"中塑造师生的价值观念和行为习惯。中小学校应当结合社会主义核心价值观教育，将优秀传统文化教育融入学校日常教育管理、融入校园文化建设、融入家庭社区教育，从生活细节入手，注重实践养成，不断丰富展示弘扬中华文化载体，将优秀传统文化贯穿学校教育始终。

二是强化课程建设，系统架构优秀传统文化的内容和形式。学校育人的核心载体是课程。杏园小学聚焦学生的核心素养，开发新"六艺"课程体系，丰富了传统文化教育实践样态。在办学实践中，要坚持以学生发展为中心，以厚植家国情怀为重点，整合形成富有特色的中华优秀传统文化教育课程架构，支撑学校传统文化教育、促进学生文化素养提升。

三是注重学科融合，有机关联优秀传统文化的本体和外延。优秀传统文化教育具有综合育人的功能，是"五育融合"的天然载体。要坚持在新课标理念指导下，结合时代特征、现实需要和教学实际，集中教研力量，加强专题研究，在各学科课程中融入传统文化教育，引导教师在教学实施中渗透传统文化，不断提高学生道德修养、人文素养和文化涵养。

培根铸魂　启智增慧

——"中华优秀传统文化少儿绘本大系"出版实践

摘要：青岛出版集团聚焦文化"两创"、聚焦全环境立德树人，面向5—8岁儿童策划推出"中华优秀传统文化少儿绘本大系"，通过打造一套具有正本清源意义的优秀传统文化原创绘本，构建全环境、沉浸式的阅读场景，为儿童成长提供中华优秀传统文化的丰厚滋养。

青岛出版集团以优化育人环境为着力点，创新策划"中华优秀传统文化少儿绘本大系"（以下简称"绘本大系"），这是国内首个系统阐释中华优秀传统文化的原创少儿绘本精品项目，力争打造一套具有民族性、时代性、产业性的优秀传统文化启蒙教育丛书，开启中国孩子学习中华优秀传统文化的第一课。

一、主要做法

（一）深化主题设计

聚焦思想引领，把绘本大系的系统编创作为深入学习、深刻领会、全面把握"两个结合"丰富内涵和内在机理的重要举措，以中华优秀传统文化少儿原创绘本为抓手，对中华优秀传统文化的时代价值进行深入挖掘，与社会主义核心价值观贯通融合，从中汲取五千年中华文明在当下时代的闪光点，以贴近时代、贴近生活的方式呈现中华优秀传统文化中具有永恒价值的正能量。

（二）坚持需求导向

聚焦市场需求、儿童视角，聘请著名学者龚鹏程、著名儿童文学作家高洪波、著名美术家杜大恺等知名专家学者，组建了高水平的学术委员会、编写委员会和艺术委员会，确保绘本内容的权威性、科学性、艺术性；多次组织召开家长座谈会，在山东省委机关幼儿园、青岛枣山小学等12家幼儿园、小学进行绘本试读，力求绘本最大程度贴近时代、贴近生活、贴近小读者，让小读者一看到就喜欢、读到一本就喜欢上一套，实现"叫好又叫座"。

（三）突出场景搭建

注重跨媒介多元开发，在绘本大系项目启动之初，就同步对数字呈现和场景转化进行了布局和规划，运用AR、VR、AI等新技术手段，同步开发音频、视频、微信小程序等多种形式的数字融合产品，为少年儿童成长提供集阅读体验、教学互动、思维开发于一体的全环境立德树人场景，全面放大图书的内容价值，推动出版深度融合发展。

（四）强化协同联动

创新跨部门、跨领域协同工作机制，高标准组建绘本大系工作专班，"一把手"亲自挂帅、全面统筹，抽调六个编辑部门的20余名骨干编辑组成编辑团队，形成集中力量干大项目的模式和合力；组织北京大学、中国社会科学院等科研机构的专家学者和专业审校人员对绘本进行审读，确保服饰、建筑、用品等内容元素符合时代背景、人物地位、生活常识。多方联动取得了"1+1＞2"的效果，成为集团跨部门、跨领域共同完成重大项目的一次大胆尝试和创新。

二、工作成效

（一）推动优秀传统文化全景全貌系统呈现

"绘本大系"遵循儿童成长规律、心理特点、阅读习惯，对中华优秀传统文化进行了全面的学理性思考、系统化挖掘，取其精华、弃其糟粕。首批策划编写100册，分为中华传统美德、中华经典故事、中华文化名人、中华文明成就、中华文化常识、中华人文地理6大版块，展示了苏武牧羊的气节、孔子孟子的思想启迪、李白杜甫的才情涌动、四大发明的惊世创造，以及高耸入云的泰山、奔流入海的黄河等，系统全面地呈现中华优秀传统文化蕴含的哲学思想、人文精神、价值理念、道德规范，弥补了国内系统性、高品质传统文化类绘本的缺失。

精美的原创插画，为小读者播下"美"的种子

（二）推动优秀传统文化精髓魅力深入展现

项目邀请30余名作家和40余名插画师进行内容创作，打造内容严谨、艺术精湛、趣味性和功能性俱佳的原创力作，为孩子提供高水平的中华优秀传统文化启蒙。突出德育，精心选取中国儿童应知必知的传统美德和传统文化知识，以简洁明快的文字阐释经典故事，引导儿童在趣味阅读中完成道德体系建构。突出智育，从儿童视角创作绘本内容、创新表达方式，每册绘本后附有故事原典、释文、成语解释、专家导读等内容，帮助小读者理解传统文化知识，方便家庭亲子

共读、学校幼儿教育。突出美育，绘本图画以传统写实风格为基调，吸取中国年画、壁画、剪纸、皮影等艺术元素，实现中国故事与中国艺术形式的巧妙融合，让孩子在绘本阅读中潜移默化地接受中国美学的熏陶，提升审美素养。

（三）推动优秀传统文化服务场景全方位构建

绘本大系通过构建学校、家庭、社会等全环境阅读场景，引导小读者在智能化、沉浸式阅读中完成知识建构。配套开发微信小程序，读者扫描二维码进入互动程序，聆听专家讲解导读，还有自主配音、与书中人物互动等交互体验。针对学校阅读空间、社区绘本馆以及其他公共空间等教育场景，开发大屏互动电子绘本，制作系列动漫产品和短视频，提升体验感。2023年6月，"绘本大系数字互动体验项目"亮相第十九届中国（深圳）国际文化产业博览交易会，受到业内广泛关注。

三、思考与启示

习近平总书记强调，在新的起点上继续推动文化繁荣、建设文化强国、建设中华民族现代文明，是我们在新时代新的文化使命。这为我们做好新时代文化工作提供了根本遵循和行动指南。2023年，绘本大系被列入山东省委深入推进文化"两创"工作要点、宣传思想工作要点，其形式喜闻乐见，其效果润物无声，成为聚焦文化"两创"打造原创少儿绘本的一次创新实践，为做好新时代少儿出版带来了多方面启示。

一是做好新时代少儿出版必须强化思想引领。少儿类主题出版承担着向少年儿童弘扬时代主旋律、传播主流文化、培育社会主义核心价值观的重要使命。要突出时代主题主线，紧紧围绕培育担当民族复兴大业的时代新人和弘扬社会主义核心价值观的使命任务，深挖中华优秀传统文化这一"富矿"，进行高起点高水平的策划和前瞻性长远性的布局。将时代精神和儿童本位相结合，用小切口反映大主题、以小故事呈现大时代，为少年儿童在世界观、人生观、价值观形成的基础时期提供中华优秀传统文化的丰厚滋养。

二是做好新时代少儿出版必须创新生产机制。做好少儿出版工作，必须不断顺应时代的发展和变化，大胆创新产品生产机制。绘本项目不再使用传统的编辑组稿模式，而是形成在产品经理的策划协调下，文字编辑、美术编辑、插画师等高度统合的集体创作模式，推出具有时代性、思想性、艺术性的文艺作品。要不断创新内容创作机制与生产模式，大力倡导集体创作，推动大家写"小书"，搭建优质文化资源平台，鼓励支持骨干编辑深度参与内容生产全流程，反复打磨作品，让这些时代精品贴近青少年生活、既有意义又有意思。

三是做好新时代少儿出版必须拓展应用场景。一部好的作品让更多的读者有条件阅读、乐于阅读，才能实现其最大价值。要坚持以读者为中心、以市场为导向，创新开展全业态、立体化、精准化阅读推广，集中优势资源对优质版权进行技术赋能，开发有声书、短视频、全媒体产品，并将优质内容和家庭、学校、社会阅读场景相融合，打造线上线下全环境融合服务体系，让更多的青少年能够接触到优质内容，最大程度实现阅读的全环境立德树人功能。

四是做好新时代少儿出版必须锻造专业人才。少儿出版关乎国家和民族的前途命运，关乎青少年能否扣好人生"第一粒扣子"，是一项崇高的事业。优秀的创作者、插画师、编辑等专业人才是原创少儿出版的支柱。原创作者、插画师等专业人才缺乏，新人培养体系不成熟，是原创少儿图书研发的主要瓶颈之一。要在新时代、新形势下，重视老编辑"传、帮、带"等培养机制建设，实施重大项目培养制以及拓宽人才交流渠道，持续打造出版人才"蓄水池"，努力培养一支政治过硬、业务精湛、充满活力的高素质、专业化、创新型的人才队伍，为少儿出版高质量发展夯实人才基础。

文化赋能篇

打造艺术精品　弘扬沂蒙精神
——民族歌剧《沂蒙山》的创作演出实践

摘要：山东歌舞剧院把握时代要求，坚持守正创新，创排大型民族歌剧《沂蒙山》，以艺术形象展示军民水乳交融、生死与共铸就的"沂蒙精神"，成功实现思想精深、艺术精湛、制作精良有机统一，受到业内专家和社会各界的高度评价，探索出重大革命历史题材创作的新思路，形成了具有示范性的文艺精品创作新模式。

民族歌剧《沂蒙山》这部"山东味"十足的舞台作品用歌舞剧形式再现了那段艰难困苦的抗战故事，在坚守本土特色的同时，又有许多令人击节的创新，充分展现舞台表演魅力，在推动高雅艺术大众化、普及化，发挥艺术精品社会功能上进行了有益探索，实现了重大突破。

一、多部门联合策划，"全流程"打造团队

为避免同质化创作、实现沂蒙题材艺术作品的创新发展，山东省委宣传部、省文化和旅游厅多次召开选题策划论证会，确定以民族歌剧的艺术形式，在"军爱民""民拥军"两个层面铺设剧情、设置矛盾冲突，展现具有浓郁中国特色的家国情怀、民族大义，使观众对沂蒙精神的内

文化赋能篇

201

涵，有更加深沉的认知和感悟。从创作伊始坚持质量第一，放眼全国配置最优资源，主创团队均从全国范围内择优遴选，从编剧、导演、作曲、演员、舞美等各方面对标全国一流，为打造文艺精品奠定坚实的人才基础。区别于艺术创作一般流程，坚持创作团队全程介入，核心创作人员从项目立项之初就全部进驻，集中攻关，无缝衔接，全面颠覆以往编剧拿剧本、作曲出音乐、导演提要求、舞美服装搞后期的单链条式创作流程，真正做到了集体创作，有效保证创作意图和艺术表达的高度统一。

二、沉浸式体验生活，"锤炼式"反复打磨

《沂蒙山》的创作真正把深入生活贯穿创作全过程，组织演员沉浸式体验场景，先后开展10余次采风活动，为创作积累大量鲜活素材。组织主要演员到沂蒙地区体验生活，现场倾听感悟沂蒙六姐妹、渊子崖保卫战、革命烈士辛锐和陈若克感人事迹，重走先烈抛洒热血的英烈路，使得舞台人物鲜活地走进了每一位演职员内心，饱满的情感洋溢抛洒在舞台的每一个角落。在创作过程中反复论证打磨作品，从选题、论证、剧本创作到确定主创班子、排练、演出等各个环节，历经反复修改打磨，仅故事创意和剧本文本就召开各类专家、业内人士研讨会及座谈会13次，重大修改9次，小修小改难以计数，先后组织400余人次专家观摩演出、征询意见，对每一个细节都精雕细琢。在已经完成剧本创作后，敢于自我否定、自我突破，根据专家意见，对其中的重要环节进行颠覆式修改，近30%的内容重新打磨创作，保证了完美的艺术呈现。

三、群众性艺术表达，"常态化"宣传推介

语言表达贴近群众，该剧对于《沂蒙山小调》的运用、山东经典民歌的融入等，带给观众既熟悉又新鲜的体验；"巍巍蒙山高，亲亲沂水长，我们都是你的儿女，你是永远的爹娘""同生同死一家人，随时

民族歌剧《沂蒙山》演出照

能拿命换命""红枣甜，煎饼香，推着小车送军粮"等朗朗上口的唱词，通俗易懂、情真意浓；舞台上根据地百姓碾谷子、摊煎饼、办婚礼等生活场景的展现，体现出浓郁的山东地域特色，令人倍感亲切。积极探索驻场演出路子，横向加强向机关企事业单位推介，发挥作品主题鲜明的题材优势，吸引更多党员干部、普通群众走进剧场，感悟红色文化魅力。组织开展常态化巡回演出，纵向加强省内各地通联，开展主题演出活动，丰富基层党员教育形式。开展多渠道交流研讨，先后在山东、北京、上海召开专题新闻发布会，多次组织专家评论研讨会，走进央视音乐公开课，多渠道、多形式进行宣传推介；据不完全统计，先后有500多家中外媒体刊播相关报道、评论3000余篇，网络短视频点击几千万次，剧中许多经典唱段成为国内知名音乐院校学生考核曲目。2020年8月，由中央广播电视总台央视文艺节目中心策划的大型综艺节目《大幕开启》把民族歌剧《沂蒙山》作为开篇力作重点推荐，宣传力度得到了延续和加强。

四、系统化谋划发展 市场化运作布局

逐步探索文旅融合、文创结合的发展模式，计划在临沂打造主题

民族歌剧《沂蒙山》荣获文华大奖

剧场、开发沂蒙山主题文创产品，推动红色文化、红色旅游、红色经济相得益彰。创新驻场演出模式，建立不同版本价格表，丰富产品供给，满足演出不同需求。自2018年12月立上舞台以来，累计完成演出200余场，现场观众人数近40万人。每场演出之后雷鸣般的掌声和广泛的好评足以证实，文创精品斩获大奖是实至名归，在第三十届上海白玉兰戏剧表演艺术奖评选中，民族歌剧《沂蒙山》有关演员获主角奖、配角奖、新人奖，是当场白玉兰戏剧表演艺术奖获奖最多的剧目，是白玉兰戏剧表演艺术奖历史上的唯一大满贯。2022年9月15日，民族歌剧《沂蒙山》喜获第十七届中国文化艺术政府奖文华大奖。至此，该剧成为我省历史上首部获得"五个一工程"奖、文华大奖、梅花奖、白玉兰戏剧表演奖等国家级舞台艺术各类奖项大满贯的剧目，被誉为新时代民族歌剧艺术的"现象级"作品，成为当前中国民族歌剧创作的成功范式。

五、思考与启示

《沂蒙山》是中国舞台艺术的高峰，也是山东文旅融合发展的新路标。《沂蒙山》的成功证明，只要在创新上持之以恒下苦功，就能在干事创业的大舞台上取得成功。不仅生动诠释了沂蒙精神，也将成为推动山东高质量发展的巨大动力，为今后创作更多优秀艺术作品提供了有益的经验和启示。

一是艺术创作必须契合时代要求。文艺创作必须承担记录新时代、书写新时代、讴歌新时代的使命，阐释好中国精神、中国价值、中国力量。民族歌剧《沂蒙山》把"水乳交融、生死与共"作为主题主线贯穿全剧，与观众进行灵魂对话、思想交锋，引发人们对初心使命、理想信念、责任担当的深度思考，给人以深刻思想启迪和精神洗礼。

　　二是艺术创作必须强化为民导向。有无真情实感是决定文艺作品情感浓度的基础。民族歌剧《沂蒙山》坚持群众路线，反复采风中积累大量真实感人的一手材料，让主创团队饱含对革命先烈的高度崇敬、对老区人民的深情厚谊，艺术创作自然而然动真情、用真心、下真功，整个作品必然有感情、有温度，感人至深、撼人心魄。同时，强化创作是为了演出，是为了服务人民的工作导向，想方设法满足不同群众需求，打造推出了形式多样的演出版本，让剧目具有良好演出适应性，在持续的演出中打好群众基础、培养良好口碑。这启示我们，一切优秀文艺工作者的艺术生命都源于人民，一切优秀文艺创作都为了人民。艺术创作必须坚持"从群众中来，到群众中去"，坚持以人民为中心的导向不动摇。

　　三是艺术创作必须遵循发展规律。民族歌剧《沂蒙山》坚守艺术标准，仅选题立意就经历近半年时间，剧本创作先后三次推倒重来，确保了艺术构想的完整呈现；坚持从谏如流、开门搞创作，多方听取吸收专家意见，哪怕立上舞台，面对专家提出的真知灼见，也勇于大刀阔斧"下狠手"。这启示我们，精品创作没有捷径，那些叫得响、传得开、留得住的文艺精品，都是远离浮躁、不求功利得来的，都是呕心沥血铸就的。艺术作品如同"璞玉"，精雕细琢方能温润无瑕，从而历久弥新，成就如玉佳作。

　　四是艺术创作必须坚持守正创新。民族歌剧《沂蒙山》自觉回归民族歌剧本体，保持民族歌剧特质，继承民族歌剧传统，浓郁的民族风格、鲜明的地域特色、民族的音乐形式，为讲好中国故事，讲好中国共产党故事，讲清楚中国人民跟着中国共产党走的历史必然性提供了民族的艺术样式，开创了民族歌剧发展的新思路。这启示我们，新时代对艺术创作提出新要求，既要继承好优秀传统文化的精髓，"看家本领不能丢"，更要结合新的时代要求赋予新的活力，不能"坐吃山空""吃老本"，与时俱进、探索创新，用新视角、新表达、新呈现来增强艺术作品的吸引力、感染力。

匠心打造"齐品淄博" 添彩"山东手造"

　　摘要：淄博市立足自身产业基础和比较优势，以打造国内知名的手造品牌聚集区为目标，牢牢把握"山东手造"的文化属性和产业属性，坚持"紧盯前沿、打造生态、延链聚合、集群发展"的产业发展思路，高起点规划、高标准建设、高质量推进"山东手造·齐品淄博"工程，用文创品牌助力企业发展，以文化赋能助推城市能级提升。

　　自"山东手造"推进工程启动以来，淄博市积极整合产业资源、文化资源、品牌资源，创新提出打造"山东手造·齐品淄博"品牌，聚力打通手造产业设计研发、生产制造、配套产业、营销推广等环节，加快形成具有地域特色的全产业链竞争优势。

一、夯基延链，构筑协同创新的产业体系

　　坚持龙头引领，产业聚链，以"内容创意—产品生产—渠道流通"推进手造产业横向成群、纵向成链，增强"山东手造"发展韧性。

　　（一）强化创意赋能，提升设计水平

　　将创意作为产业发展的"第二路径"，强化高端资源引育，不断深化与中央美术学院的合作，对接业界知名的设计团队，推动"山东手

造"与故宫文创等深度合作，高规格组织举办"山东手造·齐品淄博"城市礼物创意设计大赛，开展手造从业者创意设计专题培训，提升手造设计水平。

（二）实施数字植入，推进智能制造

依托省级文化科技重点实验室、骨干企业、高校院所等机构资源，推动传统文化制造企业充分应用计算机辅助设计、制造工艺规划仿真技术，强化面向产品、工艺和需求的工业设计创新能力。引导行业技术、设备迭代升级，建设自动化生产线、数字化车间，提高传统文化制造企业的技术装备水平。依托汉青陶瓷产业攻关项目，将3D设计系统共享到手造企业，构建手造设计研发共享平台。

（三）线上线下发力，实现营销"落地"

线上线下齐发力，高频次开展营销推介活动，线上引导文创企业抢抓淄博城市流量，运用市场化手段与抖音、快手、小红书等新媒体平台建立长期稳定的流量合作关系，打造大流量企业。线下组织手造企业参加山东省文旅博览会、山东省工艺美术博览会、深圳文博会等省内外重大文化活动，发布"山东手造·齐品淄博"打卡地图，组织举办线下推广活动，在中国铁路北京局和上海局共1848个高铁车次上投放"山东手造·齐品淄博"宣传片，持续增加品牌曝光度。

二、集群发展，构筑协同联动的产业布局

抱团发展、竞合共赢，是产业发展的普遍规律，立足区县的产业禀赋，科学布局手造产业发展，构建大中小微企业协同发展、共享互融的良好产业生态。

（一）做强产业集群

依托中心城区科研成果和创意人才富集的优势，打造淄博市手造产业高质量发展引领核心，依托淄川区、博山区、周村区、临淄区、桓台

县手造产业基础，聚力打造陶瓷、琉璃、丝绸、食品酿造、家居等五大重点手造产业集群，高标准建设提升颜神古镇、陶琉国艺馆、丝绸纺织文化创意园、巧媳妇酱

博山琉璃

文化产业园、马踏湖"一带一路"手工艺品生产基地，构建以园区聚产业、以产业带集群的"一核引领、片区协同"的手造产业空间布局。

（二）做优领军企业

每个产业集群确定一批领军企业，充分发挥领军企业的带头作用，鼓励企业向数字化、智能化、国际化发展。着力推动数字技术与手造产业融合渗透，引导企业瞄准行业顶尖水准，实施数字化技术改造，加快手造产业智慧升级。三维打印、智能窑炉、数字车间等技术的应用，让手造产业面向产品、工艺和需求的工业创新能力不断增强。引导企业主动融入、服务"一带一路"倡议，硅元"一带一路"光耀盛世陶瓷器具广受好评，汉青陶瓷远销欧美、俄罗斯、尼泊尔等20多个国家和地区。

（三）做精小微企业

坚持差异化发展战略，加强对文创型、科技型小微企业扶持，重点支持发展产业链中的研发、创意、策划、定制、直播、电商等关键小微企业，鼓励企业弘扬尽精微、善创新的工匠精神，把产品和服务做精做细。小虾米软陶依托淄博软陶艺术，进行创作和衍生品开发，为人民大会堂定制产品登上"国宴"，并亮相央视《新闻联播》。

三、多元赋能，构筑协同开放的产业平台

淄博市以协同创新、推介展示、人才引聚为主要内容的多元赋能，以富有创造力的平台支撑高质量推进"山东手造"工程。

（一）搭建协同创新平台

与中国美术学院、清华大学美术学院、江南大学等知名院校、机构开展项目合作，着力解决造型设计、纹样设计、增材制造、数字建模编程、新工艺嫁接等瓶颈难题，导入参数化设计、电商及直接带货等，开辟创新路径。组织手造企业赴深圳、景德镇等国内先进地区考察学习，深化与故宫文创、中视实业集团、深圳宫喜文化等头部文创企业合作，设计推出一批具有淄博地域文化特色的文创产品，提升手造产品的文化附加值。

（二）搭建推介展示平台

按照"一地一品"的原则，建成1处市级"山东手造·齐品淄博"展示体验中心，10处区县级展示体验中心。积极推进"山东手造"进高速公路服务区、进景区、进商超、进酒店、进非遗工坊、进新时代文明实践站，现已建成"山东手造"销售专区157处，打造进新时代文明实践站示范点5处、市级非遗工坊27处，入驻颜神古镇、红叶柿岩、齐文化博物馆、马踏湖国家湿地公园等景区。

（三）搭建人才引聚平台

深入落实"人才金政50条"等人才政策，引进中青年领军人才来淄博创新创业。开展市级工艺美术大师、陶琉大师工作室评选及培训，提升大师创意思维和手造能力。探索推行新型学徒制，构建市属高校与企业联合订单式培养技能人才机制，破解手造行业后继乏人的困境。实施陶琉艺术青年人才扶持培育计划，对在颜神古镇创业工作的国内优秀青年陶琉艺术人才进行扶持，拓宽技能型人才培养路径。

四、思考与启示

淄博市以打造"山东手造·齐品淄博"品牌作为推动文化"两创"的新实践，立足资源禀赋和产业基础，着力做好新与美、融与变、优与扩三篇文章，不断激活手造产业发展动能。

一是文化资源是做优手造产业的重要根基。手造产品不仅是"物件"，更是一种文化表达。淄博市结合本地实际，用好用活齐文化等优秀传统文化资源，以深厚的文化底蕴赋能手造产品，既展现了优秀传统文化的吸引力和感染力，又提升了手造产品的文化内涵和价值。推进手造产业发展，要加强对优秀传统文化的挖掘提炼，打造推出一批传统文化与现代设计有机结合的文创精品，让手造产品成为阐释优秀传统文化的重要载体，实现传统文化与手造产品的双向赋能。

二是创意设计是做优手造产业的内生动力。以创意设计提升手造产品在艺术审美方面的附加值，是推动手造产业品质跃升的重要途径。淄博市充分发挥本土高校的专业优势，通过链接国内外高端创意设计资源，不断加强与省内外知名文创团队交流合作，为做优手造产业提供内生动力。要积极探索以创意赋能手造产业的发展路径，做足"文创+"文章，推动"文创+文物""文创+非遗""文创+手造"等创新发展，激发文化消费新动力。

三是产业集群是做优手造产业的核心优势。培育壮大产业集群和提升产业链

中华琉璃文化创意园

211

韧性是做大做强手造产业的重要发力点。淄博市聚焦产业集群建设，从"内容创意—产品生产—渠道流通"全链条发力，构筑了协同创新的产业体系。培育产业集群，要推进转型升级、科技赋能、企业培育、品牌提升，在财税、融资、研发等方面为手造产业发展保驾护航，推动各项资源要素向优势产业集群集聚，通过软环境的改善，提升手造产业发展的硬实力。

四是宣传推介是做优手造产业的强力推手。酒香也怕巷子深，策划包装、宣传推介是提升品牌影响力和知名度的重要手段。淄博大力实施"名品、名企、名人、名业、名城"等全方位品牌战略，通过设置宣传主题，加大发布力度、创新传播形式，内外协同发力，有效提升了宣传质效。在流量"出圈"时代，必须加强与互联网平台企业的合作，利用融媒资源开展多渠道高频率宣传推介，才能讲好手造故事。

品牌引领　文化先行

——打造"最具烟火气"的黄河大集

摘要：潍坊市充分用好本地特色资源，将"黄河大集"作为打造文化"两创"新标杆的重要载体和推动文化旅游高质量发展的全新引擎，设定"黄河大集——最爱潍坊烟火气"IP主题，聚焦沉浸体验潍坊风土人情、烟火韵味，创新开展群众性文旅活动，让黄河大集成为连接生活和诗意、沟通传统与现代的桥梁纽带。

潍坊市坚持"文化先行、旅游推进、好品带货、网络传播"模式，突出"文化味、人情味、烟火味"，依托重点活动、重要时节、重点景区等，通过"线下大集+线上带货+宣传推介"的方式，打造具有黄河底色和潍坊特色、符合时代要求的"黄河大集"，助力广大群众的文化消费与生活品质升级。

一、主要做法

（一）借势造节，形成活动放大效应

依托潍坊市文化活动密集的优势，推动"黄河大集"走进知名节会，创新打造"黄河大集"系列活动，激发潍坊文化市场活力。一方

凤溪地万物集夜市手造摊位

面，在国际风筝会、寿光菜博会等知名节会增加“黄河大集”相应版块，扩大“黄河大集”的影响力。第40届潍坊国际风筝会期间，举办“黄河大集”非遗文创展，参观游客为30余万人次；举办电商直播大会，搭建“黄河大集”展销专属空间，全面推介潍坊的知名景区、农特产品、非遗文创。第二十四届中国（寿光）国际蔬菜科技博览会期间，举办“黄河大集”非遗精品展，40余项非遗项目现场展销，开展线上直播120场次，吸引线上线下客流量约200万人次，蔬菜文创产品成为吸睛爆款。同时，创新举办“黄河大集”系列文化节会，以市级层面开展手造文化节、国潮嗨玩嘉年华、凤溪地万物集夜市等为引领，带动文化节会在各县（市、区）全面开花。全市已举办“潍坊好品”生活节、起浪音乐节等群众性节会活动200多个。

（二）顺时而为，主打四季主题特色

突出四季人文景致，设立春节季（冬季）、春季、夏季、秋季等不同主题的“黄河大集”，打好四季特色牌。春节季“黄河大集”以“大吉大利”为主题，打造具有当地春节风俗特色的“年货大集”；春季“黄河大集”以“乡村踏青游”为主题，聚焦田园踏青、庙会采购、青春音乐季等；夏季“黄河大集”主打“到潍坊，逛夜市”，20多个夜市活动成为群众消夏娱乐的好去处；秋季“黄河大集”以“收获时节 逛吃体验”为主题，全方面推介潍坊的特色农产品和美食。聚焦农令时节特色，

黄河大集上杨家埠木版年画展销现场

发挥农业大市的基础优势，举办油菜花风铃节、寒亭西瓜节、甘泉采茶节等80多个"黄河大集"农时旅游活动，嫁接推出大型花灯游园会、音乐露营等特色演艺、互动体验项目，给游客带来不一样的新鲜感受。

（三）聚势发声，吸引流量提振消费

在开展好线下活动的同时，开展"线上直播+宣传推介"，打造热热闹闹的线上大集，让"黄河大集"带货又吸睛。创新开展线上直播，承办山东省非遗年货购物节暨胶东五市云上非遗购物节，与支付宝合作开通潍坊手造、农副产品电商销售渠道，聚焦风筝、黄金珠宝加工、吉他制作等优势手造产业，开展"赶黄河大集·购昌乐宝石"，以及青州市"一镇一号""一村一品"等电商直播活动，实现销售收入6000余万元。强势开展宣传推介活动，制作推出全省首个"黄河大集"专题宣传片《潍坊喊你，回家过年！》，在"潍坊发布"公众号公布30个大集场所和"甄选潍坊好品"60种年货的导航地图，为"黄河大集"开展宣传预热。围绕"黄河大集"的重点活动，在主流媒体策划专题专栏，制作刊发短视频、图文新闻等新媒体作品1500余个，《黄河大集上的"山东通"》入选山东省委宣传部"正能量有大流量"排行榜。

二、工作成效

（一）文旅消费刺激拉动明显

举办"黄河大集"主题消费活动120余项、2000余场，参与人次超过770万，发放文旅消费券695万元，拉动文旅消费5000余万元。举办的特色手造节、城市消费节、花朝节、车展家具展等活动，实现销售收入2.1亿元。仅凤溪地万物集夜市，就实现了日均人流量4万余人、日均销售额40余万元的收益。

（二）群众文化生活得到丰富

突出"逛黄河大集、买山东手造、看文化大戏"，围绕春节、元宵、端午等重要时间节点，市、县、镇、村四级联动，市里举办"我们的中国梦——文化进万家"仲夏夜欢乐季、市民文化节等大型系列活动，各县（市、区）举办"四季村晚"、青年歌手大赛等文化赛事活动，通过文艺志愿服务、群众性小戏小剧创演、庄户剧团汇演等方式，将群众喜闻乐见的节目送到群众身边。2022年以来，配套"黄河大集"的文艺活动达3000余场次，参与群众为420万余人次。

（三）文化影响力有效提升

在传统大集的基础上，充分彰显潍坊地域文化优势，诸城茂腔、杨家埠木版年画等60余项非遗技艺，在"黄河大集"上进行了活态展示，拉近了广大群众与地域文化之间的距离，成为展示优秀传统文化的"大舞台"。结合"第三只眼看中国""走读潍坊"等外宣活动，120余位外国友人参与"黄河大集"相关活动，黄河大集成为外国友人了解潍坊、了解山东的重要支点，提升了对外影响力和传播力。

三、思考与启示

潍坊市全力打造"文化味、人情味、烟火味"黄河大集，让"赶大集"成为一种新时尚，推动传统文化"老树发新芽"。

一是办出"文化味"，成为地域文化"集大成者"。"文化味"更浓，是"黄河大集"区别于传统大集的显著特点。潍坊市抓住"黄河大集"与传统文化传承发展的密切联系，主题活动设计突出"文化味"，既有土特产、地方美食、手造精品，又有非遗体验、文艺展演、文化惠民等活动，成为潍坊地域文化的"集大成者"。这启示我们，办好群众性文旅消费活动，应当充分挖掘本地历史文化积淀和民俗民风，紧扣传统节日和季节时令，打造具有鲜明特色的系列活动，让广大群众通过沉浸式体验，能够直观感受、触摸地方的民俗文化、生活情态和文化脉络。

二是涵养"人情味"，打造为民服务的新阵地。"黄河大集"群众聚集、人流量大，是开展为民服务的重要阵地。潍坊在"黄河大集"现场设置志愿服务"摊点"，利用人流密集的优势，开展禁毒科普宣传、名医专家义诊、文化志愿服务等活动，进一步拉近群众距离、丰富节会内容、聚拢大集人气。这启示我们，要充分利用"黄河大集"等集市山会，结合人流量大、覆盖范围广的特点，用好道德模范、非遗传承人、优秀志愿者等社会力量，直面居民需求，组织实施志愿服务活动，大力开展文化、科技、卫生、法律"四下乡"，让文旅活动场所成为新时代文明实践"微阵地"。

三是增添"烟火味"，推动文旅消费升级。燃旺城市烟火气，打造热热闹闹的消费场景，才是大集最应有的样子。潍坊市"黄河大集"集齐"食、游、购、娱、体、展、演"全要素，打造特色美食、购物娱乐、户外休闲等多种业态，满足了广大群众"体验人间烟火气"的消费需求。这启示我们，要用好"颠覆性创意、沉浸式体验、年轻化消费、移动端传播"的文旅运营新模式，创新文旅体验消费项目，以新场景、新玩法引爆新消费，更好地满足人们个性化、多层次、品质化的文旅消费需求。

搭建黄河流域文化交流互鉴的全新平台

——东营市创新举办沿黄九省（区）新时代民歌艺术展演

摘要：传承发展黄河文化是落实黄河重大国家战略的重要内容。东营市以"相约黄河口，唱响新时代"为主题，创新举办2022中国沿黄九省（区）新时代民歌艺术展演，搭建了黄河流域民歌艺术展示、民歌技艺交流、民歌发展研究的全新平台，增进了沿黄各省（区）之间的文化交流与合作，有力助推新时代民歌艺术的繁荣发展。

2022中国沿黄九省（区）新时代民歌艺术展演突出"黄河入海流"文化主题，以民歌为载体讴歌新时代、助力新征程，通过创新联动机制、强化演出与理论研究、贴近群众生活等方面，集中展现黄河流域各省（区）瑰丽多彩、各具特色的民歌艺术形式和文化元素，并充分展示了彰显石油文化、吕剧文化、黄河文化的东营元素。

一、坚持横向联动和纵向传导相结合，为跨区域文化交流活动提供有力保障

沿黄各省（区）分别组建民歌艺术展演活动的工作组织，建立定期沟通联络机制，从拟定展演方案、制定活动规则到展演队伍组建、活动

宣传推介，都坚持协同推进、步调一致。同时，各省（区）分别举办展演选手选拔和培训活动，并选派一名音乐家协会分管副主席作为领队，组建高水平的参演队伍，为展演活动的成功举办奠定坚实基础。作为2022中国沿黄九省（区）新时代民歌艺术展演的主办地，山东省成立以文联牵头、音乐家协会主抓的展演活动工作小组，在山东省文联的统筹调度下，承办地东营市和东营区两级组建多个部门协同参与的民歌展演组织委员会，设立专业保障小组，抽调交通、医疗、防疫、公安、电力等多个部门的100余名人员，招募总数超过200人的志愿者队伍参与服务保障工作，制定了疫情防控、交通保障、安全保卫等多项工作预案。通过展演活动的成功举办，既促进了沿黄九省（区）之间的文化交流，强化了黄河流域"文化传承发展共同体意识"，又探索出了一条跨区域文化交流活动联办联动的成功路径，也为东营地区后续承办大型文艺活动积累了经验、锻炼了队伍。

二、坚持艺术展示与理论研究相结合，推动黄河优秀传统文化传承创新

举办中国沿黄九省（区）新时代民歌艺术展演，根本目的是传承和弘扬黄河流域优秀传统文化，促进历史悠久的民歌艺术在新时代焕发新的活力，实现创新发展。展演坚持理论与实践相结合，一方面，展演穿插举办沿黄九省（区）新时代民歌艺术发展交流座谈会和高层次文艺人才对接服务座谈会。组织各省（区）民歌艺术家围绕黄河流域民歌艺术的传承发展深入交流沟通，邀请国内民族民间音乐研究领域的顶级专家金兆钧、戚建波、白晓炜等就沿黄各省（区）传统民歌艺术的挖掘整理和保护工作的现状以及民歌艺术传承与保护、创新与发展、人才培育与交流的路径方法提出专业指导。共形成理论成果12篇，达成进一步文化交流意向2个。另一方面，沿黄九省（区）22名民族组和21名原生态

组优秀歌手同台交流，从青海宁夏的花儿、内蒙古的长调和漫瀚调、陕北的信天游、山东的沂蒙山小调等极具民族风情和地域特色的山歌、田歌、小调，到党的十八大以来创作的新时代民歌曲目，在集中展示沿黄各省（区）瑰丽多姿、各具特色的传统民歌艺术的同时，突出呈现了民歌艺术在新时代的发展潮流和取得的成果。通过展演，进一步明晰了黄河流域各省（区）民歌艺术的内在联系和传承脉络，促进了民歌表演技法技术的交流提高，增强了沿黄九省（区）之间的文化认同，同时为新时代如何进一步推动民歌艺术的传承发展与创新开拓了新的思路。

三、坚持专业交流与惠民服务相结合，夯实黄河文化传承发展的大众基础

参加2022中国沿黄九省（区）新时代民歌艺术展演的各省（区）艺术家，在开展专业交流与切磋的同时，深入基层开展了两场新时代文明实践志愿演出活动。先后深入黄河滩区和油田社区开展文艺下乡志愿服务，为基层群众献上精彩的文艺演出。展演闭幕式及颁奖演出

沿黄九省（区）选手进行特色展演

也采取开放式举办模式，在东营区黄河文化公园搭建大型露天舞台，不限制观众数量，让基层群众近距离欣赏到了顶级民歌艺术家的精彩表演，更直观地感受到了黄河文化独特的艺术感染力和深厚的底蕴。4场专业展示和2场下基层演出均进行了线上直播，并在东营本地油地媒体平台和沿黄九省（区）文艺平台进行了多轮次的录播，真正做到了艺术贴近群众、贴近基层、贴近生活。据统计，2022中国沿黄九省（区）新时代民歌艺术展演线上线下观看人数达到100万人次以上，引领了大量的关注和流量。广大文艺爱好者自发在自媒体平台上进行形式多样的宣传推广，整个活动成为广大文艺爱好者朋友圈中的"顶流"，引发了社会层面对新时代民歌艺术发展的热烈讨论和传播，增强了广大人民群众对黄河流域民歌艺术的认知认同，为新时代民歌艺术传承发展奠定了坚实的群众基础。

四、思考与启示

2022中国沿黄九省（区）新时代民歌艺术展演的成功经验，证明了黄河流域优秀传统文化具有强大的艺术生命力和艺术感染力，必须适应时代发展需要，持续做好传承发展文章。在文化发展基础相对薄弱地区，只要找准定位、把握好切入点，仍然具有打造文化发展新高地的潜力和空间。

第一，政府主导是激活文化创新发展动力的基础条件。沿黄九省（区）新时代民歌艺术展演的成功举办，得益于各级党委、政府的高度重视和全力保障。通过政府提供的高水平公共文化服务，显著提高群众精神文化方面的获得感；同时，通过这种大型公共文化活动的示范带动，有效拉动人民群众对精神文化生活的需求，促进文化产业的繁荣发展。展演结束后，东营地区巨大的文化发展潜力和市场需求得到了广泛认可，先后又有"盛世黄河、宋韵龙居"音乐节、乡村振兴演唱会、河海音乐节等多个大型商业文艺活动落地东营。实现文化创新发展，必须继续坚持政府主导与市场驱动"两条腿"走路，促进文化事业和文化产业同步发展，有效激活文化创新发展的内生动力。

第二，借力突破是实现文化创新发展的可行路径。东营地区文化发展起步比较晚，基础相对薄弱。通过承办高层级大型文艺活动，引入具有鲜明黄河文化特色和坚实群众基础的民歌艺术节庆活动，客观上起到了借势借力助推发展的作用，既扩大了地区文艺事业的影响力，也培养锻炼了文艺工作力量，增强了文艺事业的发展活力。这种"请进来""外驱动"的文艺发展路径，也是推进文化创新发展的有益尝试。实现文化创新发展，应紧紧围绕文化传承发展的热点和要点，立足地区的实际，把"借外力"和"强内力"有机结合起来，创新举办文化活动，持续打造文化热点，全力区域打造文化发展新高地。

第三，突出特色是实现文化创新发展的必由之路。2022中国沿黄九省（区）新时代民歌艺术展演最能引发社会关注、最受人民群众欢迎的不是演员的知名度和表演的难度技巧，而是沿黄各省（区）特色鲜明、独具魅力的民歌艺术形式。东营市作为黄河入海口城市、胜利油田的发祥地和吕剧的故乡，具有黄河文化、石油文化、吕剧文化等多种文化样态交相辉映、融合发展的独特优势。要持续推进文化"两创"，必须充分挖掘自身的文化资源，打造"叫得响"的特色文化品牌；必须充分发挥自身的人文基础和资源禀赋，打造独具特色的文化热点，走出一条具有自身特色的文化创新发展之路。

泰安市打造新闻出版小镇

　　摘要：泰安市紧紧抓住疏解北京非首都功能和国家大力发展特色小镇的机遇，规划建设泰山新闻出版小镇，构建起出版、印刷、发行、仓储、物流于一体的新闻出版全产业链条，探索出一条新闻出版业高质量发展的新路子。

　　泰安市发挥文化、区位和产业优势，打造全国唯一的新闻出版小镇，初步形成以新闻出版为核心，集创意设计、出版发行、教育培训、文博会展、休闲旅游、艺术交流、众创空间于一体的特色平台。

一、坚持科学规划，构建新闻出版产业"新高地"

　　坚持高起点规划，把泰山新闻出版小镇定位为以产业为基础的宜业宜居家园，按照生产、生活、生态和绿色化、数字化、智能化、融合化的"三生四化"要求，聘请清华大学、复旦大学等国内顶尖大学和飞驰、泛华等创意公司团队，制定形成新闻出版博物馆、国际新闻出版会展中心、国际出版物交易中心、小镇规划展示中心的"一馆三中心"和新闻出版行政管理学院、高等院校新闻出版实习基地、新闻出版职业培训基地、新闻出版创业孵化基地的"一院三基地"规划蓝图。小镇规划用地9798亩，计划总投资400亿元，建筑面积800万平方米，由产业聚集区、生活配套区、智慧融合区、文创康养区四部分组成，建成后可承载7万人。

坚持高起点建设，经过五年的努力，小镇以扎实的基础投入、先进的运营模式和独特的文化优势始终走在前列，形成产业、文化、旅游、社区配套"四位一体"的综合性、多功能产业园区，成为推动区域文化旅游等产业发展、促进产城人文融合、提高城乡居民生活品质的新引擎。项目完全建成之后，预计可实现年销售收入上百亿元、利税达数十亿元，创造四万个就业岗位，将成为在全国甚至全世界有较大影响的新闻出版旗舰小镇。小镇先后入选国家新闻出版总署改革发展项目库、国家"千企千镇工程"项目库、国家文化产业发展项目库、国家发改委第二批"精品特色小镇"全国推广项目，荣获"全国版权示范园区（基地）"荣誉称号。

二、坚持项目牵引，打造新闻出版产业"全链条"

开辟项目招引落地"绿色通道"，成立招商团队，多次到北京、上海、广州、浙江等地招商推介，累计参加各类展会100多次，1000多家中外客商先后到小镇考察洽谈。设立代办工作小组，从证照办理、手续报批、基础配套等方面为入驻客商提供全流程保姆式服务。小镇先后引进机械工业出版社、北京人天书店等62家出版印刷企业，时代天华、人天书店项目已投入运营，机械工业出版社项目即将投产，中国大百科全书出版社在泰安注册成立泰安百科传媒有限公司并全面开展主营业务。小镇作为国家版权局批准设立的全国唯一图书类版权交易中心，2022年实现版权登记1.5万件。在历届中国（深圳）国际文化产业博览交易会、中国国际文化旅游博览会上，泰山新闻出版小镇都被作为重点项目进行推介，1000多家中外客商先后到小镇考察洽谈业务。

树立链式思维，在龙头项目的牵引下，以"强链"培育壮大新产业，以"延链"注入新动能，以"补链"打造新平台，将小镇的产业链

泰山新闻出版小镇外景

延伸为创意创作、编辑出版、印刷发行、仓储物流、版权交易、研学旅游等十大产业，形成沿链聚合的集群发展新优势。计划到"十四五"末，实现全产业链条营业额达530亿码洋。尤其是泰安市依托独有的出版印刷资源，结合学生身心特点、接受能力和实际需求，建设泰山印刷博物馆等场馆设施，打造"沉浸式"研学体验基地，荣获"山东省科普教育基地"称号，先后迎来数万名大中小学生进行研学体验。

三、聚焦文化展会，打造新闻出版产业"新品牌"

泰安市着眼于把全市丰富的文旅资源转化为产业优势，依托泰山新闻出版小镇，协调中国出版协会为泰安量身打造"泰山国际新闻出版合作大会"品牌。大会已成功举办五届，参会人员累计2万余人次，为中外新闻出版界搭建了交流合作平台，成为新闻出版行业富有影响力的品牌文化展会。泰安市积极引入企业，成功举办全国出版物馆配馆建交易会，吸引了全国700多家出版单位参会，展销25万多个品种图书，图书采购额度达到1.63亿元。第30届书博会泰安分会场吸引全国62家单位参展，展销1.5万余种、20余万册图书，销售额达130余万元。泰安市成功策划举办两届全国文化出版领域文创博览会，国内众多重量级出版社、图书经销商、文创公司、数字化技术企业参展，突出展现了文化出版领域"两创"的丰硕成果。此外，泰山新闻出版小镇被确定为国际新闻出版合作大会永久会址。这一系列展会的成功举办，带动来泰旅游观光游客20余万人次，拉动消费5亿多元。

四、思考与启示

一是抓住行业机遇，是文化产业发展的"加速器"。紧紧抓住政策和历史机遇，是推动文化产业快速发展的关键所在。泰安市敏锐地把握住国家大力发展特色小镇和疏解北京市非首都功能的机遇，规划建设宜业宜居的新闻出版特色小镇，使其成为引领泰安高质量发展的重要引擎。发展不是一成不变的，要善于因势而谋、应势而动、顺势而为，在国家和行业发展大局中找准突破口和着力点，力争取得事半功倍的效果。

二是坚持创新引领，是文化产业发展的"动力源"。传统文化产业特别是出版印刷业，普遍存在工艺研发能力弱、数字信息化水平低、产品同质化程度高等问题，必须转变发展模式、提高质量效益。泰安市敢于创新突破，发挥政策优势，集聚60余家新闻出版行业龙头、领军企业入驻小镇，打造龙头引领、链条延伸、科技赋能、集群共进的新闻出版产业"雁阵"，推动实现新闻出版绿色低碳高质量发展。发展文化产业，要以创新求突破，强化"链式思维"，以链强链、以企联企，推动传统文化产业转型升级，激活文化发展新动能。

三是搭建交流平台，是文化产业发展的"倍增器"。文化类大型展会活动是文化企业学习交流、合作共赢的重要平台。泰安市采取多种形式举办新闻出版合作大会、文创博览会等展会活动，叫响了"新闻出版小镇"金字招牌，助推新闻出版产业繁荣发展。发展文化产业，要在做大做强、做精做优品牌上下功夫，结合自身资源优势、区位优势和文化特色，通过请进来与"走出去"相结合的方式，高水平举办会展、论坛等活动，开展宣传推介，推动项目合作，拉动本地消费，努力将产业优势转变为发展优势。

非遗工坊绘就共富图

——日照市打造非遗工坊的实践

摘要：日照市深挖特色非遗资源，创新性打造集非遗保护传承、展示体验、开发利用、宣传销售于一体的非遗工坊，通过平台搭建、模式创新、文旅融合，走出了一条非遗生产性保护之路、文旅融合发展之路和乡村振兴之路。

近年来，日照市以打造非遗工坊作为非遗赋能乡村振兴以及乡村非遗活态保护的重要抓手，在全市布局打造一批非遗保护与传承的资源聚合平台，通加强顶层设计、设置激励政策、强化人才培育、非遗工坊进景区等，实现了非遗传承保护与开发利用的有效结合。

一、主要做法

（一）搭建非遗传承新平台

搭建非遗资源集聚平台。将非遗工坊建设项目纳入乡村振兴战略规划，制定非遗工坊认定管理办法、非遗工坊和乡村记忆馆建设工作实施方案等，明确建设标准和任务目标，从设施设备、服务功能、建设模式等方面进行科学谋划。坚持政府支持、市场主导、各方参与模式，按照"建成一处挂牌一处，验收一处奖补一处"的原则，对建成并验收合格

日照刺绣非遗工坊

的非遗工坊进行认定和挂牌，并给予一定奖补扶持。建立"可进可退"的管理机制，对传承不力、功能发挥不到位的单位，予以摘牌并通报。深入挖掘开发黑陶、农民画、民间雕刻、剪纸、皮影、草柳编等165项适合带动就业、有市场潜力的非遗资源，依托当地非遗保护设施、传统工艺传习所、闲置场所或企业厂房，建设一批非遗工坊，将其打造成相对集中的非遗传统工艺生产、培训和交流展示空间。

（二）创新非遗发展新模式

根据产业集聚的程度、非遗项目的影响范围，探索出三种"非遗工坊+"模式，实现了传承保护与开发利用的有效结合。"非遗工坊+传承人"模式，依托非遗项目代表性传承人工作室或者加工基地建设，由传承人自己运营，通过采取订单式销售、加工制造、开展各种特色体验活动等形式，吸引大量市民和游客体验、购买非遗，成为集中展示、销售非遗文创产品的线下平台。"非遗工坊+合作社"模式，在全市非遗资源集聚乡镇，开展传统工艺振兴工程，依托原有传统文化产业合作社等，融入非遗元素，打造多个"非遗工坊+合作社"，推动非遗产品研发生产。实行"非遗工坊+企业"模式，日照黑陶、日照绿茶等非遗代表性企业，利用自身规模化生产优势打造企业式非遗工坊，大力推动非遗项目与产业融合发展，走出了一条非遗生产性转化之路。

（三）探索非遗转化新路径

推进非遗工坊进景区，开展非遗技艺的传承活动，设立非遗体验专区，不断提升景区的文化内涵。打造阳光海岸之旅、亲子研学之旅、体育休闲之旅等日照十大精品旅游线路，充分串联非遗代表性项目和非遗代表性景区。设立非遗研学旅行基地，打造非遗传习大课堂、陶艺课堂、岚山鱼拓项目等多个非遗研学项目，推动中小学生研学实践教育活动与非遗文化传承教育紧密结合。举办渔民节、太阳文化节、黄墩闹春牛、屋楼崮庙会等非遗节会活动，积极参与非遗博览会、民俗节会、非遗展演等展销体验活动，推动日照绿茶、地瓜悠、黑陶、农民画等地方特色产品向旅游商品转化，形成具有区域影响力的文旅融合新名片。

（四）搭建非遗人才新平台

将"培养一批乡村非遗传承人、开展各类非遗宣传展示活动"列入乡村人才振兴重点工作任务。重点培育非遗工坊带头人，引导支持开展调研、培训、交流活动，将其培育成非遗文化"守艺人"。实施非遗"传、帮、带"工程，鼓励非遗工坊传承人带徒授艺，支持非遗文创产品研发。与曲阜师范大学等高校合作，签订战略合作协议，开展非遗研发、人才交流等各项工作。建立非遗研究创新基地、传承教育基地、大师工作室等，组织非遗传承人、高校专家培养年轻的非遗传承人，不断提升非遗传承发展水平，为传统文化振兴提供坚实的人才支撑。

二、主要成效

（一）走出一条生产性保护之路

通过非遗工坊建设，日照市打造了一个非遗资源集聚的平台，成为非遗生产性保护和传承的重要载体，解决了非遗传承青黄不接、非遗生产性转化不高、变现能力较弱等一系列问题。日照在"非遗工坊+"模式的带动下，取得了社会效益与经济效益的"双丰收"。黑陶、影雕、鞋垫、农民画等非遗文创生产呈现出特色化、品牌化的趋势。日照黑陶研发企业已发展到30余家，形成仿制、复制、创新三大系列300多个品种。非遗工坊带头人积极参与各类展会，展示和销售非遗文创产品，产品远销省内外乃至国外，年销售收入达百余万元，带动群众每人每年增收3000元左右。

（二）走出一条助推文旅融合发展之路

"乡村旅游+非遗工坊"成为文旅融合和乡村振兴的重要载体。五莲县民宿旅游村窦家台子依托五莲煎饼、五莲豆腐等非遗美食项目，吸引大量游客打卡。莒县赵家石河村依托乡村记忆馆，将非遗体验融入乡村旅游，成功入选第一批全国乡村旅游重点村名录。"小小工匠成大器"系列研学项目，依托非遗工坊开展研学活动5000余次，扩大了非遗项目的影响力。山东手造·优选日照东夷小镇展示体验馆、世昌砚石博物馆、刘氏盘扣传承基地入选日照市中小学生研学实践教育基地名单。

（三）走出一条助推乡村振兴之路

日照市依托非遗工坊项目，延长产业链条，推动乡村非遗资源产品化，为推动乡村产业振兴蹚出了新路子。成功打造了"影雕车间"、"妈妈制造"合作社、"草编车间"、"老粗布车间"等非遗扶贫车间，创造产值近5000万元，带动周边贫困群众2000余人实现就业脱贫，实现了非遗传承和扶贫产业的"双丰收"。举办非物质文化遗产博览会、二月二舞龙大会等节会活动，推动万余件非遗文创产品参展，直接带动旅游消费达数千万元。实施乡村非遗旅游"后备厢"工程，开发非遗项目类旅游商品20余类1000多种，日照绿茶、割花、黑陶等非遗产品有力拉动了乡村旅游发展。

三、思考与启示

一是生产性转化是非遗传承发展的关键。非遗传承发展水平的高低，在很大限度上取决于非遗生产性转化的效果。日照探索出"非遗工坊+传承人""非遗工坊+合作社""非遗工坊+企业"三种"非遗工坊+"模式，在实现传承保护与开发利用的有效结合方面取得显著效果。这启示我们，要运用市场化思维、产业化发展模式推进非遗传承发展，充分挖掘非遗的技艺之美、传统之美、生活之美，不断提升文创产品、旅游商品的创意水平和生产效能，推动非遗在文化传承、就业增收、助力乡村振兴等方面发挥更加积极的作用。

二是人才培育是非遗可持续发展的保障。与自然文化景观和文物等"物质性"文化遗产相比，非物质文化遗产更注重知识、情感和技能、手艺及其活态传承，更加凸显"人"的核心地位与重要作用。日照市依托非遗工坊，搭建非遗人才集聚和培育平台，提高了非遗传承发展的内生动力。这启示我们，要加强非遗人才队伍建设，发挥民间艺人、技艺大师、非遗传承人的作用，通过非遗人才"传、帮、带"，打造创业就业平台，引导社会力量参与非遗教育培训，保护和扩大传承人群，让非遗在传承中延续历史文脉。要注重激发青少年对非遗的了解、认同，开展形式多样的"非遗进校园"活动，广泛开展社会实践和研学活动等，接稳传好非遗保护传承的接力棒。

三是文旅融合是非遗活态传承的重要渠道。推动非遗与旅游深度融合，是增强非遗传承发展活力的重要路径。日照市推进非遗工坊进景区、推进"非遗工坊+乡村旅游"，以传统文化之美引领文旅产业创新发展，实现文旅深度融合，为乡村振兴注入新动力。这启示我们，要坚持以文塑旅、以旅彰文，在有效保护的前提下，推动非遗与旅游融合发展。通过培育一批非遗旅游体验基地、推出一批主题旅游线路、开发一批研学旅游产品等，推动非遗有机融入景区、度假区，实现非遗文旅融合出彩创新发展。

群众演给群众看

——临沂市创新实施群众性小戏小剧创演推广工程

摘要：临沂市坚持"政府主导、社会参与、全民共享"理念，深挖丰厚红色资源、历史文化和新时代沂蒙精神内涵，汇聚各级各类文艺团体、文化志愿者、群众爱好者，通过小戏小剧这一群众喜闻乐见的艺术形式，创新公共文化服务模式，传承红色基因，推动文旅融合高质量发展。

临沂市充分发挥文艺作品引导人、鼓舞人、教育人作用，建立推广沉浸式情景小剧创演长效机制，实施"百部沉浸式情景小剧展演工程"，利用5年时间推出100部情景小剧，着力提升惠民演出品质性、体验性、沉浸性服务水平，进一步满足人民群众对美好生活的新追求、新期待。

一、主要做法

（一）找准主题切入点，创作群众爱演爱看的作品

创作是展演的前提，戏、剧虽"小"，曲（剧）目的选择却大有门道。临沂市成立专门创作班子，以专业艺术工作者、群众文艺工作者、文化和旅游志愿者为创作主体，融合集体创作和自由创作方式，

坚持贴近实际、贴近生活、贴近群众的"三贴近"原则，以群众爱演爱看为目标，聚焦重大历史、重大革命、重大现实三大题材，囊括乡村振兴、生态文明、教育科技、文化"两创"、文明实践、反腐倡廉、青少年成长等各类题材，讲述沂蒙人身边的故事。发挥小戏小剧贴近生活、鲜活动人、短小精悍、通俗易懂的优势特点，进行示范性展演和常态化辅导培训，推动小戏小剧进景区、社区、机关、学校、企业，"走"到群众身边。

（二）创新沉浸式演绎，做好文旅发展结合文章

沉浸式演绎是临沂小戏小剧展演的最大亮点。临沂市盘活基层文化资源，将小戏小剧展演和自然观光、红色教育、研学旅游融合互促，当地人用当地话演当地事，以沉浸交互式展演讲述红色故事，让群众身临其境，感受临沂深厚历史文化底蕴，从而丰富景区业态，提升游客体验，做好文化展演与乡村振兴、旅游发展的结合文章。

（三）夯实保障措施，形成小戏小剧创演推广长效机制

加强统筹协调，优化资源配置，推动形成市县一体、部门联动、协同发力、高效运转的工作机制。一是强化组织保障。专门成立推广工作领导小组，组织开展乡村文艺人才海选大赛，选拔优秀人才充实农村庄户剧团。二是强化经费保障。研究出台激励政策，提高创演积极性，市级设立专项经费150万元，用于作品创作、落地排演、创演评选、演出推广等。各级宣传、文旅部门将创演推广工作经费列入年度预算，通过政府主导、财政补贴、景区补助和社会参与等方式，为小戏小剧创演推广提供经费保障。2022年，对评选出的20部优秀剧本分别给予6000—8000元的剧本孵化创作费用，对20部优秀剧目分别给予5万元至8万元的排演补贴。三是强化督导考核。将群众性小戏小剧创演推广工作列入市对区县高质量发展绩效考核指标，每月调度各区县工作推进情况，每季度进行评估量化打分，以考核倒逼落实成效。

二、取得成效

（一）群众文艺持续繁荣

小戏小剧创演掀起了群众性文艺活动热潮，涌现出一批精品力作。截至 2023 年 10 月底，已创作群众性小戏小剧 210 余部，推出《跟着共产党走》《第一碗饺子》《两代人的小康路》等一批有温度、接地气、深受群众喜爱的优秀作品。情景器乐曲《沂蒙那段情》荣获第十九届群星奖，2 部作品获全省群众性小戏小剧评选活动一等奖、3 部作品获二等奖、3 部作品分获全省群众性小戏小剧大擂台活动金、银、铜奖。

（二）服务效能不断提升

以打造小戏小剧为契机，公共文化服务水平大幅提升，成效卓著。2023 年 4—6 月举办的"沂河之夜"小戏小剧集中展演、进县区巡演活动，线上线下观看群众超百万人次，在人民日报客户端、光明日报客户端、山东广播电视台齐鲁频道、大众日报、大众网、闪电新闻等主流新闻媒体宣传报道。打造的"沂蒙四季·活力临沂"群众文化活动品牌，年均举办各类群众文化活动 4.3 万余场次，参与群众 1500 余万人次。沂南县《深挖红色文化资源推动文旅深度融合沂南县沉浸式演绎讲述红色故事》入选全国公共文化服务高质量发展典型案例，探索出深受群众欢迎的公共文化服务新模式。

（三）艺术党课培根铸魂

将革命题材小戏小剧作为"艺术党课"融入党校、党性教育基地教学，打破传统的党课教学模式，让党性教育更生动，引起学员共鸣。打造情景讲解剧《沂蒙这片热土》、舞台剧《红石崮》、沉浸式情景小剧《跟着共产党走》《老兵》等红色剧目。截至 2023 年 6 月月底，《红石崮》《沂蒙这片热土》已先后走进沂蒙干部学院、中共山东省委党校、临沂大学、山东师范大学等省内机关、企事业单位演出 20 余场。

（四）文旅融合不断深化

位于沂南县常山庄村的红嫂家乡旅游区自2021年推出沉浸式情景小院演出以来，已演出3690场次，观众16.6万余人次，实现景区门票收入830万元，带动餐饮、住宿等其他收入4600万元，丰富了景区业态，提升了游客体验，实现了社会效益与经济效益双丰收。

三、思考与启示

一是聚焦群众需求，有效提升群众文艺作品质量。群众性小戏小剧作品好不好，影响力大不大，群众最有发言权。临沂市小戏小剧坚持群众主体地位，以群众想看、群众爱看为标准，严把文艺作品质量关，使得巡演活动广受好评、场场爆满。这启示我们，要坚持以人民为中心的创作导向，发挥群众的主人翁精神、主力军作用，鼓励"群众演、群众看"，推出讴歌党、讴歌祖国、讴歌社会主义、讴歌人民、讴歌英雄的精品力作，充分调动各创作主体积极性，创作推出更多能够引起群众共鸣、人民喜闻乐见的艺术作品，满足人民高涨的精神文化需求。

沂南县常山庄红嫂家乡旅游区沉浸式校园演出《妇救会》

二是创新体制机制，有效破解基层文艺创演难题。小戏小剧的作品创作、落地排演、创演评选、演出推广，离不开专业人才、经费、场地等要素保障。临沂市拓宽融资渠道，强化经费保障，使得小戏小剧创演热度不减、佳作频出。这启示我们，破解基层文化活动"缺人、缺钱、缺场所"问题，要打破政府单一投入模式，通过政府主导、财政补贴、社会参与、景区补助提供经费保障，整合文化公共资源和旅游公共设施场所，拓展实施载体和演出阵地，推动人才资源共享融合，实现公共文化资源和社会资本融合发展，让公共文化资源更好地贴近群众、服务群众。

三是把准发力方向，有效促进小戏小剧融合发展。临沂市群众性小戏小剧创演推广工程，以文旅融合为切入点，有力提升文化惠民演出的品质和水平，带动当地文旅产业发展。这启示我们，加强群众文化服务阵地建设，要把握文旅融合不断深化、沉浸式演艺方兴未艾的时代风口，找准结合突破口，主动融入旅游业怀抱，加强与各旅游景区、博物馆、纪念馆等合作，创新艺术表达方式，发展文旅消费新业态，让群众、游客通过沉浸式演艺、情景课堂感受文化魅力、接受思想洗礼，提升文化旅游参与性、体验性。

四是打造宣传矩阵，有效扩大小戏小剧社会影响。小戏小剧作为扎根群众的文艺形式，选题来源于群众，演出服务群众，与其他"高大上"艺术形式相比，形式内容都比较"接地气"，以"小故事"阐释"大道理"，以"微视角"反映"大时代"，但也存在文化影响力和品牌影响力不足的问题。推动群众性小戏小剧进一步发展，要在扩大影响力上下功夫。要强化宣传引导，利用媒体矩阵多渠道扩大宣传，融入评选、比赛、展演等创新形式，引发社会关注、赢得群众认可，营造浓厚舆论氛围，实现文化惠民、文旅融合高质量发展。

保护与活化

——百年商埠的"两创"密码

摘要：济南市中区深入挖掘以"开放、包容、敢为人先"为代表的商埠文化，加快商埠区历史建筑活化利用，在数字赋能、文旅融合、教育传承、多维传播等方面持续发力，推进文、旅、产、居有机融合，着力提升历史街区文化品质，擦亮叫响商埠文化品牌，实现了社会效益与经济效益双丰收。

1904年，济南开设商埠，开创了近代中国内陆城市对外开放的先河，也形成了独特的商埠文化。济南商埠区现占地4平方公里，有传统建筑和文物保护单位80余处，历史资源丰富，文化底蕴深厚。近年来，济南市中区依托丰厚的商埠文化资源，统筹推进商埠区保护与开发，有序推进商埠文化"两创"工作开展，让老商埠焕发新活力。

一、"商埠文化+新兴技术"，让文化遗产活起来

在推动商埠文化的传承发展中，济南市市中区大力推进VR、元宇宙、数字孪生等现代科技的应用，让商埠文化"活"起来。通过44座老建筑720°全景VR，人们可以走进文物建筑的前世今生，实现云端游商埠的新体验，IP访问量累计达百万。启动"元宇宙之夜"，借助3D

全息舱、AR虚拟直播等现代科技，实现"科技＋文化"新玩法。通过使用灯光互动装置、轨道灯投影等新技术，融汇老商埠上演文物建筑科技"灯光秀"。济南启动百年商埠数字孪生工程，深入推动现代科技赋能商埠文化"两创"工作。

二、"商埠文化＋文旅融合"，让历史建筑火起来

将历史文化底蕴与现代气息相融合，制定商埠区《"一园十二坊"传统风貌区保护规划》，推进老字号商业服务区、综合服务配套区、传统民俗商业区、传统院落体验区、多元文化展示区、绿色休闲游憩区等区域建设。大力推进商埠文物资源的保护性开发工作，建立历史文物老建筑资源库，为44处文物保护单位手绘历史文物建筑地图，为51座文物建筑汇编印制《市中文物建筑画册》，讲好商埠区文物建筑故

济南融汇老商埠区夜景

事。整合商埠区老建筑、历史博物馆以及百年老字号等资源，围绕红色历史、著名人物、重要事件等，推出"济南商埠老建筑文物"之旅、"红色教育"之旅等多条精品研学线路。在科学保护基础上，合理引入文化曲艺、文创产品、时尚餐饮、购物娱乐等多种业态，以融汇老商埠、欧亚大观园、小广寒电影博物馆等为代表的商埠区特色风貌带已初具成效。

三、"商埠文化+多维传播"，让商埠故事热起来

通过创造性运用新理念、新技术、新表达，打造立体化、多元化的商埠文化传播格局。加强宣传推介，广泛邀请中央和省级主流媒体宣传商埠历史和文化，编撰出版《自开商埠第一城》《济南老商埠》等书籍，拍摄以商埠精神为内核的电视剧《大商埠》，展示百年商埠敢为人先、兼容并蓄的时代魅力。创新传播形式，以短视频、直播平台塑造热门IP、创造热点话题，打造玫瑰瀑布、爱心斑马线、夹心胡同等网红打卡地，网络关注度破亿次，组织"民乐新国潮 快闪老商埠""魔盒奇遇 遇见惊喜"等快闪活动，积极开展直播"探店"，商埠区有关话题频繁登上热搜同城榜。加强国际交流，参与"中华文明走出去工程"等国家项目，亮相白俄罗斯、泰国、比利时、乌兹别克斯坦等多个国家的海外宣传推介活动，在时代通讯社等26家英法主流媒体刊发《老街"上新"！遇见巷子里的"魅力"济南》，展示百年商埠的多彩文化与风貌。

四、"商埠文化+教育传承"，让商埠精神传下去

深入挖掘"开放、包容、敢为人先"的商埠精神，创新教育传承方式，推动商埠精神融入生活、融入日常。结合新时代文明实践工作，成立"商埠挎包服务队"等志愿服务队，组织"春华五月·礼赞百年秋

实"诗词咏颂大赛等活动，推动百年商埠的文化底蕴与文明实践深度交融。充分利用历史老建筑、博物馆等优势资源，建立汇集商埠文化、红色文化、非遗文化等优秀传统文化的传承基地25处，开设课程百余门，积极推动商埠文化进校园、进课堂，打造文教融合新品牌。将商埠精神引入企业文化建设，为企业高质量发展提供丰厚滋养。

五、思考与启示

济南市中区深入挖掘传统文化资源，着力提升历史街区品质，形成商埠文化特色品牌，为历史建筑活化利用探索了一条有效路径。

一是坚持在协同中形成合力。 优秀传统文化的开发利用离不开科学严密的组织领导和制度保障，需要地方党委和政府的一体规划、有效作为，需要各方力量积极参与、各显其能。在老商埠保护性开发过程中，相关部门组建推进专班，引入市场力量、鼓励社会团体参与，形成了有效、有活力的合作共建模式。这启示我们，在保护传承文化资源中，要积极利用和整合社会资源，打造多方协作、共建共享的开发力量，形成工作合力。

二是坚持在保护中开发利用。 推进文物合理适度利用，必须处理好城市改造开发和历史文化遗产保护利用的关系。老商埠在保护性开发的过程中，坚持把文物保护摆在首要位置，通过科学规划、合理布局、融合发展，既传承了历史文脉，又焕发出新的气象。这启示我们，推进特色文化区域传承发展，要重视文化遗产的挖掘梳理和保护利用，在牢牢守住文物安全底线的基础上，把握新形势下的产业发展规律，推进新业态与历史文化及其遗产的有机结合，形成区域经济发展的文化力量。

三是坚持在传承中紧跟时代。 传承发展地域性优秀传统文化，是推进区域社会进步的重要支撑。随着经济社会的发展，商埠文化也被赋予了新的时代内涵，通过丰富多彩的传承形式，其生机与活力不断得到激发。推进文化传承工作，要对优秀传统文化进行科学提炼，不断增加时代元素、融合时代内涵、赋予时代价值，变成符合现代社会文化发展规律和适应现代社会文化需求的文化认知，增强其引领力、凝聚力、辐射力，使其成为推动区域发展的精神力量。

四是坚持在创新中激发活力。在技术不断变革的时代背景下，新的传播技术及形式赋予了区域文化更加强大的表现力和传播力。老商埠活力再现，并作为地域"文化标签"登上热搜成功"出圈"，离不开数字科技的赋能。互联网时代，我们要借助信息化技术，用数字科技、文化创意赋能优秀传统文化"两创"工作，开发热门文创产品、数字产品，广泛布局新媒体平台，打造地域特征鲜明、大众喜闻乐见的地域性文化IP。

手造+创意+文旅+数字

——青岛市城阳区推动"山东手造"工程落地见效

摘要：青岛市城阳区创新构建"手造+创意+文旅+数字"模式，挖掘传统非遗项目，进行深度创意研发，培育特色优势产业，线上线下拓展展销平台，提升"美得城阳"手造品牌的影响力，助推"山东手造"工程落地见效。

青岛市城阳区以手造为联结点，激活老艺人和新匠人基因，打出一套"手造+创意+文旅+数字"组合拳，手造活态传承价值、产业赋能价值和生活美学价值一体呈现，锻造出"山东手造·青岛有礼·美得城阳"的亮丽品牌。

一、强化创意设计，让手造产品活起来

挖掘梳理当地丰富的非物质文化遗产和传统手工艺项目，将上马剪纸、刘氏泥塑、辛氏锡金画等传统优势项目，黑陶制作、红陶楂子、布艺老虎等民间手工艺，孙氏古琴、古法旗袍、木船制作等手工匠作，以及面食、肉食、海产品加工制作等80余个项目，纳入"山东手造"城阳项目库，丰富了创意设计的素材。提取手造中蕴含的优秀传统文化元素，运用现代数字化手段，从当代审美和未来审美角度进行时尚化、生

活化创意研发设计，实现突破与创新、守艺与蝶新、颜值与产值相统一。工艺制作方面，对传统的核雕、黑陶、红陶榼子等进行再提炼再设计，打造出红陶榼子文创雪糕——"福虎"等一批充满设计感、深受群众喜爱的手造产品。传统美食制作方面，研发出现代口味的流亭猪蹄、花饽饽、老烧锅酒等美食品种，推出礼盒、便携零食等多种包装设计，实现传统文化、生活美学和时尚潮流相融合。

二、完善产业链条，让手造产业兴起来

推动手造资源、要素向区域优势手造产业、重点手造企业集中，不断优化产业布局，健全建强产业链条。着眼产业链条一体化发展，建设多处手工艺品交易集散中心，持续引进饰品、陶瓷、雕刻等企业丰富经营门类，合理分布配件、宝石、手编等行业上下游相关企业，加快传统手造工坊向现代企业转型升级，形成集研发、生产、制造、包装、销售于一体的产业链，年产值超过60亿元，带动区内20万人口就业，间接带动省内欠发达地区30万余人口就业。着眼产业链条向电商延伸，打造5个占地9万余平方米的直播电商产业基地，推广"互联网+手造"新媒体线上销售模式，1.2万余家本土企业逐步走上电商化之路，一直以出口为主的400余家韩资企业也开启了直播带货、出口内销相结合的新模式。着眼产业链条向消费场景拓展，在"潮系列"时尚文旅活动中专门设置手造专区，"非遗潮"首届非遗文化节期间，通过手造市集、非遗盛宴、民俗文化游等多种形式，吸引约3万游客参与，线上线下销售达到360余万元，17家非遗特色美食饭店营收比之前增长20%。

三、加强传播普及，让手造品牌亮起来

构建区、街道、社区"三级一体"的手造项目平台，将区博物馆、档案馆、手造展示体验中心建设为头部阵地，打造孟家布艺老虎、万氏

山东手造城阳展示体验中心

古法旗袍等街道非遗工坊，组织非遗传承人依托新时代文明实践站传授技艺，推动手造文化更好地走进群众。升级改造峄阳文化园、韩家民俗村项目，打造青岛市首家沉浸式非遗共享空间——峄阳竹庐，开展剪纸、面塑、古琴等研学体验活动，促进手造项目的传播普及。集结180位手造匠人和技艺大师参加青岛市手造节开幕式，发布"美得城阳"手造品牌，推出剪纸文鲼鱼和布艺老虎标识，使手造更具时尚气息和感染力。利用数字技术打造区博物馆"云端展厅"，开设"赏非遗、品年味"云集市版块，运用抖音、小红书等新兴媒体记录、收集、整理非遗信息，设置云互动环节，参与人次达20余万。

四、推动交流互鉴，让城阳手造"走出去"

充分发挥与日韩经贸和民间文化往来优势，依托中韩交流合作国际客厅，将优秀非遗文化、手造项目融入国际文化交流活动，打好"手造外交牌"。举办日韩（青岛）进口商品博览会、中日韩料理美食节等活动，集中展示中日韩传统手造佳作、现代手工艺品、传统手工美食并进行互动体验，吸引了国内外多领域产业优势资源和重点企业参展参会。规划建设日本樱海科创城、韩国生态城，扩大手造在文化交流中的应用场景，让本地市民和日韩友人零距离感受异国手造文化的独特魅力。上马剪纸、流亭猪蹄、辛氏锻金画等手造精品已成为中日韩交流活动中的常客和靓丽名片，"张世建面塑"参与创作的反映中国—刚果（金）友谊的作品"大熊猫与霍加狓"，在人民大会堂金色大厅展陈。

五、思考与启示

一是注重在构建全产业链上发力。"手造"是文化，也是产业，必须建强产业链条，推动手造产业持续健康发展。城阳区构建"创意设计、生产制造、运营推广、交易销售"的全产业链，实现手造产业的集中、集聚、集约发展。这启示我们，要适应现代生产生活需要，突出"新意"和"新造"，抓好创意设计，对接多样化消费需求，丰富产品层次，加强整体运营，推广强化销售环节，不断建强手造的全产业链，增强手造产业的整体竞争力。

二是注重在强化数字赋能上发力。数字化助力文化发展，是文化创新的重要路径，也是手造产业发展的动能"倍增器"。城阳区充分利用数字技术赋能手造产业，在数字化设计、数字化营销方面进行了有效探索，为手造产业插上了数字化翅膀。这启示我们，要提高数字研发能力，强化手造创意设计的数字支持，运用数字技术加强市场分析研判，打通重点电商平台的销售渠道，通过数字营销扩大线上市场占有率。

三是注重在文化"走出去"上发力。文化"走出去"是拉动产业发展的重要手段，也是展示国家形象、讲好中国故事的实际需要。城阳区充分依托对日韩开放合作的优势，以"手造外交"让国际友人充分感受手造文化的独特魅力，有效推动中华优秀传统文化对外传播。推动手造"走出去"，要引导企业开展对国际文化市场消费习惯和热点的跟踪调查研究，生产贴近境外受众的消费心理、欣赏习惯和市场需求的手造产品，用好中外文化交流活动的契机，主动加强与海外媒体合作，增强"山东手造"在国际上的知名度和品牌力。

"工业锈带"蝶变"文创秀带"
——淄博市张店区探索打造文化"两创"发展新IP

摘要：淄博市张店区坚持市场化、专业化理念，探索运用"存量旧改＋文创产业"改革模式，创新开发打造集文创设计、休闲办公、特色餐饮、艺术服务于一体的文化创意产业园项目，使工业遗存成为新兴产业的特色载体，为青年人才提供就业创业发展平台，让"工业锈带"变身"文创秀带"，实现"涅槃重生"。

淄博是齐文化发祥地，也是有着120年近现代工商业文明史的老工业城市，张店区作为中心城区拥有新华制药、大成农药、张钢钢铁、红卫电机厂等工业遗存。近年来，张店区围绕做好"盘活存量资源、培育优质内容"这篇文章，通过政府引导、企业参与、市场运作等方式，让工业遗存蝶变为文化创意产业园，激活了城市发展的文化新动能，立起"两创"发展新IP。

一、盘活存量资产，助力工业城市活化更新

（一）运用"新思维"盘活"旧资源"

围绕解决中心城区土地资源紧缺、文化消费需求较大等问题，通过

政府、企业、专家等各方研究论证、考察学习，确定以"存量旧改＋文创产业"作为转型发展方向，转变原有企业、园区的功能布局和产业类型，传递现代的文创概念和生活方式。将"双招双引"作为动能转换、高质量发展的"制胜法宝"，与高水平规划、策划、设计团队和运营机构等达成合作协议，在保留存量土地、老厂房、老仓库原有风貌的同时，全新打造一批集文创设计、休闲办公、特色餐饮、影视广告、教育培训等功能于一身的文化创意产业园区，让旧场景焕发出新活力。原金乔茶城，建筑面积3825平方米，经改造突破了办公楼、格子间的传统概念，一改多年经营秩序混乱、面貌破旧的状况，打造乔里城市徽派院落办公空间，成为淄博主城区首个低密度办公文创项目，以"慢节奏"和"高品质"吸引了大批投资人和创业者。

（二）找准"新定位"活化"老厂区"

根据不同工业遗存的区位分布、资源禀赋和文化特质，对各园区进行个性化设计，推动"老厂区"找准"新定位"，建成唐库文创园、金鼎1948文创园、东坊文创园、齐新文创园、老棉裤文旅综合体等项目。保持原新华制药机械分厂旧址厂房空间高挑、墙体厚实、风格宽犷等特色，保留20世纪30年代德国建造的办公楼、宽敞的制械车间、工业感十足的烟囱管道和有时代烙印的标语，打造金鼎1948文化创意产业园项目，营造出怀旧与时尚兼容的艺术氛围。对曾是国家储备糖定点储备仓库的淄博糖酒站马尚仓库进行改造，充分利用其紧邻山东理工大学的区位优势，突出"YOUNG"主题建设唐库文创园，呈现出以花园式、LOFT风格为主的园区形态，推动工业记忆转向文化创意、旧空间转向新地标，使老工业城市焕发青春活力。将金乔纺织有限公司的土地、厂房全新设计包装，既保留有工业痕迹的外观，又有符合现代功能的内饰，打造东坊文创园，发展"音乐＋餐饮"模式，使其成为兼具观光休闲和旅游功能的新场景。东坊文创园不仅留住了城市记忆，还成为市民拓展文化生活的新空间。

（三）探索"新举措"化解"老难题"

聚焦老旧厂房置换改造及推动经济转型升级，创新推出"租赁即开工"审批模式，着力解决部分工业投资项目落地难问题。提供企业项目开办、项目立项、项目审批、项目服务管家全链条服务，信息互通、审批互认，项目签订厂房（库房）租赁合同即可落地开工。突出信息化支撑，在全市率先上线首个手机端投资项目联审平台，将投资项目联审由"线下"变为"线上"，实现不出门就能"掌上办、网上审"。对"租赁即开工"项目建立项目库，量身定制"需求清单、告知清单、责任清单"三张清单，实现一企一策精准帮服，持续跟进项目进展。"租赁即开工"审批模式自2020年4月实施以来，平均压减审批环节72%，压缩审批时限80%，用更加优质高效的审批服务助推全区资源再造、工业投资项目建设提速，经济社会高质量发展。

二、推进文旅深度融合，彰显中心城区时尚魅力

（一）"文旅＋夜间经济"

淄博市围绕助力打造"五个淄博"——服务淄博、诚信淄博、志愿淄博、劳动淄博、文化淄博，选取符合文旅发展方向、文化内涵丰富、地域特色突出的街区、文创园区等，引导其延长营业时间、加大营销宣传、增加新兴业态，实现由传统街区向夜间文旅消费集聚区转型升级，形成了万象汇夜间消费综合体等特色夜经济品牌。淄博烧烤火爆后，唐库文创园区作为第一批省级夜间文化和旅游消费集聚区，迅速成为新晋"网红打卡地"，2023年"五一"期间接待游客8万人次左右，成为文创园区、时尚街区相融合的文化地标。

（二）"文旅＋大型节会"

淄博市积极对接国内外高端艺术资源，争取麦田音乐节等知名艺术节、音乐节落户，年均举办大型文化活动20余项、品牌特色文化活

动1500余场，活动参与7万余人。精心策划2022年"五好城市美好启程"跨年夜活动，辖区文创园区、街区联动直播，20余家媒体

2022年"五好城市美好启程"跨年夜活动

全程聚焦，微博、抖音、小红书、今日头条等多个网络平台形成话题热搜，累计点击阅读量超过1200万次。

（三）"文旅＋时尚消费"

发挥唐库文创园消费集聚区典型示范作用，鼓励各文创园区举办特色市集、文艺演出等各类主题文化活动，丰富园区产品、优化消费环境，大力发展观光游憩、文化体验、时尚购物等旅游经济产业。持续打造文旅惠民消费季，在各园区组织开展"书香张店·全民阅读""艺动张店·文化润城""国潮张店·手造创新"等六大系列主题活动，着力满足各文创园区消费者多层次、个性化、高品质的消费需求。首推夜经济消费券、一元游园券、免费游园券等各类文旅消费券，横跨A级景区、旅行社、图书报刊、文创衍生等多种文旅业态，扩大在创意园区的应用场景，一周时间直接带动消费110多万元，撬动比达到1∶5，释放市民消费潜力。

三、搭建青年服务平台，凝聚青年聚集"强磁场"

（一）搭建社会化平台，鼓励青年创业创新

以青年创业园、大红炉众创空间为载体，为青年创业提供政策支持，给予符合条件的毕业大学生、留学生提供优惠或免费创业空间。唐

库文创园建成以来，300余名年轻人实现创业梦想。齐新文创园推出一年免租期等优惠入园政策，鼓励年轻人入园创业，并积极对接有关部门，为入驻企业争取更多资金政策扶持。"归心谷青年会客厅"不定期推出大咖说、创友秀、研习社、下午茶四大栏目，打造创业训练营品牌项目，先后为百余家企业提供免费创业指导培训，提供资源对接、平台搭建、创业培训等一体化创业服务。积极开展"'创响张店'创业护航行动进园区""淄博张店——高校人才直通车"线下首发等活动。

（二）创建青春社区，汇聚青年力量

加快推进青春社区建设，筑牢青年参与文创园区发展双向桥梁。依托新时代文明实践站等现有阵地打造升级"青年之家"，组织社区青年学子到各文创园区打卡浏览、实习就业。开展"周末之约"等系列联谊、读书分享会、青年训练营等活动，与成功青年商家、园区青年负责人面对面，互通工作思路、园区发展规划和职业需求，为年轻人交流提供了一个个开放、积极的多元化平台，营造了关心关爱青年的良好社会氛围，同时为各文创园区发展提供了思路。

（三）打造青年友好空间，优化发展环境

依托水晶街、唐库文创园、尚美第三城等青年聚集地，推出年轻时尚消费场景，增强了青年对城市的情感黏性。重点打造水晶街等特色街区，结合"淄博烧烤季"流量热点，设置网红拍照打卡地，提升城市活力指

唐库文创园"夜"主题街区

数。建成完善唐库文创园、淄博万象汇等青年会客厅6处，依托留学生协会及大学生创业基地，重点支持滑板、改装车、脱口秀、电音等本地小众文化，打造后备厢市集、潮流音乐派对、改装车派对等青年酷玩项目，吸引大量青年参与。结合工业遗存分布，积极打造"城市书房+"新型公共阅读空间，建成阅读书房等5家书香阅读吧，成功建设悦齐教育、金鼎1948文创园内万承艺术中心等文化驿站，房镇镇解营村等8家"5+N"升级版基层综合性文化服务中心示范点，塑造新型公共文化空间。

四、思考与启示

一是工业遗存蝶变要保护和展示并重。工业遗存承载着工业发展的历史，拥有工业文化特殊的魅力，是丰富城市肌理、展现人文情怀的重要资源。张店区按照"妥善保护、高效展示、持续发展"的原则，制定工业遗存保护相关政策法规，高起点规划、高水平设计、高标准建设，扎实做好工业遗存保护与展示工作。这启示我们，要坚持保护优先、以用促保，根据工业遗存的现状和城市文脉的梳理，加强重点工业遗存的本体保护和展示工作，结合周边区域的连片规划、功能设计和市场开发，实施一批具有示范性、带动性的保护展示工程项目，进一步彰显工业遗产的公益价值、艺术价值和历史价值。

二是工业遗存蝶变要结合与融入贯通。工业遗存的保护与利用要在结合与融入上下功夫，通过因地制宜的科学规划和合理布局，赋予其一定的现实功能，使之成为现代城市的有机组成部分。张店区巧妙利用工业遗存中的废弃工厂空间、设施和环境，结合城市整体规划和周边社区功能配套，加入现代文艺文化元素，形成层级合理、规模适当、需求匹配的开发利用新模式。这启示我们，工业遗存的再利用要站在城市整体建设的视角，妥善处理好所在街区的城市肌理与周边环境的关系，协调好老建筑与新建筑、工业景观与城市景观相互依存的关系，使其完全融入现代城市建设，形成特色鲜明的文化产业新地标。

三是工业遗存蝶变要创意与体验结合。创意氛围与沉浸体验是工业遗存改造利用的独特魅力。张店区在工业遗存开发利用中，融合多种城市功能和业态，形成布局独特、主题鲜明的文化创意产业园区商圈，有效带动文创产业快速发展和传统产业转型升级，增添了城市形象展示的新名片。这启示我们，要根据工业遗存的地理区位、文化特征和现存资源，实施"工业遗存+"行动，赋能文创、商业、旅游、教育和餐饮等领域，大力推进工业遗存开发业态和利用模式创新，加快形成层级合理、规模适当、需求匹配的开发利用新模式。

舞唱于庭　其乐融融

——烟台市海阳大秧歌的传承与"破圈"

　　摘要：海阳市是"中国民间文化艺术之乡"。近年来，以形态创新赋能活态传承，以"五化"模式推动"破圈"发展，使六百年的海阳大秧歌焕发新活力、绽放新魅力，取得了显著的社会效益、文化效益和经济效益，为非遗文化实现品牌化、市场化开辟了新路径，打造了优秀传统文化"活态传承"的"海阳样板"。

　　海阳大秧歌作为首批国家非物质文化遗产，是一种集歌、舞、戏于一体的民间艺术形式，是"山东三大秧歌"之一。海阳市通过创新构建"系统化、专业化、常态化、时代化、新颖化"的"五化"模式，线上线下融合，多方位全面促进优秀传统文化的繁荣发展，让大秧歌"活起来""火起来"，使非遗文化成为网络热搜和新的文化IP。

一、主要做法

（一）设立生态保护村，推动大秧歌原生态保护"系统化"

　　为保护传统文化的本原性，以"大架子"和"小架子"秧歌为分类，以"南文北武"为特征，筛选盘石店镇马格庄、凤城街道芝芳村等特色村为"海阳大秧歌文化生态保护村",对海阳传统秧歌进行集调查、发掘、保护等于一体的系统化传承。组织开展常态化普查工作,深入搜集、整理原始资料、传统服饰道具等,记录了14个秧歌村不同特点的传承谱系、民间小调,分门别类建立老艺人档案,拍摄国家级非遗传承人专题片,对"双穗双棒花鼓"等传统技艺进行抢救性挖掘保护,编辑出版《海阳大秧歌》图书,全面记载完善了传统秧歌。积极鼓励传统大秧歌的传承、授徒活动,并引导各村保护好、发扬好、传承好特色优势,避免在传承过程中被"同化"。

（二）依托传习展示所,推动大秧歌传承普及"专业化"

海阳市文化馆充分发挥引领作用,先后在辛安镇埠后村、方圆街道西石兰村、盘石店镇大薛家村等地设立30多处大秧歌传习展示所,整合全市优质非遗传承人资源,定期免费传习不同流派秧歌技艺,对广大秧歌爱好者进行专业培训指导。以非遗传承人和文化馆专业人员为基础,创新推出群众喜闻乐见的"秧歌健身舞",每年通过集中培训、实地教学、公益讲座等多种形式,培训专业秧歌骨干5000余人,带动吸引群众参与相关活动十几万余人次,构建了"非遗保护中心+培训基地+民间传习所"三级联动、一体推进的传承普及模式,提升了大秧歌传承发展的专业化水平。

（三）设立传承实践点（校）,推动大秧歌"三进"活动"常态化"

制定出台《海阳市秧歌进校园实施意见》,先后在亚沙城小学等地设立16个海阳大秧歌传承实验点（校）和轻工幼儿园等6个少儿秧歌培训基地,重点扶持10所大秧歌教育特色学校,评选一批秧歌优秀社团,实施"非遗小小传承人计划",全面开展秧歌进校园工作。把海阳大秧歌纳入校本课程,统一编写海阳大秧歌校本教材和拍摄制作教学视频,采取秧歌展演、课堂教学、社团活动、校外实践等多种形式,组织实施"秧歌第一课""秧歌文创课程"等实践教学,开展丰富多彩的秧歌舞、

海阳市实验小学"秧歌第一课"

秧歌课间操等校园活动。设立"海阳大秧歌进校园师资专家库",鼓励和扶持"秧歌名家进校园进讲台",实行老青少结对教学,培育了一大批不同秧歌流派"小传承人"。

(四)建立大秧歌研学实践基地,推动创造性转化"时代化"

按照"资源共享、优势互补、人才共育、合作共赢、共促发展"的工作思路,加强与国内高校和业内专家的交流合作,建立多个海阳大秧歌实践基地,共同推动传统文化的创造性转化。把海阳大秧歌设为专业院校中国民族民间舞的必修课程,与北京舞蹈学院、解放军艺术学院、上海戏剧学院、烟台大学、山东艺术学院等多所高校建立长期合作培育机制,进行实践教学和交流研讨,打造高层次非遗人才"蓄水池"。同时,依托专业院校,对海阳大秧歌进行系统化研究和艺术化创作,共同打造精品力作。先后推出《雷乡母亲》《秧歌魂》等充满大秧歌元素的红色剧目,以及《红珊瑚》《春满人间》《涟涟有鱼》《沉香》等一大批优秀舞蹈作品,在全国舞蹈界影响深远,使这一民间文化真正走上了艺术殿堂,用创新性的艺术形式不断增加新时代的注脚。

2023年"海阳大秧歌贺年会"精彩演出吸引现场将近3万人观看

（五）运用新媒体多维度宣传，推动创新发展渠道"新颖化"

采取政府引导、民间参与、媒体助力等方式，运用新媒体对海阳大秧歌进行多角度宣传，已培育秧歌爱好者、秧歌团体等本土自媒体活跃账号上百个，吸引了一大批粉丝受众，其中龙腾秧歌队运用自媒体传播优势，成为传统秧歌队创新发展的优秀代表，多次受邀赴外地展演，成为网红秧歌队。作为汉族舞的代表，通过直播方式参加第二届中国舞蹈艺术大展《56个民族 56种舞》，面向全国观众对海阳大秧歌进行宣传推介。强化新媒体赋能，持续放大"海阳大秧歌贺年会"等优质品牌活动的影响力，2023年"海阳大秧歌贺年会"在各大视频平台观看人数累计逾百万，仅"海阳融媒"抖音号单场观看量就达25万人次，在春节档成功"出圈"，开辟了大秧歌宣传推广的新路径。

二、工作成效

海阳市创新实施"五化"模式，不断探索鲜活的传承融合发展方式，有力推动了以大秧歌为代表的优秀传统文化创造性转化、创新性发展，让非遗文化传播力影响力不断攀升，人才活力竞相迸发，文明之风浸润人心，文旅魅力尽情释放。

（一）非遗文化影响力多渠道"出圈"

海阳大秧歌这一古老文化焕发新生机，实现"破圈"发展，赢得广泛赞誉和荣耀，先后荣获全国优秀民俗民间项目、全国非物质文化遗产传承奖、山东省非遗保护十大亮点工作等。以海阳大秧歌为主线的电视剧《大秧歌》在央视和多家卫视播出后好评如潮，以大秧歌传承为主题的电影《要活着去天堂》在圣地亚哥国际儿童电影节、第二十七届中国金鸡百花电影节、好莱坞国际电影节金影奖斩获多项大奖。海阳大秧歌多次登上央视《舞蹈世界》等大型舞台，并远赴塞尔维亚参加贝尔格莱德新春庙会，在世界舞台大放异彩。以海阳大秧歌为元素的舞蹈多次荣获"群星奖"等国家级奖项，《雷乡母亲》获评"戏剧中国"优秀剧本，《货郎小小俊翠花》入围第十三届中国舞蹈"荷花奖"，《海阳秧歌的角儿》荣获第十二届山东省泰山文艺奖二等奖。2023年央视春晚，具有浓郁海阳大秧歌特色的儿童舞蹈《我和爷爷踩高跷》脱颖而出，位列收视率榜单第二名。近600年历史的海阳大秧歌，成功从乡村田间"扭"到全国甚至世界舞台。

（二）非遗人才梯次发展、薪火相传

通过原生态保护和本土育才育苗计划，实现传承人"老中青幼"有序衔接，让乡土非遗传承人"破土飘香"。目前海阳市秧歌队已有600多支，专业表演队伍70多支，校园秧歌队30余支，长期活跃的秧歌队员上万人。盘石店镇大薛家村被评为"山东省十大非物质文化遗产保护特色村"。已培育国家级传承人2名，省级传承人2名，烟台市级传承人15名，县级传承人106名，1名传承人荣获齐鲁文化之星，培养"乐大夫""花鼓""锢露匠"等各类秧歌角色非遗传承人才2000余名。以山东省舞蹈家协会名誉主席张荫松老师为代表的专家学者，在全国设立

"海阳秧歌大师传承基地",多元化的海阳大秧歌应用型艺术人才逐年增长,传承圈不断扩大。

(三)群众文化生活涵养良好风气

新时代文明实践站、公园广场、校园操场,处处活跃海阳大秧歌的舞动身影,从过去的"没有秧歌不叫年"到如今的"扭起秧歌天天都是年",大秧歌成了群众日常文化生活不可或缺的项目,对培育文明乡风、良好家风、淳朴民风起到了显著推动作用。目前,全市有80%以上的村建有秧歌队伍,成为海阳市业余文化队伍的主力军,村村有秧歌、天天有演出、全家上场扭秧歌成为海阳独特的风景线。"大秧歌越扭越带劲",不仅扭出了传统文化的魅力,也扭出了海阳人豪迈自信、健康向上的精气神,进一步营造了向上向善的良好社会风尚。

(四)文旅文创深度融合文化"IP"

以大秧歌演出带动旅游消费,促进文旅快速回暖复苏。今年以来,已累计开展"醉美海阳多彩四季"大秧歌展演等文化活动1000余场,2023"海阳大秧歌贺年会"精彩演出吸引现场将近3万人观看,成功入选山东省冬春文化惠民季活动品牌项目。推出系列手造文创,大秧歌表情包火爆朋友圈,文创产品变为可流动的文化"IP"。2023年6月30日,海阳大秧歌系列文创产品精彩亮相"庆祝香港回归祖国26周年"庆祝活动,吸引了大批香港市民驻足观赏,成为文化推广、城市宣传的靓丽名片。

三、思考与启示

海阳市推行大秧歌"五化"工作模式取得的"破圈"效应,证实了"在保护中传承、在传承中发展"作为非遗传承保护理念的可行性和必要性。这一实践得以有效实现,主要得益于以下四个方面。

第一,保护民间艺人和培养后备力量要双管齐下。从大部分民间传统艺术的现状来看,老艺人数量逐年减少,必须坚持保护老艺人手艺不流失和培养年轻后备力量"两条腿走路"。海阳市通过专业化教学、多样化传承、一体化传习等举措，实现"老匠人"和"新传人"相互促进。保护老艺人、培养新传人，以老带新、新老并重，是有效激活老艺人创造力、影响力，吸引年轻人喜爱并参与民间传统艺术传承，推动非遗传承队伍梯次建设、持续壮大的可行之法。

第二，形态创新和活态传承是根本途径。非遗文化既需要代代守护，更需要与时俱进，活起来才能"火"起来。海阳大秧歌发展至今，既在技艺创新、题材创新方面持续探索，又在传承路径、传播方式方面求新求变。可见，在静态保护的基础上实现活态传承，在传统形式的基础上实现形态创新，是为优秀传统文化注入新鲜血液和源头活水、焕发其自我创新活力、实现多样化和可持续发展的必由之路。

第三，推动生产性保护和商业化发展是有效举措。推动非遗融入现代生活，要注重保护传承，强化市场思维。海阳对大秧歌采取政府引导和市场运作相结合，进行适度商业化开发利用，加强文旅融合，改善其生存状况，增强传承动力，成为推动传统文化创新发展的重要环节。要使优秀传统文化"生命力"永续，必须将非遗与文化旅游深度结合，以文塑旅、以旅彰文，推动非遗产业化、品牌化、市场化，让古老的非遗技艺焕发新生机，走上可持续发展轨道。

第四，健全政策和经费支持是有力保障。优秀传统文化的传承普及，仅靠民间组织或个人微薄之力是远远不够的，要有前瞻性的顶层设计、扎实的落实举措和充分的保障支持。从海阳大秧歌的传承普及来看，没有政府政策和资金扶持，则无法传承至今。必须建立起较为完善的非遗传承、生产、保护等配套政策，坚持政府主导与民间保护相结合、政府扶持与市场运作相结合，才能保障优秀传统文化永续传承、发扬光大。

费县手绣活态传承　指尖技艺变指尖经济

摘要：费县立足文化资源禀赋，发挥传统手工艺资源优势，从保护传统、传承技艺、创新创造、要素保障、平台搭建、宣传推广等方面入手，推动手绣这一传统指尖艺术逐步适应市场规律和新的传播方式，在"变"与"不变"中呈现新的时代内涵、焕发新的光彩。

近年来，费县通过创造性转化、创新性发展，实现费县手绣由非遗技艺向手造产品转变；通过改变培训模式、就业模式，实现手绣由单打独斗向规模发展转变；通过保障扶持和宣传推介，实现手绣由产品价值向品牌价值转变，在保持传统精华的基础上，开创了文化活态传承新模式，成为山东文化"两创"中不断实践探索、展现新作为的一个缩影。

一、主要做法

（一）在保护传统中挖掘创新因子

按照"保护为主，抢救第一，合理利用，传承发展"方针，对手绣现状进行普查并建立档案，积极申报非遗代表性项目名录，发掘出以下成飞为代表的一批手绣传承"头雁"。手绣传承"头雁"通过向民间巧手拜师学艺、走街串巷搜集传统绣品等方式，研习传统绣样图案、针法

费县手绣香荷包

配色、寓意功能等，传统手绣技艺得到极大挖掘发扬。在挖掘传承的同时，费县注重融合现代审美观念，"古今相映"汲取创作灵感，持续给消费者提供有体验感与新鲜感的手绣产品，为文创产业创新发展打造新的空间。比如，在色彩上巧妙运用对比、渐变等色彩，在配件配饰上采用藏银、菩提子等时尚元素，在针法上研发了立体绣、撮针绣等针法，在功能上通过填充白芷、辛夷、丁香等中草药优化保健功能，在表现形式上开发出钥匙扣、手机链等日用品。

（二）在传授技艺中壮大传承队伍

采用"培养＋传承"模式，打破民间手艺传承惯有的"传内不传外"传统，推进量变质变互促相长，推动技艺延续创新。在高校成立非遗研究工作室，组织临沂大学蒙山校区学生走进非遗工坊，近距离接触非遗项目，培养技艺精湛、科研创新能力突出的非遗传承和研究队伍。在民间开办非遗工坊，由传承人手把手、面对面传授手绣技巧，举办手绣公益课堂累计800多场次，培训艺人24000余人次，为非遗手绣技艺传承培育后备力量，为规模壮大培育产业工人。

（三）在要素保障中增强发展底气

将手绣作为乡村振兴和带动周边群众共同富裕的重要产业来抓，统筹土地、人员、资金等资源，加强手绣项目要素保障，不断增强手绣产业发展信心。通过利用闲置设施、减免厂房租金、优先考量土地供给等方式支持手绣产业发展。截至目前，费县已为手绣工坊优先出让土地3300余平方米，按优惠政策租赁土地3000余平方米，优先供应700余亩土地作为手绣中药原材料生产基地，为手绣工坊发展壮大提供了强有力的要素支撑。

（四）在平台搭建中形成集聚效应

积极探索手绣与旅游融合发展新路径，以手绣进高速公路服务区、进商超、进酒店、进校园、进社区、进图书馆为基础，依托公共文化机构、景区景点等，广泛开展展示展演、互动交流、参观体验等活动。在"山东手造·产自临沂"费县展示中心，人们通过沉浸式体验创意空间，深入感受手绣魅力。费县在山东银光文化创意园区、中华奇石城设立非遗文化产业一条街，费县手绣等20余家非遗文化商户进驻。费县在天蒙山景区等县域内知名景区景点，设置免费展销摊点，为手绣提供展示场所和宣传平台，通过观赏、体验、购买等形式，让游客看得见、摸得着、带得走，让费县手绣悄然走进游客行囊、融入游客旅行记忆。手绣与入驻的其他手造产业相互补充，推动产业链条面上拓展，为手绣产品开发、品牌打造提供更广阔的平台。

（五）在宣传推广中放大品牌优势

通过线上线下联动，着力拓展消费新场景，助推费县手绣走向更广阔的市场。线上，利用天蒙山景区"山东手造"线上直播间和"沂蒙汇商城"小程序，通过线上产品展示和直播讲解等形式，拉近费县手绣与消费者距离，拓展销售渠道。线下，紧盯非物质文化遗产月、文化和自然遗产日、传统节日等特殊时间节点，推动手绣产品走进黄河大集、沂蒙文化大集等地方特色活动和"同心市集惠民乐购""流苏花开同心市集""非遗陪你过大年"等主题展销，通过发放文化和旅游惠民消费券等优惠活动，激活群众参与热情，释放消费活力。近年来，费县手绣品牌影响力不断扩大，逐渐走出国门，走向世界，累计参加全国各地展览600余场次，远赴西欧、东亚、东南亚等地区开展产品交流展销，赴韩国大邱、釜山等地举办非遗讲座，向更多人展示沂蒙风情、中国美，实现从展品到消费品的转型。

二、取得成效

费县坚持多措并举推动费县手绣传承发展，促成"绣品变产品、工坊变产业、绣片变名片"三大转变，激发新动能。

（一）绣品变产品，传统技艺得以彰显

产品更加丰富，挖掘濒临灭绝的手绣花式花样，不断更新模板，大胆拓展产品样式，由前期的荷包、虎头鞋、绣花枕等单一元素的产品发展到24大类、1000多个品种，产品价格也由原来的几十元发展到现在的几百到几千元不等，带动1500余人实现就业创业，人均年增收1.5万—3万元。费县手绣工坊招收年轻人，面对面进行手绣技艺传授，使传承人群体更加年轻化。

（二）工坊变产业，经营规模不断扩大

费县手绣在海内外具有一定的影响力，产品销往青岛、北京、上海等城市，出口新加坡、俄罗斯、加拿大、巴西等十几个国家。由家庭作坊发展为现有的以费城街道

费县手绣崔家沟非遗工坊

信国村、管家村、东胡家村等为代表的6处传承实训基地。实训基地入围临沂市非遗研学旅行基地，先后荣获"全国就业扶贫基地""全国乡村振兴能人项目""山东省省级示范就业扶贫车间""山东青年就业基地"等称号。手绣传承人卞成飞由原来单纯的手造艺人转变为拥有10万粉丝的"网红达人"，在微信、抖音、快手等短视频领域建立商品销售平台。

（三）绣片变名片，品牌影响逐步增强

近年来，费县手绣多次参加国家、省市举办的博览会和宣传活动，展演350多次，举办手绣公益课堂，手绣影响力不断扩大。费县手绣非遗与平安银行、中国人寿、光伏能源、中粮集团、金锣集团等大中型企业合作，作为企业特色伴手礼送给来自全国各地的合作伙伴。费县手绣非遗工坊入选首批省级非遗工坊名单。"费县手绣：绣出乡邻就业创业致富路"案例成功入选2022年全国"非遗工坊典型案例"。

三、思考与启示

费县手绣立足传统、深挖内涵、注重创新，为推动非遗文化的创造性转化、创新性发展提供新的发展思路，拓展和丰富了文旅产业业态，满足了人们对非遗文化的深度体验和需求。费县手绣对非遗的产品化发展具有重要的启示意义。

一是聚焦人才培育，激活发展引擎。当前，非遗传承大都处于"有艺可传，无人可教"的境况，年龄断层问题突出，甚至许多非遗项目面临"人亡艺绝"的困境。破解传承发展难题，实现非遗薪火传递，人才培育是关键。费县深挖现有非遗传承人潜能，全方位提升非遗传承人的新时代传承发展能力。这启示我们，在非遗技艺的传承过程中，不仅要鼓励家族式、师徒式传承，更要积极助推社会化传承，让非遗技艺在来自民间、回归民间中发芽开花。

二是注重宣传引领，拓展发展空间。当前部分非遗项目生产模式、传播途径等不适应现代社会要求，发展之路变窄，所以搭建非遗展示交流平台，拓展宣传推广渠道尤为重要。费县深入推进手绣等非遗文化与旅游产业高度融合，为非遗文化带来更为广阔的宣传平台。这启示我们，要立足地域资源优势，拓宽融合发展思路，多措并举为非遗文化提供更加多元立体的展示场景，让非遗项目适应现代社会的广泛需求。

　　三是延伸产业链条，助推商业价值。非遗要实现活态化传承，需要依托于非遗传承人自身的可持续发展，要让非遗成为"遗产"的同时还能变为"财产"，激活经济价值。费县开展形式多样、内容丰富的线上线下展销活动，深入挖掘手绣等非遗文化价值，进行创意设计，推动产业发展、商品化销售。这启示我们，要深入挖掘非遗文化背后的商机，用好全媒体展销平台，实现非遗传承和产业化运营有机结合，切实将文化资源变成物质财富，在非遗保护传承中助推地域经济发展。

重塑书山艺海　赋能文化盛世

——惠民县以"曲艺+"模式创新发展曲艺非遗文化

摘要：滨州市惠民县以800年历史的国家非遗项目"胡集书会"为本源，探索弘扬优秀传统文化崭新路径，聚焦"赶黄河大集·品曲艺古韵"主题，常态化开展"曲艺进校园"活动，实施"政府买单 送书下乡"工程，持续探索线上网络展播和线下大集说唱"双演合璧"等"曲艺+"模式，实现优秀曲艺文化创造性转化和创新性发展，为黄河流域生态保护和高质量发展注入文化活力。

近年来，惠民县加强黄河流域国家级非物质文化遗产项目——"胡集书会"的保护、传承与弘扬，创新"曲艺+"理念，实施线上和线下相结合的方式，重现胡集书会演出盛况，更好地满足了群众多元化文化需求，推动曲艺非遗保护传承与创新发展走深走实。

一、实施文化阵地强基工程，打造"胡集书会"文化新IP

着力搭建曲艺主阵地，把胡集书会作为曲艺传承发展的主阵地，依托每年正月各地曲艺艺人汇聚胡集镇铺摊说书的传统习俗，搭建曲艺大舞台和若干小书场，开展擂台赛、名家新秀专场等系列曲艺展演活动，打造沉浸式听书观展体验。中国曲协"送欢笑进基层"文艺演出两次走进胡集，数十个小书场百余名艺人同步开讲，曲艺盛况再现。延展曲艺新阵地，结合新时代文明实践，建成胡集书会文化展厅、曲艺公园和线上展厅，直观展现胡集书会的历史文化底蕴、传承发展历程和时代内涵。建成胡集书会小书场和曲艺公园，每年7—8月举办消夏书场30余场次，年均受益群众万余人，进一步繁荣和活跃了基层群众文化生活。如今，胡集书会已经成为全国曲艺艺人的精神家园，也成为越来越多群众寻找乡音乡韵的最佳目的地，每年前来说书打擂的艺人上百人，听书赶集人次达十余万，人民日报、新华社、央视新闻等中央媒体每年对书会进行广泛推介，成为春节期间民俗节会的"流量之王"。

二、实施数字文化供给工程，创新曲艺传播新路径

2021年起，惠民县首次将800年书会由线下转为线上，探索打造全国曲艺展播平台。2021—2023年，每年正月十一至十四进行全国优秀

胡集书会小书场演出吸引大批赶集游客

曲艺节目网络展播，分历届书会精彩集锦、曲艺精品专场、曲艺新人新作专场、少儿曲艺专场等版块，从刘兰芳等知名老艺术家，到大学生艺术团、少儿曲艺班等曲艺新秀，从观众熟悉的相声、快板、评书、山东快书，到极具地域特色的四川清音、彝族阿细说唱、鄱阳大鼓等，展现了新时代曲艺事业百花齐放繁荣景象，让观众身临其境、大饱耳福，全方位满足了不同群体对曲艺的欣赏需求，实现了数字化文化产品的有效转化和供给。三年来，全国共41个市154个优秀曲艺节目陆续登上网络展播平台，推出曲艺新秀和新苗300余名，央、省、市、县四级媒体同步直播，在线观看人次每年均突破300万。同时，在抖音、微博及学习强国等新媒体平台推出曲艺短视频180个，胡集书会古韵发新声，实现了更广范围更深层次的传播。

三、实施曲艺英才培育工程，壮大曲艺发展生力军

开设曲艺课程，惠民县连续10年开展"曲艺进校园"活动，在小学开设曲艺课，课程以西河大鼓和木板大鼓为主。寒暑假期间开设曲艺新苗培养班，聘请专业老师和艺人走进校园传授曲艺，培养"小学生艺人"300余名，《家风家训》《长征》等曲目在学生中广泛传唱创演。与新时代文明实践相融合，组织少儿曲艺新人成立曲艺传承志愿服务队，节假日期间走进社区、村庄开展"送曲艺下基层"志愿服务活动，推动新时代文明实践落地生根。研发曲艺教材，制作胡集书会校本教材，做到"教材、教师、场地、器材、经费"保障五落实，为曲艺文化的传承奠定了理论基础。开办曲艺竞赛，2017年胡集书会擂台赛增设"曲艺童星奖"，鼓励少儿曲艺新人多创新、出精品，支持优秀少儿曲艺新人"挑大梁""当主角"，着力将胡集书会打造成高水准青少年曲艺展示交流平台。经过十余年的培育，曲艺班的学生们多次在全省少儿曲艺展演、胡集书会擂台赛及优秀曲艺作品网络展播中斩获金奖。曲艺教师同

步开设网络课程，在线学员200余人次，更多群体开始了解曲艺、爱上曲艺，为实现曲艺文化的薪火相传接续奋斗。

四、实施要素保障提升工程，实现曲艺发展守正创新

着力加强财力保障，推出"政府买单 送书下乡"运作模式。自2007年起，连续15年组织实施送书下乡服务，实现了"村委点单、艺人接单、政府买单、村民评单"的运作模式。拓展书会外沿，实现"文化搭台 经济唱戏"。在书会中增设"山东手造·滨州精品"展销会、民间秧歌展演、摄影美食展等活动，把曲艺小舞台扩容为文化、经贸大舞台，全县"山东手造"项目年产值突破2000万元。通过政府财力保障，最大限度地保护了胡集书会"买书卖书"的原始文化业态，调动了艺人的积极性。借助胡集书会强大的IP流量，变"舞台"为"柜台"，推动了手造产业步入发展快车道，为乡村振兴注入了新活力。

五、实施"曲艺+"工程，打造曲艺发展新动能

惠民县通过"曲艺+旅游""曲艺+产业""曲艺+文明建设"等举措，不断推动曲艺融入现代生活、融入文化产业、融入精神文明建设中去。实施"曲艺+旅游"，开展"书会进景区"活动，在孙武不夜城、魏集古村落、魏氏庄园等景区增加曲艺演艺，2023年"五一"期间，惠民县接待游客70万人次，带动旅游消费4840万元，成为传播书会曲艺、刺激就业消费的新窗口。实施"曲艺+产业"，推动黄河文化体验廊道重点项目建设，打造集曲艺创演、交流、体验、研学、产业为一体的"胡集书会传习中心"文旅综合体，2023年底建成并投入运营，届时将成为曲艺之乡新地标。实施"曲艺+文明建设"，在胡集书会传承保护中创新性融入"胡集好人"评选表彰活动，先后评选典型人物400人，挖掘培育品德优尚、爱岗敬业的榜样典型，创作

"好人"事迹小戏小剧并广泛巡演，年惠及群众 5 万人次，以榜样力量形成"传导效应"，探索出了传统曲艺文化抓好农村精神文明建设新路径。

六、思考与启示

传承了 800 年的胡集书会在新时代得以焕发新生的生动实践说明，只有经过科学谋划、精准定位、守正创新和多方机制保障，才能实现民间曲艺文化的创造性转化和创新性发展，从而产生良好的经济效益和社会效益。

一是守住"乡愁"是传统文化得以生存发展的独特魅力。 在物质条件匮乏的年代，听书让群众在听和说的互动中获得了精神上的愉悦。新时代传统文化的发展之道，也应该是一个保留本体特色的过程。惠民县在对胡集书会的接续发展中，始终保留着原汁原味的"以天为幕地为席"的演出形式，形成了独具特色的曲艺说唱大集，吸引了数以万计的观众，实现了"民族性"与"地方性"的互动，传统与现代的有机融合。留住中华优秀传统文化中的乡愁情节加以充分展示，就能唤醒其鲜活的创造力和强大的生命力。做好曲艺传统文化的传承发展，必须做好"乡愁"文章，融入更多乡土元素，展示更多风土人情，让群众在沉浸式体验中充分感受中国曲艺艺术的强大魅力。

二是守正创新是传统文化得以生存发展的关键。 传统文化在新时代实现创新发展，必须充分遵循文化继承与创新的辩证关系，只有融入新的生活需求、生活视野、生活趋势，传统文化才能既保持永恒，又润泽人们的当代生活和精神世界。惠民县在对胡集书会的保护传承工作中，坚持一手抓传统曲目的保护和整理，一手抓新时代新题材的编创与传播，创新推出曲艺 MV、H5 等新媒体产品，探索出了一条曲艺数字化道路。将传统文化推上数字化发展高速路，以新媒体赋能传统文化

"两创"，最大限度地释放文化内涵与吸引力，方能满足广大观众多元化听书需求，推动新时代曲艺事业百花齐放、生机勃勃。

三是机制保障和市场运作是曲艺得以生存并实现发展的基础。传统文化在新时代实现创新发展，必须有健全的政策措施和充分的资金保障。惠民县设置曲艺文化保护专项资金，政府买单保障艺人的收入和生活，成为曲艺事业焕发生机的坚强后盾和必要条件。同时，曲艺文化要实现真正的繁荣，必须接受市场的检验，擂台赛促使曲艺艺人相互竞争、"江湖对决"，达到了优胜劣汰的成效，提升了曲艺文化的整体品质。坚持政府主导，配套专项资金，实施惠民举措，鼓励市场运作，才能保障传统文化健康发展，实现真正繁荣。

坚持守正创新　推动活态传承
——菏泽市定陶区探索地方戏曲传承发展新路径

摘要：菏泽市定陶区把地方戏曲作为传承和发展中华优秀传统文化的重要载体，聚焦关键环节，创作一批思想精深、艺术精湛、制作精良的高质量戏曲作品，探索出地方戏曲创造性转化和创新性发展的有效路径，有效推动中华优秀传统文化活态传承和发展。

菏泽市定陶区坚持以促进两夹弦地方剧种传承发展为切入点，创新"一二三"工作法，抓改革、激活力、创精品，全面为地方戏曲传承发展"放权""松绑""提速"，推动优秀传统文化焕发出新的时代生机，有效满足了人民日益增长的精神文化需求。

一、主要做法

（一）聚焦"一个定位"，深化改革增动力

围绕"巩固和发挥国有文艺院团舞台艺术创作生产的主导地位和引领作用"目标定位，将两夹弦剧团改制为全额财政拨款公益一类事业单位，成立两夹弦非遗保护传承中心，明确其公益性和服务性，推行绩效管理制度，对人员结构、发展思路等方面进行全面理顺，从根本上解

决了原剧团定位不清、管理不善、服务缺乏等问题，为地方戏曲创造性转化和创新性发展提供了强劲的组织支撑。同时，将资金保障作为基础性工作来抓，每年列支专项资金用于地方戏曲传承和保护工作。

（二）聚焦"两个端点"，全面激发新活力

围绕供给端，通过招考、招聘、自主培育等方式，增加专业人员20余名，两夹弦非遗保护传承中心编制人员由30名扩增至50名，并在全区19所学校建立校园戏曲培训基地，与山东管理学院合作建立"非遗进校园暨山东地方戏传承实践基地"，全力缓解地方戏曲传承发展人才断层、青黄不接的状况。围绕需求端，在戏曲剧目创作中融入现代化、生活化元素，立足农村农业发展，把留守儿童、乡村振兴、移风易俗等群众关心关切、与群众利益息息相关的工作写成故事、编成唱词，多次聘请中国戏曲学院、山东省艺术研究院等高水准专业团队参与剧本创作、编辑、导演，用群众通俗易懂的语言和优美婉转的曲调打造了多部现实题材优秀作品。

（三）聚焦"三个环节"，以民为本聚合力

紧扣"演"培育民间团队，让地方戏曲"有人演"，成立2支区级两夹弦文艺演出小分队，建立26支庄户剧团，培育600余支农村文艺队伍，形成"一镇一团""一村一队"文艺队伍格局。紧扣"送"广开戏剧惠民，让广大群众"看得见"，建立常态化、长效化送戏下乡演出活动体系，精心选拔优秀庄户剧团参与送戏下乡，形成以专业剧团为主、庄户剧团为辅的协同送戏下乡新局面，年均送戏800余场，实现了村村全覆盖。紧扣"推"展现戏曲魅力，让传统文化"焕光彩"，坚持"走出去"，塑品牌发展之路，多次赴北京、济南、香港等城市参加展演汇演，在更高的层次、更广阔的舞台展现地方戏曲魅力、传播地方优秀传统文化，极大增强了地方戏曲传承保护、繁荣发展的艺术力量。

二、工作成效

菏泽市定陶区运用"一二三"工作法，实现地方戏曲创造性转化和创新性发展，为传统戏曲传承发展蹚出了新路子，形成了创作繁荣、精品涌现、人才辈出、保障有力的地方戏曲事业发展新局面。

（一）紧跟时代步伐，结出累累硕果

定陶区两夹弦非遗保护传承中心深入挖掘传统戏曲的时代价值，守正创新、薪火相传，创作出一批具有示范性、导向性、带动性的文艺精品项目，其中《春秋商圣》荣获第九届山东省泰山文艺奖、第九届中国—东盟（南宁）戏剧周展演朱槿花奖优秀剧目；《退彩礼》荣获全省乡村题材小型文艺作品展演一等奖，全省乡村题材优秀文艺作品集中展演奖；《三拉房》获"站在新时代回望经典"庆祝中华人民共和国成立70周年山东省经典戏剧展演；《公鸡过寿》荣获第十三届中国艺术节群星奖，是全国唯一获奖的戏曲作品。《人民日报》《农民日报》《中国文

定陶两夹弦现代戏《公鸡过寿》登上第十三届中国艺术节展演舞台

化报》《中国青年报》以及中央电视台、山东电视台、人民网等20多家中央、省主流级媒体先后100余次对两夹弦非遗保护传承中心传承曲艺发展、繁荣乡村文艺事业做法进行宣传推广，有力推动了定陶戏曲传承保护品牌唱响中国。

（二）引领社会风尚，树立文明新风

地方戏曲作品成为宣传党的政策、传递党的声音的有效载体，创作了关注农村发展的《喜临门》、关爱留守儿童戏《爱心家园》、乡村振兴戏《楼长嫂子》、移风易俗戏《退彩礼》、反腐倡廉戏《干娘》等一批优秀作品，兼具思想性、艺术性、观赏性，从而引领风尚，教育人民，服务社会，推动发展，让地方传统剧种在新时代绽放出绚丽之花。反腐倡廉戏《干娘》被山东省委宣传部、省纪委列为廉政宣传剧目，确定为全国舞台现实题材优秀作品展演剧目。两夹弦非遗保护传承中心荣获第七届全国服务农民、服务基层文化建设先进集体。

（三）夯实组织基础，激发内生动力

通过深化改革，为地方戏曲创造性转化和创新性发展"松了绑""提了速"，剧团在干部选用、分配机制上向创作、展演人才倾斜，实现管理人员能上能下，职工能进能出，收入能增能减，干部职工在拥有事业单位身份保障的基础上，全面激发了文艺创作活力，提高了干事效率。目前，两夹弦非遗保护传承中心是全国唯一的两夹弦国有专业院团。通过强化资金支持，累计投入375万元、争取上级扶持资金130万元，改变了剧团演职人员自谋生计、无心创作的艰难境况。通过"引育并用"，培养国家级非遗传承人2人、省级4人，国家一级演员2人，齐鲁文化英才、文化之星10人，为地方戏曲传承提供了更多专业人才支撑。

三、思考与启示

推进地方戏曲创造性转化和创新性发展，要充分把握"内涵""人

才""创演"等关键环节，确保中华优秀传统文化传承和发展紧跟时代、广接地气、不断壮大。

一是戏曲传承既要体现时代精神，又要符合群众需求。精神内涵是文艺作品的生命线，菏泽市定陶区坚持以主流价值和人民为中心的创作导向，将既符合时代要求又贴近百姓生活、群众关注度高的现实性题材融入地方优秀剧种，以传统的艺术表演形式，讲好新时代中国故事，在各种展演、会演中引起农民群众的共鸣和良好反响，取得广泛传播。为争取更多受众，首先要从戏曲艺术反映的"内容"方面求突破，多关注激流勇进的改革声浪，让新剧作反映火热的现实生活，这样才能在时代变迁中始终获得群众的喜爱与关注。

二是戏曲传承既要培养专业人才，又要点亮少年梦想。人才是艺术事业发展的核心力量，地方剧种两夹弦自20世纪70年代一直流传至今，靠的就是一代又一代人的接续传承。菏泽市定陶区持续在人才选拔培育和增强人才储备两个方面协同发力，让传承力量不断壮大，人才梯队更加完整，使传统剧种得以历久弥新、振兴发展。传承地方戏曲等优秀传统文化"人"的力量不可或缺，既需要立足眼前，注重完善机制体制，招引专业性人才，也需要放眼长远，在青少年学生群体中根植戏曲梦想，以人才活力延续和发展中华优秀传统文化。

三是戏曲传承既要扎根乡间沃土，又要拓宽展演舞台。传统戏曲要想经久不衰、历久弥新，必须在"植根"和"塑形"两个方面共同发力，菏泽市定陶区积极向上向下延伸，一方面送戏下乡汲取源头活水，另一方面勤于登权威舞台接受检验，有效促进戏曲表演质量与水平双提升。为扩大地方戏曲品牌影响力，要始终坚持以人民为中心的创作导向，自觉在群众创造新生活的伟大实践中汲取营养，用人民创造历史的奋发精神滋养文艺创作，并广泛接受人民检验，才能不断满足群众多样化、多层次、多方面的精神文化需求。

传播交流篇

打造尼山世界文明论坛文明对话国际品牌

摘要：为推动世界文明对话、构建人类命运共同体，尼山世界文明论坛于2010年创办。13年来，论坛始终聚焦文明对话、不断创新举办形式、持续探索走向海外，在层次能级、规模影响、文化体验、对外传播等方面不断取得突破，初步形成"南有博鳌、北有尼山"的论坛格局，日益成为世界了解中国的重要窗口、文明交流互鉴的重要平台、凝聚人类文明共识的重要纽带。

尼山世界文明论坛是响应联合国关于开展世界不同文明对话的倡议，立足服务我国政治、外交、文化战略，以致力于维护世界文明多样性、构建人类命运共同体为使命，以世界文化巨人孔子诞生地尼山命名，以世界文明对话为专有主题的文明交流互鉴平台。自2010年创办以来，论坛已成功举办九届，取得一系列重要成果。

一、主要做法

（一）响应联合国倡议，打造文明交流殿堂

为响应联合国提出的一系列关于维护文化多样性、促进文化与文明间对话的倡议，第九、十届全国人大常委会副委员长、著名学者许嘉璐

第九届尼山世界文明论坛开幕式

先生提议创办尼山世界文明论坛。自创办以来,论坛坚持三大定位:一是"世界人类文明对话平台",以儒学为纽带,走向世界、了解世界,为推动人类文明进步贡献更多智慧力量;二是"国家文化战略重要支点",弘扬传统文化,彰显文化自信,打造"一带一路"文化纽带与对外开放交流平台;三是"山东省文化创新展示窗口",锚定文化版图、强化功能融合,重构省域尺度的"山—水—城"新文化版图。论坛以开展世界不同文明对话为主题,以弘扬中华文化、促进中外文化交流、推动建设和谐世界为目的,以学术性与民间性、国际性与开放性相结合为特色,开展国际文化学术交流活动。

(二)突出学术性、人文性,打造人文综合论坛

论坛创办以来,坚持突出学术性,面向全球发布论坛主题并征集优秀论文,邀请海内外知名专家学者,围绕国际社会关注议题交流对话,提出具有前瞻性、思想性、创新性的真知灼见;坚持突出人文性,针对不同群体和受众,创新举办女性论坛、中医药论坛、青年论坛、文物论坛、文学论坛、艺术论坛、儒商文化论坛、华侨华人论坛、中外名校

校长论坛等，创新策划中华儒学经典集成《儒典》新书发布会、大型文脉工程《齐鲁文库》启动仪式等，在更广领域、更多层面上展开研讨交流；坚持突出包容性，举办不同领域、不同国家间的高端对话、高端访谈，创新开展驻华使节齐鲁文化行、尼山国际友城市长对话，成立中日韩出版协作共同体，搭建多种形式文化交流平台。其间，论坛不断扩大专家学者范围，邀请了一批国内外知名专家学者参加；不断扩大国际嘉宾邀请范围，邀请了一批外国政要、前政要、国际组织官员，超过50个国家的驻华使节、国际名人、世界名城和友好城市市长参加，提升了论坛的层次和权威性、影响力。

（三）策划展览展示，丰富论坛文化体验

为丰富嘉宾文化体验，论坛策划一系列展览展示活动。一是策划"可参观"活动，举办尼山论坛文献碑揭碑仪式、中华优秀传统文化经典全国书法篆刻名家精品展、首届中华印信文化精品展等，寄理于物、寓文于展。二是策划"可视听"活动，创作《尼山圣诞曲》《孔子颂》

尼山论坛"山东手造"精品展

等独创音乐，打造"孔子与世界思想家"大型沉浸式光影秀，用现代科技展开史诗画卷、呈现视觉盛宴。三是策划"可体验"活动，组织参观考察尼山圣境大学堂、鲁源新村、龙湾湖艺术小镇等地，开展"六艺"、中医药、中华服饰现场体验及"新鲁菜"品尝等活动，展现传统文化活态传承之美。四是策划"可携带"活动，推出徽章、特色服装、书法作品，向与会嘉宾赠送中英文版《论语精华》、中华优秀传统文化主题图书《中国字 中国人》等，一系列展览展示让与会嘉宾沉浸式感受传统文化的魅力。

（四）聚焦立体传播，扩大论坛国际影响力

与中国国际电视台、中国日报、中新社、中国外文局等中央外宣媒体合作，对祭孔大典等进行全球英文直播。同时与纽约时报、路透社、意大利晚邮报等境外媒体合作，对开幕式、祭孔大典等重要活动进行推广，以英、法、德、西、日、韩等多语种发布，形成全球传播强音。推动人民日报、新华社、中央广播电视总台、光明日报等中央级媒体加强报道，在人民网、新华网、央视频等网端开设云直播页面，同时推进省属媒体与省外合作媒体同频共振，形成全国传播声势。发挥与头部商业传播平台合作机制，联动抖音开设相关话题，组织"达人"开展话题创作；在微信视频号策划系列短视频；在腾讯新闻首页、推荐频道等进行头图、首屏推荐；联动微博全程线上直播，在首页首屏、热搜榜单推荐，形成全网传播热潮。

二、主要成效

（一）增进了世界人民对人类文明多样性与人类共同价值的认同

尼山世界文明论坛通过突出价值引领、突出时代关切、突出文明互鉴，坚持平等、互鉴、对话、包容的文明观，在与会嘉宾一致努力下，通过了《尼山和谐宣言》等一系列宣言，发出了《通过文明对话

促进人类共同伦理之责任意识尼山声明》《青年人走向世界文明对话前台倡议书》等一系列声明、倡议，多次向世界发布"尼山共识"，在全世界引发强烈反响。与会的外国政要、前政要提出"世界文明和人类共同价值是人类命运共同体的根基"等价值共识，彰显了和平、发展、公平、正义、民主、自由的全人类共同价值，增进了世界人民对人类文明多样性与人类命运共同体的深刻理解，广泛凝聚起不同文明的思想共识。

（二）扩大了中华文明和中国精神的国际影响力

通过深入的思想对话、多彩的文化交流，尼山世界文明论坛阐释了中国是什么样的文明和什么样的国家，展示了中国人的宇宙观、天下观、社会观、道德观，为更好构筑中国精神、中国价值、中国力量创造了良好的国际环境。与会专家学者普遍认为，"孔子创立的儒家思想，深深融入中华民族的精神之中，是东方文化的重要标志"，"儒家精神不仅是属于山东的，更是属于全国的，未来也是属于全世界的"。联合国第八任秘书长潘基文表示，"儒家社会的最高理想是实现'大同社会'，要实现这个理想，就要以孔子所倡导的'孝悌'之义作为行事准则"。

（三）拓宽了山东对外合作交流的平台渠道

尼山世界文明论坛以多形式交流对话、特色化展览展示、立体化传播体系，向世界展现了山东深厚的历史文化底蕴、"好客山东 好品山东"的现代精神气质以及"人文沃土可以深度耕作"的比较优势，对于山东形象的塑造和山东文化强省建设具有重要意义。与此同时，山东在历届论坛筹办过程中，始终坚持边筹办、边总结、边提升，初步形成一套标准化、规范化办会模式，山东服务的温度和齐鲁文化的厚度相得益彰，为山东与友好国家、友好省州进一步交流合作奠定了坚实基础。一些外国政要、前政要表示，希望深化和山东之间的友好交流和务实合作，建立文化、旅游等各领域交流机制，更好服务全天候、全方位的双边合作。

三、思考与启示

一是坚持回应时代，提供全球解决方案。尼山世界文明论坛自创办以来，每届主题都紧扣大局大势，从最初的"和而不同与和谐世界""不同信仰下的人类共同伦理"，再到最近几届"文明对话与全球合作""人类文明多样性与人类共同价值"，论坛一直关注世界发展潮流与中国发展现实，为应对全球挑战、促进和平发展提供"中国智慧"，贡献"山东力量"。只有致力于回应中国之问、世界之问、人民之问、时代之问，深刻揭示人类命运休戚与共的时代命题，并逐步把主张转化为实践，让理念更贴近现实，人文综合论坛才能具有思想感召力、学术引领力、国际影响力，品牌影响力才能不断提升。

二是坚持凝聚共识，彰显人类共同价值。尼山世界文明论坛创办以来，通过了《尼山和谐宣言》等一系列宣言，向世界发出了一系列声明、倡议，得到与会嘉宾和专家学者的广泛响应与高度认同。人文综合论坛应坚持平等、互鉴、对话、包容的文明观，弘扬和平、发展、公平、正义、民主、自由的全人类共同价值，增进世界人民对人类文明多样性与人类命运共同体的深刻理解，并注重形成多种形式的思想成果，进而广泛凝聚不同文明的思想共识，通过立体传播机制，最大限度彰显全人类共同价值，唯有如此，论坛倡导的理念才能赢得更多国家的认同和支持。

三是坚持实践导向，改善人类生活方式。尼山世界文明论坛大力推进重点文化项目建设，打造文化"两创"示范点，丰富群众文化生活，统筹推动文明培育、文明实践、文明创建，立体呈现山东省人民健康乐观、崇德向善的良好精神风貌，进一步增强了论坛的参与感、体验感和丰富度。人文教育既是中华民族发展的精神源泉，也是全人类谋求幸福人生希望之所寄。人文综合论坛的举办不能只局限于理论层面，不能只有会场交流，还应该坚持实践导向，为人类提供美好生活方式的各种可能，以生活方式展示与会场学术交流形成互动、互补，相得益彰，使论坛取得最大成效。

@Love Shandong：向世界讲好新时代山东故事

摘要：@Love Shandong是大众日报一档原创融媒品牌栏目，在Twitter、Facebook、YouTube、TikTok等海外社交平台开设账号，以"讲好中国故事、传播好中国声音"为宗旨，以原创图文和短视频为主要产品形态，通过大众视角，用文字和影像讲述不一样的山东故事，在海外产生较大影响。

大众日报立足山东放眼全球，突出传播效果导向，创新国际传播话题体系，2021年11月上线"@Love Shandong"原创融媒品牌栏目，积极开拓海外新媒体阵地，借船出海、借筒发声，反映新时代山东经济社会发展面貌。

一、主要做法

（一）完善运行机制

着眼完善工作架构，大众日报强化工作统筹、部门联动和内外宣一体推进，成立专门外宣团队，将外宣工作量纳入员工绩效考核，制定专门奖励办法，对完成规定发帖更新、爆款产品和粉丝增长，给予相应奖励。积极建强工作队伍，以大众日报时事对外部为主，吸纳有外语专长的编辑记者和设计、视频专业技术人员，成立专兼结合的海媒机构号运营小组，统筹策划、采写、制作、翻译、剪辑、发布等环节，确保日常运转维护。加强整体策划，建立"三重大"报道内、外宣一体策划机制，围绕党代会、"两会"、脱贫攻坚、全面小康、建党百年、尼山论坛等重大主题、重大活动、重大部署，统筹网上网下、国内国外，统一文字、图片、图示、海报、短视频、H5等产品形式，统一策、采、编、发、传等各环节，推出彰显国际视野、中国气派、山东特色的外宣融媒报道。

（二）强化内容建设

积极围绕中心、服务大局，做好中心工作外宣推介。党的二十大期间，推出相关作品70余篇，短视频"外籍教师莫妮克谈二十大：希望我的第二故乡中国越来越好"获中国驻古巴大使点赞转发。2023年全国"两会"、山东省"两会"期间，推出"一组创意海报，解锁藏在山海间的山东密码""双语版｜幸福感up！一组九宫格海报，带你读懂活力山东"等均被广泛转发热传。主动围绕省委、省政府中心工作开展策划，制作推出"山东这十年壮美'画卷'（双语版）"系列海报产品，展

"这里是山东"系列策划

"探寻黄河大集里的年味山东"双语海报

现开放自信、务实奋进的山东形象。积极做好中华优秀传统文化对外传播，立足山东孔孟之乡、礼仪之邦和人文沃土可以深度耕作优势，加强策划。围绕春节、元宵、清明、端午、中秋等传统节日和二十四节气，推出"剪纸话二十节气""花好月圆，家国同庆"等系列报道，通过剪纸、图示、海报、短视频等多媒体形式，以海外受众易于理解、乐于接受的方式，传播齐鲁民俗、鲁菜美食、优秀传统文化，展示山东人勤劳勇敢、热爱生活、尚礼好客的形象，擦亮"孔子故乡 中国山东"品牌。紧扣好山好水、好品好物、好人好事，推出"This is Shandong/这里是山东"系列报道，宣传山东16市自然风貌、人文景观、经济亮点，16个视频、130余张海报，全方位、多角度展现"山东之美"。围绕"好客山东 好品山东"，结合春节、"两会"等时间节点，推出"探寻黄河大集里的年味山东"双语海报、"两会特别策划双语版｜好品山东，真香！"等产品，引发广泛热传。深入开展"五友"外宣。探索开展友城、友校、友企、友媒、友人外宣的方法路径，策划推出"走进山东国际友城"系列报道，制作"德国巴伐利亚州：与山东气质相吸的35年深交老友"等24个原创双语产品，以"海报+图文"的形式介绍山东国际友城风土人情、经济社会发展以及与山东友好交往情况。举办"好客山东 好品山东"推介会暨中欧媒体交流会，组织海外媒体推介山东。

（三）加强传播推广

深入研究海外社交媒体运行规律，分析用户粉丝阅读兴趣、关注领域，提高贴文点赞、评论、转发、关注率，加快粉丝增长，提升账号影响力。在Twitter、Facebook、YouTube、TikTok等主要海外社交平台开设账号，建立传播矩阵，与外省媒体、兄弟媒体加强联动，重点策划一体传播。明晰内容定位，灵活设置内容话题，紧跟时事热点，增加用户关注度和分享率。强化用户运营意识，加强评论区互动，及时回复用户的评论和私信，增加用户参与度和忠诚度。借力"意见领袖"，与相关领域大V互动，吸引博主和志同道合者关注，扩大海外影响力。

二、工作成效

@Love Shandong创新对外话语体系，创新内容形式，强化对象化、分众化、可视化传播，先后推出作品2000余条，内容涵盖山东发展亮点成就、优秀传统文化、齐鲁风土人情、山东好品、山东手造等，阅读点击量超过2000万次，受到外交部发言人、中国驻古巴大使、驻纽约总领事馆总领事等37位外交部发言人、驻外使节转发点赞互动200余次，在海外引发良好反响。@Love Shandong获50余家省外媒体官方账号关注，有蓝V认证关注者646个。目前@Love Shandong粉丝数突破62400，居省内媒体海媒机构号首位。

三、思考与启示

一是内外宣联动，奏响大合唱。大众日报坚持内外宣联动，建立"三重大"报道内、外宣一体策划机制，不断提高优质外宣内容产品生产传播能力。讲好新时代中国故事，要统筹好内宣外宣工作，对内报道要有外宣意识，考虑国际影响；对外报道要有内宣意识，兼顾国内受众感受。要加强与外部机构的合作，激发海外华侨、留学生、国际友城、对华友好外籍人士、在华留学生的积极性，依托企业驻外机构、驻外人员做好对外宣传，协助做好所在地的对外宣传，提升对外传播水平。

二是借船出海，借筒发声。大众日报积极适应国际传播移动化、社交化、可视化的趋势，在海外社交平台开设@Love Shandong机构账号，借船出海，通过开设话题标签、评论互动、媒体联动等方式，在国际舆论上发出了响亮中国声音、山东声音。新媒体的快速发展，让国际国内、线上线下、虚拟现实、体制外体制内等界限愈益模糊，也为我们做好对外传播提供了弯道超车的机遇。要积极借助海外社交新媒体传播优势，直接面向国外受众阐释中国主张、讲好中国故事，探索让互联网这个"最大变量"变成国际传播能力提升的"最大增量"。

三是讲好故事，以小见大。讲故事是国际传播的最佳方式，是提高正面宣传质量的重要途径。一个好故事胜过一沓道理。"外籍教师莫妮克谈二十大：希望我的第二故乡中国越来越好"等很多爆款产品都是精彩的故事，获得了广泛的认同认可。地方媒体离基层、一线更近，对本地情况更熟，理应在讲好中国故事的地方篇上有更大作为，要用心、用情、用力去挖掘、组织、讲好故事，用故事传情、说理、宣介，达到事半功倍传播效果。

四是全媒一体，融合传播。一图胜千言，视频更直观生动，一张图、一段视频经由全媒体几个小时就能形成爆发式传播，对舆论场造成很大影响。@Love Shandong刊发的贴文产品中，图片、图示、海报、视频占很大比重，即使以文字为主的报道，也都配发图片或视频，深受海外受众欢迎。海外传播受意识形态、语言差异等因素影响，更要积极运用图像、视频等轻量化产品便于传播的特点，让"每一次报道都是全媒体"成为共识，有效提高产品的点击率阅读量，增强与海外用户的评论互动，提升国际传播实效。

儒学对话促进亚洲交流

——中韩儒学交流大会开创文明互鉴新模式

摘要：中韩儒学交流大会是山东社会科学院、尼山世界儒学中心、韩国国立安东大学等共同主办的中韩人文交流项目，旨在通过系列儒学议题的交流研讨，形成学术共振，进而惠及中韩两国乃至东亚文明交流互鉴。自2014年至今已成功举办十届，搭建了人文交流平台，推动了儒家文化创造性转化与创新性发展，深化了中韩全方位对话与合作。

作为中外文明互鉴的重要载体，十年来，中韩儒学交流大会承担着促进中韩人文交流、传播中国儒学文化、为东亚文明乃至全球文明提供思想智慧的重要使命，打造了系列创新点，日益成为中韩两国人文交流的重要纽带，品牌影响力持续扩大。

一、突出兼容性，搭建国际交流合作新平台

（一）深挖人文精髓，确立指导思想

深入挖掘中国儒家文化中蕴含的"睦邻、安邻、惠邻"的诚意和"与邻为善、以邻为伴"的友善理念，作为中韩两国的文化交流学理基础。2014年7月习近平总书记访问韩国，签订《中华人民共和国和大韩

民国联合声明》，中韩儒学交流大会成为两国人文交流领域的重要合作共识，进而确定了促进两国人文交流的大会宗旨。

（二）通盘考量协商，选取会议地点

基于两国文化与时代发展需求，经过协商，决定每届大会在中国、韩国两地轮换举行并形成惯例，其中，第五届大会在孟子故里邹城举办，第六届和第十届在韩国安东举办，其余七届均在济南举办。第十届大会期间，各主办方均有意拓宽今后大会的举办地，如将孔子诞生地济宁作为下届大会的举办地，既紧扣大会主题，也是对时代文化发展需求的回应。

（三）拓展会议外延，丰富调研活动

根据具体议题安排相关的主题调研活动，将学术理论与生活实践深度融合。第十届大会组织与会专家学者参访位于安东的陶山书院、安东国际会展中心、韩国国学振兴院等地，深入了解儒学在朝鲜半岛的传播与演变，在韩国古代社会发挥的重要作用，以及在当今韩国社会的发展状况、重要价值。

2023 年第十届中韩儒学交流大会在韩国安东举办

二、彰显多维度，挖掘儒家思想文化新内涵

（一）融合古今，确定大会主题

锚定"儒学"主题，通过与韩国儒学领域专家学者深度协商，共同设定历次大会主题。聚焦经典，立足儒学先贤及其思想的深度解读，确立"中韩儒学比较与发展"（第二届）、"孟子与中韩儒学"（第五届）等传统儒学研究主题，对儒学经典概念"仁"在儒家文化与当代世界和谐共处的重要价值展开论述；回应现实，立足儒学的时代价值，探讨"一带一路发展战略"（第三届）、"儒家心学思想与当代人的精神健康"（第八届）、"儒家实学及其当代价值"（第十届）等现实议题，既推动了儒家文化的传承转化，也为解决当代社会发展过程中面临的各项难题提供了智慧借鉴。

（二）多维互动，设立分论坛研讨

每届大会主会场之外，还会设立3—4个分论坛，从而多角度、多侧面对儒家思想文化开展深入交流探讨，展示各自最新研究成果，引领儒家文化学术前沿。如第八届大会在"儒家心学思想与当代人的精神健康"主题下，设"先秦儒家心学的意涵分析与理论建构""国际视野下程朱理学和陆王心学的现代性阐释""儒家心学传统与当代人的精神健康"分论坛，提出了系列创新性学术观点。

（三）助力外交，开展纪念活动

聚焦重要外交时间节点和外交事件，组织策划系列学术交流活动，作为党和政府外交纪念活动之一，助推外交事业发展。2022年，恰逢中韩建交三十周年，第九届中韩儒学交流大会作为山东省庆祝中韩建交三十周年活动月十大活动之一，以"中韩儒家文化的保护传承与创新发展"等主题展开国际对话，为山东主动融入两国合作大局、推动鲁韩交流合作作出贡献。

三、聚焦时代化，点燃世界文明发展新引擎

（一）赓续儒家传统，承担时代责任

世界全球化已使得人类结成休戚相关的共同体，亟须建构某种共同遵守的"游戏规则"，这就是推进全球"共在"的"全球文明"。儒家文明曾经在中原文明、中华文明和东亚文明的建构中扮演过主要的角色，如今积极参与构建全球文明这个新的时代课题同样责无旁贷。中韩儒学交流大会秉承儒家文明"成己—成人—成物"的优良传统，致力于在自我更新、自我完善基础上，完善他人、成就他人，从而创造一个良善的世界。

（二）落实重大部署，优化治理体系

贯彻落实我国重大战略部署，发挥儒家文化在推进国家治理体系和治理能力现代化中的重要作用，助力构建人类命运共同体。第三届中韩儒学交流大会聚焦"一带一路"这一为实现中华民族伟大复兴中国梦、构建新型国际关系而提出的重大倡议，就"一带一路"倡议与儒家大同思想的关系，围绕儒家大同思想的历史意义和当代价值开展国际对话。

（三）回应世界课题，增进文明互鉴

着眼时代之问和世界课题，为人类文明发展贡献儒家智慧。第七届中韩儒学交流大会以"儒家治道思想与当代社会治理"为主题，就亚洲和平繁荣之道、东亚模式与儒家传统、儒学与东亚文明等议题展开深入研讨，在推动亚洲文明乃至全球文明发展方面取得多重共识，彰显了儒家文化在塑造东亚文明基本底色中的核心作用。

四、思考与启示

第一，找准切入点是儒家文化对外交流的前提。儒家思想源于中国、泽被世界，最先传入的域外国家便是韩国，两国同属东亚儒家文化

圈，有着共同的文化底色。历届中韩儒学交流大会始终以儒家思想为交流对话的切入点，契合两国文化历史与未来发展方向，是历届大会能够圆满成功的前提。这启示我们，推动儒家文化走向世界，要与当地文化传统与民风民俗相结合，真正理解并尊重双方文化，找到对话共情点、互鉴处，在对话中产生共鸣、取得共识。

第二，把脉时代课题是儒家文化对外交流的关键。文化的"两创"根本目的在于服务时代课题、回答时代之问、构建时代所需之新思想体系，历届中韩儒学交流大会的主题设置，兼顾了时代课题与学术热点，具有极强的现实意义。这启示我们，推动儒家文化走向世界，要区别不同发展需求，把准对方最为迫切的社会时代问题，才能以儒家文化之力推动世界文明和谐发展，助力世界和平进步。

第三，坚持平等对话是儒家文化对外交流的原则。文明交流互鉴是推动人类文明进步和世界和平发展的重要动力，其基本原则是平等包容、谦和理性。历届中韩儒学交流大会坚持平等宽容、相互尊重的原则，开展或平和的时代课题探讨或者激烈的学术交锋。这启示我们，推动儒家文化走向世界，要坚持谦逊理性、不卑不亢的基本品格与风度，促进各领域的平等对话与真诚合作，真正促进世界文明长足发展。

激活黄河文化基因　讲好新时代黄河故事
——山东广播电视台全力打造《黄河文化大会》

摘要：《黄河文化大会》是山东广播电视台全力打造的全国首档以"保护传承弘扬黄河文化，推动黄河流域生态保护和高质量发展"为主题的大型文化综艺节目。节目通过科技赋能、创意加持，深入挖掘黄河文化的精神内涵与时代价值，多维展现黄河文化的深厚底蕴与独特魅力，激活黄河文化基因，讲述新时代黄河故事。

为深入学习贯彻习近平总书记关于黄河流域生态保护和高质量发展的重要论述，山东广播电视台于2022年联合沿黄各省（区）广播电视台，制作推出全国首档以黄河文化为创作主题的大型文化综艺节目《黄河文化大会》，让观众沉浸式感受黄河文化，掀起传承弘扬黄河文化的热潮。

一、经验做法

（一）开门举办节目，突出全民性

《黄河文化大会》坚持全民观看、全民参与、全民点赞、全民受益，真正做到了让寻常百姓成为节目主角，掀起了全民答题热潮，唤起了中

参赛选手在《黄河文化大会》总决赛现场激战正酣

华儿女永不断流的根亲文化和家国记忆。为充分体现节目的全民参与性和互动性，节目组从全国范围内公开选拔99位不同年龄、地域、职业、经历的黄河文化爱好者，既有名校学子组成的学霸青年团，也有自驾航拍黄河第一人、黄河漂流第一人、骑行黄河、徒步黄河全线的"水陆空"组合，还有"05后"小诗人、"藏风美少年"等少年参与者，生动讲述了他们与黄河之间的感人故事，引起了广泛共情与共鸣。

（二）植根传统文化，突出传承性

深刻把握黄河既是一条具象之河更是一条文明之河的立足点，《黄河文化大会》以极具代入性和参与感的黄河文化知识竞答作为内容展开的切口，从黄河文化中挖掘与当代文化、时代精神紧密结合的内容，以贯通大河上下、观照历史古今、会通中外文明的宏阔视野，生动展现黄河文化的深厚底蕴和中华文明的独特魅力。节目紧紧围绕黄河文化的传递和解读，深入挖掘黄河国宝、黄河非遗、人文景观、诗词歌赋的文化底蕴和美学价值，邀请文化学者、专家现场进行黄河文化的解读，让黄河知识和文化延伸出更多元的向度。节目设置"百舸争流""泾渭分明""鱼跃龙门""黄河入海"等多个比拼环节，内容涵盖五千年文明史、新中国治黄史、新时代生态保护和高质量发展成就三大方面，全景式展现了黄河沿线地区多彩的自然与人文景观、生动的实践与创新成果、顽强的拼搏与奋斗精神，展现了在母亲河哺育下人民美好生活的壮美画卷。

（三）创新艺术表达，突出时代性

为呈现与黄河文化主题相契合的审美品格与时代特色，节目在视听、舞美、造型等方面积极创新艺术表达方式。联合沿黄各省（区）广播电视台组建外景出题团，一道题目就是一幅黄河沿线景观大赏，既有黄河入海口、壶口瀑布等自然奇观，又有敦煌莫高窟、鹳雀楼等人文奇观，还有小浪底、青铜峡等水利枢纽工程，不仅让观众感受到选手竞技答题的紧张感，更为他们呈现了一场酣畅淋漓的视听文化盛宴。舞美以黄河"浪花"为核心元素，以意象化"山水"造型为场景，利用"水"抽象造型设计动感流线，特别是"黄河入海"环节以巨型毛笔点亮九曲黄河，充分彰显黄河百折不挠的磅礴精神。此外，节目还运用AR、VR科技手段，将黄河文化融入音乐、舞蹈、情景表演等，打造极致歌舞秀，呈现特色鲜明的黄河风韵。

（四）注重交互传播，突出多样性

节目着眼加强不同媒介的交互传播，搭建大小屏全媒矩阵，推动不同媒体渠道的广泛传播。以"正能量要有大流量"为导向，对节目中外景短片、现场互动等精彩瞬间进行二度创作，联合沿黄各省（区）电视台，打通广电媒体跨区域协作。节目开播前，联动沿黄九省（区）电视台官方微博发布"你好黄河！沿黄九省（区）梦幻联动"倒计时动态海报；与水利部黄河水利委员会、中国保护黄河基金会、腾讯公益慈善基金会共同推出"云游黄河知识答题"微信小程序；在齐鲁网、闪电新闻客户端以及山东广播电视台的系列公众号、视频号发布选手视频、节目创意预告视频、倒计时海报等，提前为节目预热。整季节目播出过程中，节目组精心提炼节目宣传推广看点，持续发酵话题。邀请多位著名专家学者发文点赞节目并深度解读黄河文化，打造长尾效应，扩大节目影响力。同时，还根据不同视频平台构建短视频矩阵，在微博、微信、抖音、快手等平台与观众开展互动，实现了优质内容的裂变传播。

二、取得成效

（一）掀起了黄河文化传承弘扬新热潮

《黄河文化大会》多维、立体呈现出黄河文化的深厚底蕴、独特魅力、精神内涵、时代价值，在全国掀起讲述黄河故事、传承黄河文化的热潮，以文化正能量撬动了全网大流量。节目全网收获热搜热榜496个，全网话题阅读量和视频播放量突破7.98亿。节目在山东省网平均收视率位列同时段省级卫视第1名，在64城数据中位列省级卫视晚间时段同类别节目第1位，美兰德蓝鹰平台数据显示，位列晚间黄金档电视节目融合传播指数榜前4名。短视频"三代人40年治理25万亩荒沙碱滩"阅读量和播放量超1.26亿，"张颜齐《飞跃黄河》rap唱出黄河蜿蜒""90秒打卡壮美黄河"等短视频传播量均过千万。节目赢得广大观众特别是年轻观众的喜爱和认可，他们表示通过节目"认识了黄河的不同面""看了节目想走一趟黄河"，形成了良好的联动效果。

（二）打造了文化类节目创作新样板

作为全国首档对黄河文化进行整体巡礼的综艺节目，《黄河文化大会》通过意蕴丰富的题目设计串联黄河文化脉络，采用高沉浸、强互动、青春化的视听语言讲述黄河故事，切中了文化传播的重要议题，体现了文化类节目的思想性、艺术性和前瞻性。无论是涵盖黄河历史文化、时事热点的题目内容，沙画诗文、沿黄各省（区）外景短片等创意出题形式，还是震撼视听的灯光舞美、感人至深的人物故事，都在润物细无声中让黄河文化深入人心，成为文化类节目创作新样板。水利部黄河水利委员会发文点赞节目"深挖黄河文化时代价值,讲好黄河故事",《光明日报》发文称赞节目"为当前文化类节目赓续中华文脉、坚定文化自信提供了启示"。节目入选2022年"中华文化广播电视传播工程",被评为国家广播电视总局2022年度广播电视创新创优节目。

(三)构建了黄河文化传播新矩阵

延续《黄河文化大会》品牌效应,抓住热播契机,乘势而上,部署系列黄河文化主题创作、传播节目品牌,逐步构建起集台、网、端、微、屏、号于一体的同频共振传播格局,实现了由一个节目带火一个文化品牌、推动一个领域工作的可喜成效。紧跟《黄河文化大会》收官之战,山东卫视年代剧《运河风流》掀起收视热潮,借势推出的黄河文化主题节目《馆长来了》,以国家级考古专家、权威文博学者真实经历和研究成果为支撑,成为弘扬黄河文化的又一精品,创作的人文纪实综艺《行进中国·黄河篇》立足黄河战略布局,带领观众领略黄河沿岸的自然之美、文化之美、历史之美,赢得广泛好评,已经启动的《黄河文化大会》(第二季),未播先热,引发广泛关注。与此同时,多维度宣

《黄河文化大会》(第二季)录制现场

传推介"文化+旅游+好品+传播"相融合的"黄河大集""沿着黄河遇见海"等文旅品牌,掀起了传承黄河文化的热潮,奏响了新时代"黄河大合唱"。

三、思考与启示

一是选题立意决定节目高度。文化类节目的创新没有止境,但是只有关注火热现实、回应时代主题,从大情怀、大格局出发寻找节目定位和主题,才能使节目更有内涵和底蕴,更有生命力、影响力。《黄河文化大会》以"保护、传承和弘扬黄河文化,推动黄河流域生态保护和高质量发展"为创作主题,全方位全景式展现黄河文化的精神气象,成功打造了全国首档黄河主题的大型文化综艺节目。这启示我们,文化类节目的创作,必须从时代脉搏中感悟艺术的脉动,从时代之变、中国之进、人民之呼中提炼主题,展现中国之美、历史之美、文化之美。

二是价值取向决定节目深度。挖掘深厚的文化底蕴,树立正确的审美取向,传播向上向善的价值观念,是文化类节目的立足点与出发点,决定着思想内涵和价值底色。《黄河文化大会》立足黄河文化宝库,挖掘黄河文化中与当代相适应的思想观念、文明风尚、行为规范,从黄河相关的传统节日、文化遗产、典籍著作、风俗习惯等方面广泛取材,联系人们的衣食住行、生产生活等方方面面,推动传统文化从传承弘扬向教化育人拓展。这启示我们,文化类节目的创作必须价值坐标准,坚持以社会主义核心价值观为引领,深入挖掘文化资源优势,通过寻找其与当下社会生活之间的契合点,将优秀传统文化的丰富内涵和时代价值呈现在受众面前,做到传统与现代相融相通,实现文化可触可感。

三是创作导向决定节目温度。让文艺的百花园永远为人民绽放,就要坚持以人民为中心的创作导向,扎根人民,扎根生活,让人民站上文艺节目舞台的中央,让生活成为文艺节目最好的舞台。《黄河文化大会》从线索到创意、从文本到人物，始终让群众唱主角，用群众的脚步丈量黄河，用群众的方式为中华文明内涵进行注解，用群众的经历书写新时代黄河故事，奏响了新时代的"大河之歌"。这启示我们，文化类节目要以人民为中心，以共情为旨归，充分发挥视听语言和大众文艺的优势，实现从宣传到传播、从理性到感性、从精英到大众的转化，触发广大受众的情感共鸣和文化认同。

四是表达方式决定节目热度。提高文化节目的传播力、吸引力、感染力，关键是要不断推陈出新，加强技术赋能，推动融合传播，实现传播最大化。《黄河文化大会》的成功还得益于"科技＋文化"的运用，融入数字化、VR、AR等前沿科技手段，通过演播室与外景相结合的方式打造出虚实结合、沉浸交互、身临其境的视觉感官体验，拓展了黄河文化的表达空间。这启示我们，文化传播必须坚持创新融合，善用青春化、时代化的艺术语言和表达方式，丰富多元的视听手法，跨界融合的创新传播，实现大屏小屏联动，使传统文化符号实现动态化、感性化、时尚化，让优秀传统文化绽放出新的时代光彩。

让泰山文化润"心"细无声

——纪录片《大泰山》书写文化"两创"光影篇章

　　摘要：大型人文纪录片《大泰山》立足泰山文化资源优势，坚持高起点选题立意，引入新颖表现手法，通过微观故事呈现宏大主题，将"无形"基因寓于"有形"视界，并构建"大流量"传播矩阵，将中华优秀传统文化坚守的核心价值观溶于全篇，为世界更好认识中国、了解中国开启了一扇精神文化之窗。

　　泰山见证了中华民族的成长、发展、繁荣，蕴含着中华民族生生不息、永续发展的文化基因。纪录片《大泰山》立足泰山拍好本体，跳出泰山再拍泰山，反映了泰山的自然属性，彰显了泰山的深厚底蕴，落脚于泰山对中国人社会生活与精神文化生活的影响，形象阐释了泰山的历史价值与当代价值，成为讲好中国故事的重要篇章。

一、主要做法

（一）选题立意坚持"一体"与"多元"

　　《大泰山》秉承历史书写和文化阐释的创作理念，以泰山这一典型的地理意象为内容主体进行叙事，从历史起源到人文关怀，再到国际传

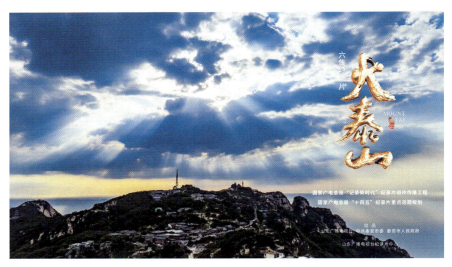

纪录片《大泰山》海报

播，呈现自然、历史和人文视角下的壮美泰山，形象阐释泰山的自然和人文价值，展示了中华文明的精神标识和文化精髓。坚持立足泰山拍好本体，跳出泰山再拍泰山，分别从自然、历史、文化、民俗、哲学、美学、国际等不同维度，策划摄制《河山元脉》《若登天然》《与国咸宁》《登高必自》《能成其大》《国泰民安》等六集内容，"一体多维"地对泰山进行多层次全方位解读，彰显泰山这一蕴藏中国智慧、体现中国精神的文化载体的独特价值。

（二）影像叙事呈现"宏大"与"微小"

将"宏大"与"微小"紧密结合，既关注国之大者，也关注芸芸众生，致广大而尽精微，用故事化的表现方式呈现泰山的自然之大、文化之大、精神之大和胸怀之大，在宏大的主题之下，微观的细节处理鲜活、生动，使纪录片的故事性、可视性得到提升。在后期制作中，"以大观小，小中见大"也是视效镜头处理遵循的宗旨，器物、铭文、石刻等相对微小的元素，可以在画面中得到宏大的呈现；山川、自然、故事等，则以全景式、史诗感的格局展现，气韵生动、意趣酣畅。

（三）精神内涵融合"有形"与"无形"

致力于从泰山本体自然与文化的完美融合中，发掘出更多更深层次的独特元素，并将"无形"基因寓意于"有形"视界。深刻解读泰山日出、夜晚星河、天门云梯等"有形"的壮观景象蕴含的天地大德、生生不息的赞歌，引导观众深刻体悟天人合一、沟通古今的心灵感觉，在"有形"的观赏中提升"无形"的思考，达到"润物无声"的效果。同时，纪录片通过讲述清代石匠姜桂松、泰山挑山工路长祥、野生花楸保护者申卫星、泰山极顶气象人赵勇、泰安石刻碑拓传承人张亚明、为泰山刻石谱曲的音乐教师李若瑀等"有形"的泰山故事，展现他们仁慈悲悯、勇挑重担、脚踏实地、埋头苦干、心无旁骛、继往开来等"无形"的精神品格，彰显了泰山精神与时代精神的深度契合。

（四）表现形式兼顾"虚拟"与"现实"

用科技赋能影像，拓展泰山文化的表达空间，融入数字化、三维建模等技术手段，打造出虚实结合、身临其境的感官体验。采用直升机、无人机、穿梭机、大型特拍设备等对泰山实景进行蹲守拍摄，获得大量壁纸般的镜头画面，全景式、多角度呈现泰山全貌。首次拍摄到的泰山黄河同框视频蔚为壮观，用影像完美诠释了锦绣山河。在全景式拍好泰山本体的基础上进一步展示泰山的精神和美学内涵，把科技思维同人文思维、美学思维融合在一起，采用大量视效镜头，将泰山相关历史传说、典籍器物、场景还原等进行情景再现，把泰山的自然景观、历史文化等呈现得更加生动、直观，既为纪录片增添视觉丰富度，又与实景画面相辅相成，全景式地展现一座自然与人文交相辉映、天地人彼此感召的泰山。

二、取得成效

（一）守正创新，"激活"泰山文化符号

纪录片《大泰山》通过再现泰山的景、物、人、事，阐释了泰山

文化的内涵与意义——"泰山"不仅仅是一座地理意义上的山，它既寄托着"国泰民安"的家国理想，也承载着"平安稳定"的民间期待，还引发着"天人关系"的人文思考。作为重要的精神图腾，泰山贯穿了中华民族的发展历程，是整个中华民族的精神文化符号。《大泰山》全面、深刻地呈现泰山这一文化符号内涵，有利于增强民族文化认同和情感认同。

（二）文质兼美，实现口碑收视双丰收

2023年元旦期间，《大泰山》在山东卫视首播，节目一经推出，便收获了同时段省级卫视同类型自办节目中收视率、市场份额排名第一的佳绩（索福瑞24省网数据）。仅4天时间，《大泰山》及相关短视频阅读量超1.5亿，2个话题登上微博全国热搜。其中，"凌晨四点半的泰山'挑山工'"登上微博全国热搜第六位，话题阅读量突破8000万。纪录片入选国家广电总局"十四五"纪录片重点选题规划和"记录新时代"纪录片创作传播工程。

（三）影旅联动，激活泰山潜在文旅红利

该项目2021年9月份启动摄制，历时一年多，于2023年元旦期间在山东卫视播出。《大泰山》播放后，引流作用巨大，泰山景区游客量直线拉升，元旦期间进山游客同比增长28.78%；春节期间进山游客同比增长191.06%；1月份进山游客同比增长1179.7%；1季度进山游客同比增长515.83%；截至10月21日15点20分，泰山年内累计接待进山游客突破800万人次，同比增长280.91%，比2019年同期增长121.96%，再次刷新历史最高纪录（往年最高纪录为2015年全年游客455.97万人），为泰山文化旅游业注入了新活力。

（四）反哺学术，推动泰山研究新发现

《大泰山》不仅充分吸收了学术界关于泰山研究的前沿成果，而且"反哺"学术研究，带来了新的学术发现。拍摄过程中，摄制组和专家在夜晚用灯照无字碑，随着灯光照过，发现了一段前人从来没有见过的题刻，记录着武则天派道士到泰山举行祭祀的历史事件，从一个侧面反映了武周代唐这一重大的历史变革，对唐史研究具有重要意义，对泰山文化研究也有重要的推动作用。

三、思考与启示

一是立足特色资源，深入挖掘阐释优秀传统文化。《大泰山》"立足泰山拍好本体，跳出泰山再拍泰山"，全方位、立体化地展现泰山，深入挖掘泰山文化丰富时代内涵，让泰山文化成为彰显时代价值的全新载体，让世人用新视角去看泰山文化不断呈现的新气象、新活力，让泰山文化在新时代绽放出更加绚丽的光彩。其实，每个地方都有属于自己的文化代表元素，当地宝贵文化资源都应该被珍惜、利用，要立足本地文化特色，进一步深入挖掘和阐释文化内涵。时代在发展进步，人们对于传统文化的理解和把握也随时代的发展而转化，但是核心的文化本质是不变的，这就需要运用现代的语言和表达方式去挖掘阐释优秀传统文化。

二是提炼文化符号，寻找与时代生活的契合点。纪录片《大泰山》在泰山意象和精神标识的结合上作出新的尝试，充分体现时代的内涵与当代的价值，就像纪录片中所展现的纪啸林以泰山为灵感而为深圳设计新地标、青年演员们对封禅大典的体悟、范正安老人对泰山皮影的传承、导游"泰山娟姐"风雨无阻直播泰山上千场等，让"泰山"这一文化符号有了新的积淀，赋予中华优秀传统文化新时代的内涵和现代的表达，从而激活新的生命力。既能找准文化符号与时代生活的结合点，又能做到坚持历史与现实的互相贯通，将经典文化符号和新一代受众的文化心理进行融合，寻找与当下社会生活之间的契合点，真正实现创造性转化和创新性发展。

三是凝聚创作英才，勇于尝试新技术、新手段。日新月异的科技创新被广泛应用在影视领域，视听语言变得更加丰富多彩。高新摄制技术在纪录片中的运用越来越普遍，具有高像素、高帧率、高分辨率、高动态范围、高色彩还原度、全画幅的趋势和特点。纪录片从大量延时摄影素材中挑选出最好的日出东方、夜晚星河、泰山雾凇等画面，用东方美学的意韵符号展示出泰山的雄伟气势、恢宏磅礴，观众在峰峦叠嶂的自然景观中得到极好的视听体验。这种表现形式把科技思维同人文思维融洽在一起，让现代的科技手段为表达人文精神、人文思想服务，不仅可以吸引更多观众，还帮助观众更加深入地了解文化的传承与发展。

纪录片《大泰山》以继承弘扬优秀内核为重点，实现泰山文化的创造性转化；以新时代泰山精神的塑造为核心，推动泰山文化的创新性发展。这是推动泰山文化传承发展的重要举措，是宣传泰山文化、讲好泰山故事、展示泰山形象的一次绝佳机会，为世界更好认识中国、了解中国，开启了一扇精神文化之窗，更是立足山东"人文沃土可以深度耕作"的文化资源优势写就的文化"两创"光彩篇章。

文化自媒体IP"苏小妹"：
推动中华优秀传统文化活起来

摘要："苏小妹"是2022年山东广播电视台齐鲁频道打造的文化自媒体IP。该系列作品立足传承弘扬中华优秀传统文化，跳脱出常规短视频表达方式，以全新角度切入，将中华优秀传统文化、传统礼仪、中国汉字、美德健康新生活等内容与当下热点相结合，用新颖的话语方式，进行生动活泼、幽默智慧的表达，推动社会主义核心价值观融入日常生活，展现中华优秀传统文化的永久魅力和时代风采。

山东广播电视台始终把文化"两创"作为重大政治任务，充分发挥媒体融合优势，在深耕传统文化基础上，融入时代脉搏，创作兼具文化性、知识性、娱乐性的网络视听产品"苏小妹"系列短视频，巧妙地将传统文化元素与"国潮风"二次元卡通形象联动，以当下年轻人喜闻乐见的网络化方式讲述传统文化，风格清新独特，叙述娓娓道来，激发观众深层共鸣，展现中华优秀传统文化的生命力，是山东文化"两创"的生动实践。目前，全系列作品已更新超150期，全网播放量超6亿次。

一、主要做法

（一）打造IP，品牌独特

"苏小妹"定位为文化自媒体IP，着力打造温婉知性的个人形象和娓娓道来的叙事风格。"苏小妹"名称，很容易让人联想到大文豪苏轼和他传说中的妹妹"苏小妹"。在内容创作上，深耕传统文化这一细分领域，比如"苏小妹说中国字"系列，主持人逐一跟大家分享解读107个汉字，节目内容与自身IP高度契合，这就使得节目与受众能够产生强大的"约会"能力，更容易在互联网平台"圈粉"。"苏小妹"独特的品牌形象，形成了差异化竞争优势。

（二）立足场景，便于共鸣

"苏小妹"系列短视频，长度一般在3—5分钟，视频中超过2/3的画面为动画或插图，这种场景式表达，能更直接地触动受众情感，展现人物表情、动作和环境氛围，使受众更好地融入故事，产生共情，激发他们对作品的思考和讨论。

（三）行文活泼，寓情于理

在叙事方式上，"苏小妹"也不同于单向知识的灌输。为避免过于沉闷和说教，作者站在受众角度思考，比如通过讲述故事或编写寓言的方式，将道理融入其中，让受众通过情节和人物经历自行领悟道理，而不是直接给出指令或道德准则；引用名人名言或智慧格言，通过他人的智慧，来启发和传递观点等。

（四）精心打磨，制作精良

在节目制作环节，创作团队精耕细作，编导、撰稿、剪辑、包装、动画设计，再加上摄像、化妆、灯光、录音，九个工种分工协作，共同完成一期作品。对细节的精心打磨，换来了"苏小妹"如今呈现出的精良水准。团队中的每个人都是"细节控"，撰稿人为确保每一个知识点准确，有时在图书馆泡一整天；100多期节目，手绘动画上千幅，都是后期人员一帧一帧打磨出来的。

（五）文化传承，润物无声

"苏小妹"系列短视频引用大量古人古事、古言古语，并且在故事讲述中古今对照，以此证明文化传承韧性十足，具有隐蔽却无比强大的力量，它在日常生活中默默影响和塑造人们的思维方式、价值观念和行为模式，就像水滴能够穿石，在无声中渗透、滋养和塑造社会的发展和个体的成长。

二、初步成效

（一）弘扬传统文化，增强文化自觉

创作团队深挖中华优秀传统文化富矿，制作出了系列既解读传统文化、又反映时代要求的精品佳作，广泛弘扬了崇仁爱、重民本、守诚信、讲辩证、尚和合、求大同

苏小妹解读中国汉字

等思想。如"苏小妹说大舜"系列三部曲，分别从"厚道山东人的鼻祖""最全能的'手艺人'""拒绝'躺平'的一生"三个角度，辅以大量史料、教材、文物等素材，全方位、立体式还原"圣王"大舜的一生；"苏小妹说中国字"系列，用简单生动的语言介绍中国字的起源和演变，引起了广泛关注和讨论。2022年10月13日，"苏小妹"团队获评"2022年度全省宣传思想文化工作守正创新典型案例"。

（二）讲好中国故事，展现文化自信

创作团队立足国际传播，在内容和渠道上双发力，对外讲好中国

故事，不断提高国家文化软实力和中华文化影响力。"苏小妹"相继推出英语和法语版；习近平总书记访俄当天，"苏小妹"还推出了俄语版，面向世界分享"同"字，倡导"中国的发展惠及世界，中国的发展离不开世界，中国同各国一道，求同存异、同舟共济，方能美美与共、天下大同"。创作团队邀请山东大学儒学高等研究院副教授、《文史哲》国际版执行主编孟巍隆（美国籍）担任主笔同时兼任英文版主持人，推出"苏小妹说中国字"海外版——"孟夫子说中国字"，用外宣手段加强海外传播的专业化、对象化，把"苏小妹"打造成传播中华优秀传统文化、讲好山东故事的外宣品牌。"苏小妹"荣获"TV地标"2022年度优秀融媒体节目，并获山东省委宣传部外宣扶持。

（三）彰显媒体担当，澎湃"正大"流量

"苏小妹"坚持紧跟热点，积极主动传播党的声音，服务人民群众，弘扬主旋律，传播正能量。疫情防控期间，策划推出"苏小妹·防疫篇"，其中"辛弃疾真的会治病"等霸榜时长超2天，被百余家媒

苏小妹进校园 深入推进全环境立德树人工作

体机构大V账号转推；"苏小妹话防疫：逐疫迎春'决赛圈'"点击量近千万次。在党的二十大召开期间，策划推出"苏小妹说中国字：家 兴 国"。结合中国式现代化学习宣传，推出特色融媒产品"苏小妹说中国字"系列，聚焦"新、实、干"三个关键字，逻辑清晰、层次分明地对山东推动高质量发展的新部署进行解读等。先后有十余件作品，入选山东省委宣传部"正能量 大流量"宣推作品，推动"正能量"实现"大流量"。

（四）融入立德树人，培育时代新人

以字育德，以字启智，以字益美。2022年，"苏小妹说中国字"系列被纳入山东省"全环境立德树人"教育体系。创作团队深感责任重大，围绕全环境立德树人体系开展进校园活动，创作更多生动活泼、积极向上的文化产品，以此为抓手，对学生进行润物细无声的价值引导，继而辐射家庭和社会。截至目前，山东20个全环境育人实验区均按要求制定了"苏小妹说中国字"系列短视频进校园活动方案，887所学校开展了相关活动，厚植爱国主义情怀，深耕传统文化内涵，积极培育和践行社会主义核心价值观，大力推动文化育人。

三、思考与启示

一是坚持思想引领是文化传承发展的根基。 作为脱胎于主流媒体的文化自媒体IP，"苏小妹"在媒体融合中始终坚持思想引领，深挖中华优秀传统文化"富矿"，推动主流思想价值在全社会广泛传播。"第二个结合"是我们党对马克思主义中国化时代化历史经验的深刻总结，是对中华文明发展规律的深刻把握，是又一次思想解放。文化传承发展类节目要从传播对象出发，强化以用户为核心的思维，立足大立意，找准小切口，推出一批创意十足、新风扑面、耳目一新、过目难忘的精品力作，与受众建立自然而强烈的情感连接，进而传承弘扬中华优秀传统文化。

二是融合技术创新是文化传承发展的活水。2023年3月，创作团队推出"苏小妹2.5D数字人"，配置了业界领先的深度学习技术，动作、语言自然流畅，人物形象高度逼真，在可控性、可编程性及规模成本等方面具有显著优势，给受众带来全新的交互体验。在迈向新型主流媒体的转型升级之路上，技术创新被定义为"关键变量"。文化传承发展类节目创作，要积极拥抱数字化、探索和应用新技术，积极运用"AI绘画""数字AR""国潮动漫""古书动画""3D水墨""微缩景观"等新媒体创作手段，利用"硬核科技"的加持，实现人画交融、润物无声。

三是强化艺术表达是文化传承发展的关键。流量只有符合人类的理性常识和价值坚守，才会迸发出更为持久的生命力。"苏小妹"创作团队力主"迎合与坚守"并重——迎合的是网络传播规律、网络观看习惯，坚守的是审美高度、制作精度、文化厚度。只有把美的价值注入美的艺术之中，作品才有灵魂，思想和艺术才能相得益彰，作品才能传之久远。中国美学的独特意蕴以及中华千年文脉的文化内涵为思想传播提供了源源不断的艺术灵感和丰富形式。主流媒体应从庞大的中华文化宝库中不断汲取力量，用艺术化表达为作品创作注入文化活力，以用情用力收获共情共鸣。

《中国礼 中国乐》：让中华礼乐焕发新活力

摘要：作为首档中华礼乐创新传习节目，《中国礼 中国乐》通过创新研发新时代中华礼仪，以"礼乐秀"的文艺方式，将古代礼乐制度与当代礼仪习惯进行有机结合，采取XR、AR等新技术，打造了沉浸式的奇幻"礼乐空间"和问礼场景，让观众通过多维、立体的视角感悟礼乐文化背后蕴藏的精神价值，以中华文化之美引领礼仪文明新风尚，让中华礼乐焕发新活力。

为激发中华传统礼乐的新活力，山东广播电视台齐鲁频道、山东省话剧院联合打造全国首档中华礼乐创新传习节目——《中国礼 中国乐》，创新呈现相见礼、婚礼、饮食礼、尊师礼、成人礼、容止礼等，以沉浸式的视听新体验普及礼乐知识，以唯美的礼乐表演激活礼乐文化活力。

一、主要做法

（一）挖掘礼义精神，发挥时代价值

《中国礼 中国乐》一开始就确定了一个基调，即在传承中创新，在创新中发展；在继承中创造，在创造中转化，让中国传统礼乐适应新时

代的变化和需求。深入挖掘每种礼背后的"礼义精神",比如饮食礼背后的"尊贤、敬老、徧惠、合族",尊师礼背后的"养正、尚学",成人礼背后的"立志成德"等,将古代礼乐制度与当代礼仪习惯进行有机结合,探讨传统礼乐的当代价值。

(二)创新表现形式,再现经典礼仪

现场设置"荐礼""寻礼""问礼""传礼"四大环节,邀请礼学专家、文化名家及当代习礼人在解读礼乐文化知识、阐述人文价值的同时,创新研发新时代应推广的美德健康新生活方式和中华新礼仪。"婚礼"篇结合传统婚礼中"同牢合卺""撒豆撒帐"等习俗,推出以"传席、撒谷豆、拜礼、却扇、盟手、合卺、结发、执手、敬茶"为主要内容的新中式婚礼;"尊师礼"篇设计了"正衣冠、献桃枝、敬茶、训诫、赠书"等现代拜师礼仪;"相见礼"篇展现了"拱手礼""执手礼""叠手礼"等符合中华审美的相见礼仪。

(三)立足现实生活,引领社会话题

设置一系列符合现代生活和语境的话题,吸收传统礼乐文化中的积极因素,实现传统与现实的对接,彰显礼乐文化的时代价值。在"婚礼"篇中,通过对唐代经典诗歌《袍中诗》的改编,引出当代人对"应该办一场什么婚礼"的讨论,发出"结婚应重礼轻财"的倡议;在"相见礼"篇中,提出"拱手礼最健康最科学"等观点,在疫情防控的特殊时期具有现实意义;节目还抛出"孔子会喜欢什么样的音乐""汪伦竟是营销高手"等话题,以及更具时尚感和年轻化的语态,让中国传统礼乐适应新时代的变化和需求。

(四)重视科技赋能,打造视听盛宴

创新打造礼乐场景,设置"穿越寻礼"环节,通过戏剧、影视、综艺、走秀等形式,沉浸式解读古代礼仪故事,帮助观众理解文化精髓,赋予历史经典以新的内涵和时代价值。运用XR、AR等新技术,创设复

合型审美空间，展示东方美学的独特魅力，打造沉浸式"礼乐空间"和问礼场景，以有"有凤来仪"意涵的凤凰点亮舞台，玉璧、玉璜、帛、鼓、瑟等中华礼乐典型代表符号融入其中，融合歌舞、外拍等形式推出的《礼结前缘定今生》《盛世飨礼》等大型礼乐秀，在礼乐交融中献上一场视听盛宴，契合当下观众，尤其是年轻群体审美需求。

二、取得成效

（一）加深了大众对中华礼乐的新认识

节目深度挖掘了礼乐文化的精神内涵和时代价值，创新研发中华新礼乐，以中华文化之美引领礼仪文明新风尚，推动中华优秀传统文化更好融入经济社会发展和人们日常生活。节目播出后受到电视观众和网友的一致好评，网友们评论称"流量彰显文化自信""长大后我就成了你"。节目加深了大众对中华礼乐的新认识，让礼乐文化在现代持续焕发永恒魅力和时代价值，为山东省优秀传统文化"两创"新高地建设贡献了自己的力量。

（二）带动了礼乐类文化节目的新热度

《中国礼 中国乐》节目播出后，山东省网收视份额21.26%，稳居第一；新媒体端全网热搜137次，播放量、阅读量合并超15亿次。特别是2022年7月22日，齐鲁频道《中国礼 中国乐》播出"成人礼"篇，围绕山东济南排爆英雄张保国女儿准备从警的"成人礼"，推出短视频《破防！排爆英雄的女儿穿上警服》成功"出圈"，人民日报、新华社、央视新闻三大央媒微博、微信官方平台集体推荐，登上微博热搜总榜TOP20、要闻总榜TOP8、快手社会榜、16城热搜前三位，300余家重点媒体机构大V推介，本条短视频全网播放量和阅读量已经突破7亿次。

（二）形成了礼乐类文化节目的新品牌

研发、推广了一系列新时代人民生活中最需要、最紧迫的礼仪，如家庭礼仪、校园礼仪、职场礼仪、公共礼仪等，并按照"国家级文化祀典"标准打造祭孔大典。通过寓教于乐的创新呈现，让观众在轻松愉快的氛围中沉浸式感受中华传统礼乐的魅力，礼乐文化在文质彬彬的君子风度和举止有仪的淑女气质中活起来、立起来，形成了鲜明的品牌风格。节目入选国家广电总局"中华文化广播电视传播工程"重点项目和季度创新创优节目，入选2022年度山东省思想文化工作守正创新典型案例，中宣部、国家广播电视总局专文表扬节目"以礼乐文化之美引领文明新风尚"，《光明日报》刊文《今天我们需要什么样的礼乐文化》，点赞节目"积极推广适合现代人生活的中华新礼仪"。

三、思考与启示

不忘本来，吸收外来，面向未来。新时代需要有新的中华礼乐文化，要着眼于时代发展，在扬弃继承中实现礼乐文化的转化创新，创作出真正打动人心的作品。

一是节目创作，内容为王。节目制作过程中，创作团队翻阅了大量典籍，与专家团队深入研讨，摒弃了传统礼乐文化中"等级差别"

《中国礼 中国乐》"容止礼"篇节目剧照

等消极、落后的观念以及"三辞三请"等不符合现代生活方式的繁文缛节，整理挖掘出其中积极、合理、有价值的思想资源。我们深刻体会到，传统文化节目的"内容为王"，不仅体现在确保内容的严谨性、深刻性上，还要"以古人之规矩，开自己之生面"。

二是聚焦创新，激发认同。节目制作必须思考如何激发大众内心的文化认同，节目创作之初，就提出了一定要在创新上做文章，让专家与年轻人、外国友人共同走进中国的礼乐文化，观众通过《袍中诗》《"礼"说鸿门宴》等故事，探寻礼乐文化的前世今生，在各种礼节的解读中品味礼乐文化的精髓，在富有中国味道的乐曲和舞蹈中感叹民族音乐的永恒魅力，感受礼之道、乐之美。

三是链接生活，弘扬价值。礼乐文化要想在现代社会扎下根、传下去，都要与现代人的生活相适应，与社会主义核心价值观相契合。新中式婚礼、现代拜师礼仪等新礼仪的研发，"合理安排座次""合餐制中的分餐"等新礼仪倡议都具有非常实用的价值；节目还选取了王宝维、张保国等一批典型人物，他们是时代精神的缩影，也与中国传统"礼义精神"一脉相承，礼乐精神就存在于千千万万奋斗者身上，这种精神足以浸润人心，成风化人。

四是文化自信，打造一流。唯有文化自信，才能打造真正的顶流。《中国礼 中国乐》现场邀请了热爱中华文化的外籍演员潇潇作为习礼人，在对话中感受中华文化的独特魅力，在"相见礼"篇中，邀请了北京冬奥会开幕式礼仪引导员，讲述了中国以盛世自信与世界相见的大国风范；节目在对礼乐文化的现代解读、融合解读的过程中，展现出一个自强自信的中国，为世界提供了平等、互鉴、对话、包容的典范，激发了观众内心的文化自豪感，这也启示我们，要坚定文化自信，走出一条"让正能量澎湃大流量"的道路。

跨语言诵读儒家经典　多形式讲好中国故事

摘要："儒家经典跨语言诵读大会"通过对儒家经典进行双语诵读、演讲或情景演绎，搭建起多语种、跨文化、高水平的文明交流互鉴平台，扩大了《论语》译介工程的社会影响力，是以国际语言讲好中国故事、探索"两创"落地落实新模式的生动实践，为中华优秀传统文化"走出去"打开了新通道。

儒家经典跨语言诵读大会于 2021 年 9 月启动，目前已成功举办两届，全球 50 多个国家和地区逾万名中华文化爱好者参与其中。通过双语诵读儒家经典、创新舞台形式、柔性传播方式，儒家经典跨语言诵读大会开辟了跨文化交流的新渠道，推动了中华文化的传承传播和中外文明的交流互鉴。

一、创新双语诵读，推动经典传承更深入

儒家经典跨语言诵读大会以"双语诵读"为核心特色，参会人员选取《论语》《孟子》《大学》《中庸》《诗经》等儒家经典片段，采用中外两种语言进行诵读、演讲或情景演绎，中国选手以外文为主，外国选手以中文为主。这种创新采用国际语言讲述中国故事的形式，吸引了全世界中华文化爱好者的广泛参与。据统计，两届大会共有来自中国、俄罗

第二届儒家经典跨语言诵读大会年度盛典现场

斯、美国、英国、法国、瑞士、日本、韩国、马来西亚、泰国、越南、老挝及中国香港、中国澳门等50多个国家和地区的逾万名中华文化爱好者参与其中，共征集作品7000余件。参赛语言由第一届的8种增加到第二届的9种。

大会得到国际汉学青年学者、中华文化爱好者的一致好评，在作品展示和网络点赞期间，两届大会页面访问量累计达5000余万次，点赞量600余万人次，迅速成为网络文化热点。同时，活动品牌获行业内高度认可。全国多省翻译协会高度重视，积极组织会员单位报名参加。北京外国语大学、武汉大学、山东大学等全国百余所高校对大会进行宣传推广，并发动组织各专业留学生积极参与到活动中来，为活动营造了浓厚的氛围。

二、创新舞台表现，推动经典诠释更生动

儒家经典跨语言诵读大会在视听、舞美等方面积极创新舞台表现形式，尽显中华优秀传统文化之意蕴。大会展演以先导片《金声玉振》作

为开场，金钟声配乐响起，无人机航拍切入，展现尼山圣境、"三孔"圣景、宏伟孔博、衍圣巨像的恢宏气势，六佾舞、开笔礼、拜师礼、成人礼等以"礼"为主题的表演穿插其中，经典诵读之声琅琅，向观众展现出一场儒家文化的视听盛宴。舞美以大会的三个篇章《礼之本》《乐之韵》《和之美》为主题设计舞台场景、演员造型、舞蹈动作等，分别突显"礼""乐""和"的舞台效果，彰显以儒家经典为代表的中华优秀传统文化"和而不同、美美与共"的深刻内涵。

舞台上新媒体技术的运用为观众带来了全新体验。在前两届大会探索的基础上，第三届大会加强了新媒体技术的运用，启动仪式环节，嘉宾手持"印章"，大屏同步显示倒计时数字，随着"印章"落下，大会宣传画面跃然呈现，精美的图像和动画效果，增强了观众的视觉感受。

三、创新柔性传播，推动传播效能更优化

儒家经典跨语言诵读大会将《论语》《诗经》等儒家经典与中文诵读、舞蹈、武术、话剧、情景演绎、华服秀等形式相结合，以柔性表达方式向世界展示中华优秀传统文化的无穷魅力。颁奖环节创造性地以儒家之礼贯穿全程，配以公布奖项的礼官、公布奖项用的竹简，大屏配以卷轴竹简的包装形式出现获奖单位或个人姓名，颁奖过程配专用乐曲，颁奖及领奖嘉宾也遵循"礼"仪的规程动作，在潜移默化中将"礼"传递给观众。大会邀请中外专家学者以中外不同视角对"礼""乐""和"等儒家思想进行现场解读，分享中国礼乐文化的深刻内涵，也加深了中外友人对中华优秀传统文化的理解。

大会的柔性传播方式吸引了中外中华文化爱好者的广泛关注，产生了良好的传播效果，引起中外媒体的广泛报道。新华社、中新社、光明日报等主流媒体派记者现场采访并报道，人民日报客户端、新华网、央视频、环球时报等70余个网络平台对盛典进行了全程直播。两届盛典

累计在线观看量突破2700万。其中，第二届儒家经典跨语言诵读大会年度盛典微博话题"流淌在中国人基因里的儒学经典"登山东省热搜榜第一位，话题浏览量近千万。山东省官方脸书、推特账号，济南外办脸书、推特账号，济南市委宣传部官方脸书、推特账号向海外网友宣传本次大会，美联社、欧洲时报、伦敦要闻等20余家海外媒体争相报道，在海内外掀起了一股中国文化热潮。

四、思考与启示

一是交流互鉴要以经典传播为纽带。在对外传播中，以经典为导向，是一个国家对外文明交流的重要依托。儒家经典跨语言诵读大会坚持经典导向，以儒家经典片段为参会内容，采用舞台短剧、歌舞表演等潜移默化的形式让外国友人理解中华文化，并依靠孔子及儒家经典在海内外的影响力使大会获得较高社会关注度。这启示我们应继续坚持以经典为导向，让外国友人通过或诵读或演讲或情景演绎的形式解读《论语》等儒家经典，深入了解中华优秀传统文化的博大精深与普适价值，增强中外人民之间的文化认同，推动中外文明交流互鉴。

二是加强交流互鉴要积极搭建交流互鉴平台。大会向中国高校留学生及海外华裔青少年征集作品，以节目互动形式加强中外青年交流学习，成功搭建了中外文明交流互鉴平台，在推动"两创"落地方面取得了显著成效和可喜成绩。这启示我们在继续创新活动形式、搭建更高水平交流互鉴平台的同时，要进一步扩大活动影响力、知名度，利用好"一带一路"倡议的重要机遇和中国孔子基金会组织实施的"一带一路"国家《论语》译介工程带来的海外影响力，举办多种形式的文化交流活动，吸引"一带一路"国家公民参与到儒家经典跨语言诵读大会中来。

三是推动交流互鉴要创新融通中外的话语体系。在国际传播中，采用本土化的传播策略是至关重要的。儒家经典跨语言诵读大会以儒家经典作为切入口，创新性采用艺术舞台表现形式、柔性传播方式，将诵读大会打造为以优秀传统文化为内核的文艺盛会，在国内外取得了良好的传播效果，获主流媒体及行业内高度认可。这启示我们要继续响应习近平总书记的号召，"把优秀传统文化中具有当代价值、世界意义的文化精髓提炼出来、展示出来"，以更加立体、鲜活、生动的方式，进一步创新中华经典诵读国际传播的本土化方式，在构建中国话语和中国叙事体系上下功夫，用外国人听得懂、易接受的形式讲述中国故事，提升大会海外知名度，提高国际传播能力建设，向世界展现可信、可爱、可敬的中国形象。

开展国际传播的"烟台实践"

摘要：烟台市以"友城外宣"为纽带，以"感知活动"为契机，以故事外宣为载体，将优秀传统文化中具有当代价值、世界意义的文化精髓提炼出来、推介出去，探索走出一条加强地方国际传播的新路径，为讲好中国故事、传播好中国声音贡献地方力量。

烟台市以49座国际友好（合作）城市为纽带，开展"烟台格'外'好"外国友人感知烟台系列主题活动，以讲好中国故事为载体打磨外宣精品，拓展国际传播渠道推介文化"两创"优秀成果，开拓出一条地方开展国际传播工作的新路径。

一、以"友城外宣"为纽带，拓展国际传播途径

自1985年与美国圣迭戈市缔结友好城市以来，烟台市已与25个国家的49座城市缔结为友好（合作）城市。烟台市将这些友城作为地方城市开展国际传播工作的重要渠道，使其成为中华文明"走出去"的着力点和承载地。

把中华文化"两创"作为面向友城宣传的重中之重，深化"视听山东""文化山东""走读山东"和海外尼山书屋等项目建设，投放中华

传播交流篇

优秀传统文化系列小故事等外宣书籍。依托非遗文化、民俗文化等最具烟台特色、最有价值的文化资源，面向友城推广烟台剪纸、烟台草编等"两创"产品一万余件，精心制作的《剪纸里的烟台之春》《进所成 学非遗》等俄语稿件在俄罗斯中央新闻、联邦先驱报、莫斯科周刊、俄罗斯之声等网站与报纸落地。

牢固树立"平台就是生产力"理念，筑牢"烟台英文全球传播平台""发现烟台英日韩三语种推特平台""烟台图片云传播平台"等老阵地，把它们打造成了解、热爱、学习中华优秀传统文化的一个有效渠道。联手中央广播电视总台国际在线打造"世界你好 我是烟台"俄文微网站，采取"跨文化母语"传播，向包括俄罗斯在内的"一带一路"沿线俄语国家传播中华优秀传统文化；联合中国山东网，开设"仙境烟台"韩文Facebook账号，建立烟台群山友城媒体联盟，面向韩语世界讲好中华传统文化故事。延展传播链，充分激活烟台官方机构账号的功能，打造集全市各区市和有关部门单位优质资源于一体的"中国烟台海媒账号集群"。

二、以"感知活动"为契机，生动展示"两创"成果

烟台市经常性组织开展以"烟台格'外'好"为主题的外国友人感知烟台活动，通过现场体验、交流互动增强其对中华优秀传统文化的了解，鼓励他们在海外社交媒体平台上推介中华优秀传统文化，取得了小投入、大产出的良好效果。

牢牢抓住春节等中华传统节日，春节期间组织开展"写春联送祝福——外国友人体验中国年""春节一起过——中外学生共迎新春""'歪果仁'寻访癸卯年味儿""云端比邻 共创未来"烟台友城文化交流分享会等活动30余场，将写春联、剪窗花、赶大集、逛庙会、做面塑、葫芦烙画等春节传统民俗活动与非遗文化体验相结合，诠释了

春节文化的丰富内涵。通过春节、元宵节、端午节、七夕节、中秋节等一系列传统节日，吸引海外受众零距离、沉浸式感知以传统节日为代表的中华优秀传统文化。

"云端比邻 共创未来" 2022烟台市友好城市文化交流分享会

着眼展现最真实、最立体的中华文明精神标识和文化精髓，打造"烟台非遗"采访线，举办"烟台格'外'好"留学生暑期中国传统文化体验活动，带领外国留学生沿着非遗采访线，参观道教全真派发祥地，体验昆嵛山黄精茶、麻姑寿饼、胶东板画、胶东花饽饽等烟台非物质文化遗产，在与非遗传承人面对面的交流学习中提升对中国文化的认知。

三、以故事外宣为载体，用心打磨传播精品

烟台市扣准地方自身特色和对外传播规律，精心打磨外宣品，用他者视角讲述烟台故事，推出大批多样化国际化作品，有效提升了中华优秀传统文化的传播力和影响力。

精心办好《走向世界 仙境烟台》中英双语杂志，开辟《烟台非遗》《烟台文化》《烟台故事》等专栏，每期刊发具有浓郁地方特色的中华优秀传统文化双语介绍。推出以海阳大秧歌、莱州毛笔、栖霞葫芦雕刻等"烟台非遗"为主要题材的系列微专题片，打造"烟台故事汇""寻味烟台""节气里的大美烟台"等短视频品牌，拍摄"端午说习俗——南北大不同""七夕佳辰乞巧忙，夏末飘来巧果香"等中英俄多

"第三只眼看烟台"外籍友人走进烟台艺术学校活动

语种短视频200余部，通过中国外文局、中新社、中国日报、中央广播电视总台国际在线、香港卫视等外宣渠道推出。

充分发挥本土团队的优势，同时注重深化与专业机构的合作，围绕传统文化、中国非遗主题，邀请外籍主持人到烟台，用第三方视角讲述烟台故事，制作完成两集中英俄三语种短片《功夫大片既视感！美国小伙到烟台与螳螂拳大师过招》《Jack重游烟台：高楼之中竟有座"宝藏"古城》等，视频通过全球五大洲国家级通讯社和国外千余家主流媒体网站落地海外，起到了良好的外宣效果。

四、思考与启示

中华优秀传统文化的对外传播是一篇大文章、一曲大合唱，既需要立足原创、自我传播，更需要借船出海、借筒传声。烟台市打出一套"组合拳"，厚植本土优势、彰显地方特色、提高国际站位，探索走出了一条新时代中华文化"两创"国际传播新路径。

一是地方开展国际传播要注重交朋友、聚人气。烟台市建立"国际友好人士资源库""在烟外国友人库"，面向全球海外烟台人实施"家乡驿站"站长招募计划，与20多个国家和地区建立了107个"家乡驿站"，传播烟台声音。同时，发挥身边外国友人的传播力、影响力，积极与在烟外籍员工、外籍教师、留学生等外国友人建立交往并保持密切联系，通过组织中华文化系列感知体验活动，不断增进情感友谊，充分发挥其在推动国际传播中的重要作用。这表明，地方开展国际传播要注重交朋友、聚人气，积极发展友城、友校、友企、友媒、友人"五友"渠道，精耕"朋友圈"，扩大"朋友圈"，借助"外嘴""洋眼"让中华优秀传统文化传得更远。

二是地方开展国际传播要注重建平台、拓渠道。烟台拓展国际传播渠道，加强同中央主流媒体的合作，采取"跨文化母语"传播，精心打造"烟台英文全球传播平台"、"发现烟台"推特平台、"世界你好，我是烟台"俄文微网站等一批具有浓郁地方特色的国际传播平台。这表明，地方开展国际传播要注重建平台、拓渠道，通过这些平台、渠道，推动传统文化的口碑式传播，助力传统文化"破圈"。

三是地方开展国际传播要注重讲故事、扩影响。烟台市在海外媒体平台策划推出的"葫芦烙画 福禄呈祥""胶东花饽饽 蒸蒸日上""烟台剪纸 巧手生花"等一大批帖文传播量过百万，策划推出的《"歪果仁"也有功夫梦》《国际友人体验烟台"开花"馒头》等图文报道浏览量均获百万。非物质文化遗产与百姓日常生产生活的有机结合，诠释了中华优秀传统文化历久弥新、接续传承的时代密码。这表明，从"地方特色"到"国际表达"，融通中外是关键。地方开展国际传播要注重讲故事、扩影响，在议题设置中找准双方契合点，把握话语共通点，寻找情感共鸣点，在表达上力求"专精特新"，用符合国外受众习惯的国际表达讲好地方传统文化特色。

"公交论语"打造流动道德课堂

摘要：济南公交将《论语》精华植入公交车厢、站台等场景，积极打造"公交论语"文化品牌，让每一辆行驶在马路上的公交车成为一处流动的孔子学堂，每一位公交驾驶员成为国学流动志愿者，每一位乘客成为中华优秀传统文化的受益者、践行者、传承者，推动传统文化经典融入生活、浸润人心。

春风化雨，润物无声。济南公交积极探索将中华优秀传统文化融入出行空间，大力推进《论语》普及工程。通过悬挂展板、编赠书籍、媒体宣传、内部培训等方式构建立体化传播普及体系，每天让150万人次市民在出行中潜移默化地体悟《论语》内涵，感受优秀传统文化魅力，提升道德文明素养。

一、阐释时代化，研发《论语》"公交版本"

济南公交结合自身行业特点，找准传统文化和现代生活的连接点，编辑出版《公交论语》，从学习、管理、服务、礼仪、敬业、修养、交友、处事、荣耻、和谐十大角度，对《论语》中的经典话语作出通俗解释，并搭配精彩的励志故事进行延伸解读。开展"《论语》进车厢"活动，在多家省级主流新闻媒体开辟专栏，向社会公开有奖征集《论语》

名句，并从中选摘最受欢迎的句子，按照学习、修养、处事、服务、奉献、和谐六大篇章，汇编《公交车厢论语》，结合市民出行进行场景化阐发。在系列丛书编写过程中，注重将儒家文化与贯彻落实《公民道德建设实施纲要》有机结合起来，为通过公交窗口传播普及优秀传统文化打下了坚实的基础。

二、传播体系化，打造流动文明课堂

济南公交按照"人人是窗口、车车是形象"的要求，在公交车厢推广"公交论语"，配有解释、感悟的"公交论语"宣传牌成了一道文化风景线。宣传牌上的《论语》名句，既有释义，也有感悟，真正做到了用喜闻乐见的方式让优秀传统文化融入日常，使公交车厢成为流动的文明课堂。同时充分借助报纸、电视、广播等主流媒体以及企业报纸、网站等进行宣传普及，并向乘客代表赠送《公交论语》系列丛书，形成全方位、立体化传播体系。

做好"公交论语"宣传的同时，结合弘扬社会主义核心价值观、新时代美德健康生活方式等，制定《济南市民文明乘车公约》，开展"公交榜样·温暖泉城""红动泉城""泉城印象·泉水叮咚""穿越千年邂逅'二安'""图说二十四节气"等车厢主题活动。在公交车厢、公交候车亭、BRT快速公交站台、客服窗口和公交站房悬挂展板、宣传画等，将公交车打造成宣传优秀传统文化的传播载体，将公交线路打造成弘扬社会新风、展示城市文明的靓丽风景线。

济南公交积极开展"《论语》进车厢"活动

三、普及生活化，营造"家味"服务方式

济南公交以《论语》进车厢、进站房、进车间、进社区、进家庭"五进"活动为基础，结合公交行业实际，不断加强"家味""家教""家风"打造，"家文化"建设初见成效。2022年启用"公交+生活"新式公交场站，集民生综合服务、出行管家会客厅、书店、便利店等功能于一体，打造公交的为民中心、社区的活动中心、百姓的生活中心，以人为本的软硬件设施让"家味"更浓；通过岗前入模培训、岗中脱产轮训、转岗资质认证培训体系大循环，将《公交论语》《公交车厢论语》等作为教材纳入职工培训，定期开展交流讨论，组织撰写心得体会，使职工自觉将传统文化学习成果融入工作生活，让"家教"更实；向职工及其家属赠送《公交论语》等图书，倡导存善念、发善言、做善事，持续提升窗口服务形象，让"家风"更正。通过实施"公交论语"工程，济南公交乘客满意度常年保持在85%以上。

四、主旨具象化，榜样传递向善力量

济南公交牢牢抓住优秀传统文化融入、贯穿、结合、转化等关键环节，着力推进优秀传统文化的具象化、有形化、生活化、大众化。在汲取《论语》善行文化的基础上，提炼形成"日行一善、及时行善、与人为善、崇德向善"的公交"善"文化，探索打造"公交榜样"文化品牌，全面启动"公交榜样·温暖泉城"主题文明创建活动。

从2021年开始，连续三年举办"公交榜样"颁奖典礼，并设立公交榜样奖励基金"董事长专项奖"，每年拿出30余万元奖励做好事、做善事的公交职工，让"善"文化成为广大公交职工普遍认同的价值观，也让一大批"公交榜样"立了起来、亮了起来。近年来，济南公交涌现出一大批全国劳动模范、道德模范提名奖、岗位学雷锋最美人物、

济南公交全面启动并持续推进"公交榜样·温暖泉城"主题文明创建活动

见义勇为模范、优秀共青团员等先进典型，超过40人荣获省部级以上荣誉，济南公交也获"全国文明单位""全国五一劳动奖状""全国城市公共交通十佳先进企业""全国先进基层党组织"等荣誉称号，成为城市流动的文明之窗和文明旗帜。

五、思考与启示

一是传承弘扬优秀传统文化要注重用小切口反映大主题。中华优秀传统文化蕴含丰富的哲学思想、人文精神、价值理念、道德规范，如何将优秀传统文化与新时代道德建设相结合，不断激发每个个体向上向善的正能量，是一个重要课题。济南公交从打造"公交论语"文化品牌入手，将优秀传统文化融入公交出行，取得了良好的道德建设成效。这启示我们，推动中华优秀传统文化创造性转化、创新性发展，需要从小处着眼、细处着手，只要切得准、有特色、接地气，"小切口"也能撬动优秀传统文化与新时代道德建设的大融合、大提升。

二是传承弘扬优秀传统文化要注重用小场景映照大社会。推动中华优秀传统文化融入人民大众日常生活，必须找到传统文化和现代生活的连接点，构建出融入生活、进入日常的具体场景。济南公交着眼优秀传统文化与人民群众日常出行相融合，在公交车厢打造"道德课堂"，为破解社会矛盾问题提供了智慧和启迪，为提升群众文明素质提供了空间和滋养。这启示我们，要善于从群众需求中寻找立意，让书写在古籍里的文字走进小场景，将优秀传统文化融入人民群众最日常、最贴近的生活空间，提升优秀传统文化的感染力，使优秀传统文化更加深入生活、深入人心。

三是传承弘扬优秀传统文化要注重用小舞台澎湃大流量。优秀传统文化的传播普及不是少数人的义务，是全社会的共同责任和使命，需要聚合不同方面的力量，形成强大的传承发展合力。济南公交多年来扎实推进"公交论语"文化品牌建设，首先使公交车司机等成为传播弘扬优秀传统文化的受教育者和传播者，并带动乘客在潜移默化中受感染、受教育，进而传导辐射整个社会面兴起弘扬传统文化的热潮。这启示我们，借助各类小舞台，发挥独有的传播效能，拓展延伸传播链条，也能撬动引领文化传承弘扬的大能量，澎湃道德建设的大流量。

后　记

　　为深入学习贯彻习近平文化思想，贯彻落实文化传承发展座谈会和全国宣传思想文化工作会议精神，在习近平总书记视察山东并发出大力弘扬中华优秀传统文化号召的第十年，山东省委宣传部组织编写了本书，系统展现山东省文化"两创"工作取得的实践成果。

　　本书付梓在即，适逢全省宣传思想文化工作会议召开，山东省委书记林武出席会议并讲话，对深入学习贯彻习近平文化思想，扎实推动宣传思想文化工作高质量发展、建设中华民族现代文明高地提出明确要求。

　　本书是2023年度山东省习近平新时代中国特色社会主义思想研究中心重点研究项目，同时列入山东省社科规划重大委托项目。山东省委常委、宣传部部长白玉刚对本书高度重视，提出明确要求。山东省委宣传部分管日常工作的副部长袭艳春统筹指导本书编写工作。魏长民、冷兴邦同志主持本书编写工作并审改了书稿。王小蕾、刘洁、张凤莲、李树坡同志组织完成了本书统稿和修改任务。刘云超、杨传召、孙雨晴、秦树景、李烨、顾晋、赵迎芳、张恒同志具体执笔撰稿。马鹏、刘儒鹏、白光博、陈静同志参与了全书的审校工作。

在本书编写过程中，山东省直有关部门、单位和各市宣传部门积极组织推荐案例，做了大量资料整理和收集等工作。在此，谨向付出辛劳、提供帮助、作出贡献的所有单位与个人表示衷心感谢。个别图片无法一一确定或联系著作权人，请相关著作权人及时与我们联系，以便支付报酬，聊表谢忱。

由于水平有限，书中的不妥之处敬请读者批评指正。

本书编写组

2023 年 11 月